Theory and Practice of
Local Government Purchasing
Public Services in Rural Areas

基层政府购买农村
公共服务的**理论与实践**

——过程、风险与评估

施从美　江亚洲　/　著

社会科学文献出版社
SOCIAL SCIENCES ACADEMIC PRESS (CHINA)

国家社会科学基金项目最终成果

苏州大学中国特色城镇化研究中心成果

苏州大学人文社科优秀学术专著出版资助项目

江苏高校新型城镇化与社会治理协同创新中心成果

目　录

第一章 绪论

2006 年农业税的免除是中央政府对农村税费实行的重大改革。对于农民而言，的确是"几千年未有之大变局"。自此，农民不必再上缴"皇粮国税"，种田、水利灌溉、饲养牲畜甚至还可以享受中央政府转移支付的财政补贴。2006 年，中央政府对农村税费改革转移支付 751.3 亿元。[①] 2020 年，中央加大了对地方转移支付的力度，总金额达 8.32 万亿元，其中一般性转移支付达 6.94 万亿元，专项转移支付达 0.77 万亿元，特殊转移支付达 0.69 万亿元。这对于实现基本公共服务均等化、协调区域发展、落实各项民生政策起了一定的推进作用。新中国成立以来，农民在为工业基础设施建设、改革开放后经济的全面发展做出重大贡献后，终于迎来了工业对农业的反哺，农村整体社会经济获得了较快增长，进入了一个划时代的发展阶段。

然而，从 2000 年前后始于安徽农村的税费改革试点，到 2006 年农业税免征，意味着税费改革在全国范围内基本完成，其发展之迅速令人咋舌。农村税费改革对于缓解基层干群矛盾、减轻农民负担有一定的积极作用，不过带来的后果也不容忽视，最直接的表现就是农村公共服务与公共产品的供给严重不足。由于税费改革引发的基层财政紧张一度使乡村治理处于瘫痪或半瘫痪状态，广大农村呈现出新的治理困局。

一 研究背景

（一）农村公共服务供给面临的问题

目前我国农村公共服务与公共产品供给仍存在较多问题。

[①] 《国务院关于规范财政转移支付情况的报告》，2007 年 6 月 27 日第十届全国人民代表大会常务委员会第二十八次会议。

　　首先，农村公共服务与公共产品供给水平整体偏低，总量不足。我国农村公共服务与公共产品供给总量严重不足，特别是与城市相比严重滞后。20世纪80年代后，中央财政用于农业支出①的比例长期在10%左右，甚至在2002～2003年还有所下滑，仅占7.2%，2004年后回升至8.2%，2005年又降至7.2%。②"十二五"期间，中央财政进一步强化了支持"三农"工作的政策性、制度性安排，全国一般公共预算农林水事务支出规模累计达到6.67万亿元，是"十一五"时期的2.67倍，年均增长14.8%。③ 2016～2019年，全国财政一般公共预算累计安排农业农村相关支出16.07万亿元，年均增长8.8%，高于全国一般公共预算支出平均增幅。这些财政支出在土地收益、政府债券、金融服务等方面，加大对农业农村的投入力度，引导更多社会资本投入。④ 相比于10多年前，中央财政虽然有所增长，但是仍然难以满足农村生产生活基本需要，主要表现在农村公共卫生事业、农村义务教育、农村文化设施、农业技术服务等方面仍然显得供应不足。这里需要特别指出的是，农业税免除后，我国部分贫困县乡财政几近瘫痪，无力实施辖区公共服务与公共产品的有效供给，其后果是本地农民所占有的公共资源更加匮乏，影响到农民的日常生活。

　　其次，公共服务与公共产品供给有失公平。长期以来，我国在公共服务供给体制中已经形成了不平等的城乡二元结构。比如，在基础设施建设方面，城市公共服务体系较为完备，而目前有一部分农村地区享受不到城市居民拥有的便利服务，也享受不到互联网等高科技的服务；在医疗卫生方面，城市医院设施齐全、医疗水平高，而农村乡镇医院设施简陋，缺乏素质高的医护人员；在社会保障方面，城市享受各种社会保障福利，而农村还缺乏基本的社会保障设施。⑤ 这些都表明，受城乡二元结构的影响，农村公共产品供给存在严重的不平等现象。此外，农村还存在地区间公共服

---

① 国家财政用于农业的支出包括：支援农村生产支出和农林水利气象等部门的事业费、农业基本建设支出、农业科技三项费用、农村救济费及其他。

② 《中国农业年鉴2006》，中国农业出版社，2007，第160页。

③ 《张桃林副部长在2016年全国农业财务工作会议上的讲话》，《农业部情况通报》2016年第56期。

④ 《国务院关于财政农业农村资金分配和使用情况的报告》，2020年12月23日第十三届全国人民代表大会常务委员会第二十四次会议。

⑤ 王胜子、韩俊江、白明艳：《农村公共服务：问题及对策》，《税务与经济》2014年第3期。

务与公共产品供给的不平衡。在经济繁荣、市场发达的东南沿海地区，地方政府或村集体组织有充裕的财政为农民提供丰富的公共服务与公共产品，而中西部经济欠发达地区的公共服务与公共产品则明显供给不足。长此以往，将不利于东西部地区国民经济的均衡发展。

再次，农村公共服务与公共产品供给效率低下。这可能是由公共服务与公共产品的自身属性引起的。在农村公共服务与公共产品的供给过程中，基层政府财力、信息不对称等制约因素都会对供给效率产生影响。农村公共服务与公共产品供给效率低下的主要表现为：一是资金被占用、挪用、浪费现象比较严重，这在我国农村公共产品供给过程中是一种常态，需要长久、反复地对这种不良现象进行整治；二是农村公共服务与公共产品供给过程中的中间环节较多，这就使得公共服务与公共产品供给的成本不断提高，自然就会造成成本高、效率低的问题；三是农村公共服务与公共产品供给过程中存在攀比的恶俗，这会造成一方面供给过度，另一方面严重不足。这种攀比使得农村公共服务与公共产品供给中的浪费与匮乏现象长期共存。[①] 这主要源于基层政府供给公共服务与公共产品的行为动力机制与绩效评价机制不合理。

（二）政府改善农村公共服务所做的努力

农村公共服务与公共产品的供给总量不足和供给不平均等问题，已经造成了城乡居民在享受公共服务方面的不公平，削弱了农民的幸福感，影响和谐社会的构建。为此，2010 年中央一号文件提出"开展农村社区建设创建活动，加强服务设施建设，培育发展社区服务性、公益性、互助性社会组织"，这足以说明，中央强调了社会组织在农村社区公共服务供给中要发挥重要作用。2011 年国务院颁布了《城乡社区服务体系建设"十二五"规划》，提出"大力培育和发展各类服务性、公益性、互助性的社会组织，鼓励和支持社会组织、企事业单位和社区居民参与社区服务，完善民主决策机制，发挥多元主体在社区服务体系建设中的作用"。紧接着，中共十八届三中全会又提出"重点培育和优先发展行业协会商会类、科技类、公益

---

① 参见王彦平《我国农村公共产品供给存在的问题、成因及解决对策》，《理论探讨》2015年第 6 期。

慈善类、城乡社区服务类社会组织，成立时直接依法申请登记"。① 可见，正因为社会组织能够为农村社区提供公共服务，中央也一直致力于为农村社会组织的发展营造环境，出台了一系列针对性的文件。但是，由于起步晚、资金短缺、认识偏差等多种因素的限制，我国为农村社区提供公共服务与公共产品的社会组织发展水平较低，公共服务供给能力也显得相对不足。因此，这需要政府大力扶持，采用多种形式，比如政府购买、公私合营等形式培育社会组织，增强其在市场中的竞争力，这样才能满足农村社区居民日益增长的公共服务需求。

（三）政府改善农村公共服务行动中存在的问题

政府购买公共服务，对于解决当前中国农村公共产品短缺，提升公共服务质量，应该是一种创新方式，也是一种有效手段。自 20 世纪 90 年代开始，深圳、上海、北京等地就开启了政府购买服务的实践活动。2003 年《政府采购法》的颁布推进了政府购买公共服务活动的试点工作，10 年后国务院办公厅颁发《关于政府向社会力量购买服务的指导意见》，这个文件的颁布使得政府购买服务上升到国家一般战略层面。目前，全国各地政府购买公共服务运动开展得如火如荼，在国家惠农政策的倡导下，正有从东南沿海发达地区向中西部地区，从城市向广大农村蔓延的趋势。尽管如此，专门针对农村社区政府购买服务的实践还是较少。政学两界有一种观点，认为城市社区与农村社区存在二元结构的差别，城乡社区对公共服务和公共产品需求结构也会有很多差别。政府购买服务对政府财政支出、社会组织的发育状况要求非常高，农村社区不具备政府为之购买公共服务的各种基础条件，也很难形成一定规模的市场。② 从某种程度上说，农村社区政府购买服务一定会存在各种各样的问题，诸如基层政府强行主导购买农村公共服务导致的浪费、低效率等，由于农村社区社会组织发育不完全而导致购买服务过程中的弱竞争；真正需要公共服务项目的农民受益主体由于缺乏了解造成的缺席；政府购买农村服务的资源配比不合理，整体涉农服务项目资金配置比较散，地方政府专用配套资金少，而且资金到位不及时导

---

① 刘耀东：《农村社区服务类社会组织公共服务供给能力研究》，《行政论坛》2017 年第 3 期。
② 郑卫东：《农村社区政府购买公共服务研究》，中国社会科学出版社，2012，第 14 页。

致时效性比较差；由于信息不对称，县乡基层政府购买公共服务内容缺乏针对性，回应差、标准低、服务链条不完整；以及地方政府在购买农村公共服务项目过程中缺乏严格规范的法律程序和合同文本；等等。[①] 这些都是当前农村社区公共服务和公共产品供给效率低下的诸多表现，需要我们重视并且进行深入研究。

二　研究问题、研究方法、研究意义及创新之处

（一）研究问题

如前文所述，针对当下农村公共产品与公共服务供给不足的现状，基层政府做出很大努力尝试进行改善，其中一种较为有效的措施是由政府购买公共服务，提供给广大农村社区。然而，当前的状况是，无论理论界还是实务界，对基层政府购买服务的研究相对不足。因此，本书主要围绕以下几个问题展开研究。

1. 基层政府购买公共服务的决策过程及影响因素

在政府购买公共服务决策产生的过程中，即便是相同的因素，它对城市基层政府和县乡基层政府的作用方式也是不一样的。本书尝试从任务复杂性、市场成熟性、政治因素等方面来分析基层政府购买服务的决策；从可行性研究、合同订立、合同执行、合同评估与监督等来界定基层政府购买服务的过程。

2. 基层政府购买公共服务的风险规避

政府购买公共服务中存在着大量风险，尤其是在法律执行得不太充分的乡村社会。本书尝试从委托代理关系、交易成本与公共价值等方面来研究基层政府向社会组织购买农村公共服务存在的非均等化、权力寻租、监管失效、形成垄断等风险，并且在理论上探讨寻求规避风险的诸多措施。

3. 基层政府购买公共服务的绩效评估

基层政府购买了公共服务，就要评估其产生的效果。本书尝试从政府成本、服务效率、社会公正度与公众满意度等指标出发，建构基层政府向

---

① 王浦劬、Jude Howell：《政府向社会力量购买公共服务发展研究》，北京大学出版社，2016，第167~170页。

社会组织购买公共服务的绩效模型，运用聚类分析和因素分析法，进行内容分析和编码处理，探究多种指标间的交互作用关系和权重，以此来评估基层政府购买公共服务的相关绩效。

4. 基层政府购买公共服务与社会组织的关系

政府与社会组织关系的实质是国家与社会的关系。本书以国家与社会关系为主线，从政府与社会组织合作关系的历史变迁、合作关系的地区差异来深入分析基层政府与社会组织的关系模型以及影响二者合作的因素。

5. 各地基层政府购买公共服务的实践探索

由于诸多条件的限制，本书主要选择江苏部分乡村地区，对基层政府购买诸如公共医疗、居家养老、环境卫生、法律援助等服务进行研究，观摩现有经验，试图提炼现实意义。

6. 完善基层政府购买公共服务的对策思考

基层政府购买服务的现有方式主要是向社会组织购买服务，方式较为单一。本书分析了基层政府向社会组织购买服务面临的困难后，提出了完善基层政府购买公共服务的若干对策，比如，公益创投的方式、PPP 模式，以及社会影响力债券方式等。

（二）研究方法

本书希望通过对公共治理、政府失灵、市场失灵和公益创投等理论进行梳理，建立政府购买服务的分析框架。在对国内典型政府购买服务模式调研的基础上，揭示现行政府与社会组织的实质关系及其对县乡基层政府向社会组织购买公共服务的借鉴意义。依据对中外政府购买服务的法律法规与制度设计进行的文献分析与经验比较，深入研究中国基层政府购买公共服务的风险及其规避。借助调研数据和理论建构，探索基层政府向社会组织购买服务的发展趋势与战略定位，同时展开相应的制度设计，着重分析公共服务供给方式的转变、社会组织发展的机制构建以及政府的服务化转型与行政方式更新等关键问题。在上述基础上，提出培育与发展中国社会组织的有关建议。

为了更好地介绍与分析农村社区基层政府向社会组织购买公共服务的实践，并深度显示其过程，本书所采用的研究方法都符合其自身特点。

1. 案例研究法

案例研究属于质性研究的一种，质性研究不追求统计意义上的代表性，而是侧重于质的分析的典型性。质性研究强调对研究对象整体性、情景化、动态性的"深描"①，适合在微观层面对小样本调研对象进行深入观察、比较，由此获得事情较为真实的一面。为了使案例具有相对的代表性，我们选择的调研对象覆盖江苏苏南、苏中、苏北等地，这样可以统筹考虑案例的典型性、差异性和信息的充分性。

2. 文献研究法

全面收集相关学术文献、政府颁发公文、各种媒体报道、有关统计资料等，系统梳理政府购买服务，以及社会组织发展的理论，并熟练把握实践与发展趋势，集成跨学科的理论分析框架。

3. 访谈法

结构性访谈内容主要包括，职能部门向社会组织购买农村社区公共服务的原因、主要事项与经费来源，机制与程序，经验与教训，问题与成因，监督与评估等；社会组织承接政府购买服务的原因、自身条件与能力、障碍，承接购买服务过程中的成效、自我监督、第三方评估、与基层政府的关系等。

4. 比较研究法

主要选取近 10 年江苏苏南、苏中、苏北地区社会组织购买政府服务的案例进行比较分析，探究其成功经验、面临问题、成因异同及其规律性。

5. 数理统计法

设计公共服务外包中的政府管理与服务调查问卷，运用 SPSS、NVIVO 等技术手段处理数据，为解决问题提供依据。

（三）研究意义

正如上文所述，目前农村社区社会组织数量少、规模小、发育水平低，难以承接政府购买公共服务，一些基层政府意识到可以向相对发育成熟的城市非营利组织购买公共服务。中国很多省市颁发的文件规定，本地居民所需要的公共服务项目，基层政府可以向具备条件的社会组织购买，并由

---

① 陈向明：《质的研究方法与社会科学研究》，教育科学出版社，2000，第 347 页。

政府支付费用。基层政府向社会组织购买公共服务使其由公共服务的提供者变为责任承担者和监督者，这样可以实现社会权力的回归，推动基层政府职能转变。社会组织，尤其是农村的社会组织如果健康发展，就可以为农村的发展提供更多更丰富的公共服务。基层政府在向社会组织购买公共服务时可以引入更加充分和完善的竞争机制，使公共资源得到优化配置，提高公共服务的效率和质量。另外，基层政府通过购买公共服务，可以为社会组织提供经济支持、政策支持，形成政府、市场和社会组织的良性互动，拓展其成长的空间。因此，本书更多关注社会组织提供公共服务的实证研究和具体案例分析，为培育社会组织提供更为丰富的理论与实证支持。

（四）研究创新

本研究努力避免对政府购买农村公共服务和社会组织培育的纯理论研究，同时又力争防止停留在对案例的简单陈述上，做到规范研究与实证研究相结合。在对政府购买农村公共服务和社会组织培育的理论梳理、分析的同时，又辅之以来自基层政府为农村社区购买公共服务的一手材料，尽可能做到言之有据，推陈出新，避免空谈。从本书的研究状况来看还是有一些创新的，具体如下。

首先，在研究视角上，以往对政府购买公共服务的研究主要侧重于宏观层面和理论层面的研究，本书研究将宏观与微观、规范与实证相结合，尤其注重微观的实证研究和具体的案例分析。

其次，在研究内容上，本书重点增加了两方面的内容，一是政府购买公共服务绩效管理的理论研究；二是政府购买公共服务过程中的合同管理研究，这些为提高政府合同管理能力、成为精明的买主提供理论依据。

最后，在研究方法上，综合使用问卷调查、半结构访谈、案例分析、数理统计分析等方法，注重微观实证与具体案例研究相结合。

第二章　概念界定、理论基础与文献综述

一　概念界定

(一) 农村公共服务 (公共产品)

我们先来明确公共服务与公共产品之间的关系，综合国内学者的观点，可以概括为以下几个方面。[①]

一是替代关系。根据西方经济学和公共行政学理论："公共服务就是公共产品，或者说，生产公共产品与提供公共服务是不可分开的。"[②] 公共部门为公众提供公共产品的实质就是具有共同消费性质的服务。二是并列关系。这种观点认为，产品和服务是相对应的、各自有内涵与外延。公共产品与公共服务都是政府的产出类型。其中，公共产品是政府的有形产出，公共服务是政府的无形产出，两者关系可以理解为并列关系。[③] 三是包容关系。这也有两种截然不同的观点，一种观点认为，公共产品的范围比公共服务广，公共服务只是包含在公共产品之中的、以无形服务方式提供的消费品；另一种观点则相反，认为公共服务概念比公共产品大，公共服务不仅包含了规范意义的公共产品，而且还包含那些市场供应不足的产品和服务。

本书中，公共服务采用广义的概念，即包括实物和服务形态的公共产品。王小林从三个方面对公共服务进行了解释[④]：一是从产品形式来定义公

---

①　郑卫东：《农村社区政府购买公共服务研究》，中国社会科学出版社，2012，第14页；杜万松：《公共产品、公共服务：关系与差异》，《中共中央党校学报》2011年第6期。

②　靳永翥：《公共服务与相关概念辨析》，《中共贵州省委党校学报》2007年第1期。

③　杜万松：《公共产品、公共服务：关系与差异》，《中共中央党校学报》2011年第6期。

④　王小林：《中国农村卫生事业发展的财政支持政策》，《财政研究》2006年第3期。

共服务，分为产品和服务两种，其中产品是有形的，服务是无形的；二是从经济学理论关于公共产品的定义来理解公共服务，经济学中的公共产品主要是从物品的外部性来下定义，公共产品和公共服务的概念几乎等同；如果从公共管理的角度来给公共服务下定义的话，只要涉及公众利益，就可以界定为公共服务。

根据上述公共服务的定义，可以从公共财政与公共行政的角度来界定农村公共服务，即为农村居民服务的公共事务，有学者称之为农村公益性服务。[①] 学界一般将农村公共服务分为行政性、社会性和生产性三类。[②] 这些事务可以由市场提供，也可以由专门的组织提供。农村行政性公共服务是指行政管理、公共安全、法律服务等，主要是保障基层政府党政机关的正常运作；农村社会性公共服务包含农村公共基础设施、社会事业等，主要保障农民的日常生活，原则上应该是与城市无差别的消费性公共服务；生产性公共服务主要是指农业公共基础设施、农业技术信息，以及农产品营销服务、农业补贴等。[③] 由于农村生产性公共服务技术性较强，由政府相关对口部门提供，因此本书中讨论不多。

根据曼昆的总结，农村公共服务具有一些重要特征：一是非排他性和非竞争性[④]，这是界定市场与政府界线的基本标准。二是农村公共服务是由行政部门提供的服务，这些政府部门必须克服困难去完成。当然这个观点放到今天已经过时了，现在政府购买公共服务的形式正在兴起。三是农村公共服务还具有意识形态的特征，它涉及农民集体价值观的问题，涉及城乡差别及协调发展的问题，[⑤] 这是基层政府应该关注的领域。

（二）基层政府

根据《中外政治制度大辞典》的释义，地方政府的概念有广义和狭义之分。广义的地方政府与中央政府相对应，除中央政府以外的政府都称为

① 王浦劬、Jude Howell：《政府向社会力量购买公共服务发展研究》，北京大学出版社，2016，第155页。
② 郑卫东：《农村社区政府购买公共服务研究》，中国社会科学出版社，2012，第41页。
③ 王佃利、吴永功：《新公共服务理论视角下的农村公共物品供给审视》，《山东农业大学学报》（社会科学版）2009年第1期。
④ 曼昆：《经济学原理（第三版）》上册，梁小民译，机械工业出版社，2003，第189页。
⑤ 徐小青、郭建军：《中国农村公共服务改革与发展》，人民出版社，2008，第50~51页。

地方政府。狭义的地方政府则是直接治理一个地域及其居民的一级政府，即基层政府。与之相对应的则是在中央政府与地方政府之间的中间政府，也称为区域政府。根据中国的实际情况，学界认为国务院为中央政府，省级政府与地级市政府为中间层级的政府，余下的为基层政府。

一般认为，基层政府包括城市的市辖区政府、街道办事处，农村的县、乡（镇）两级政府。基层政府是直接面对群众的行政单位，是国家治理体系的底端，对中央政府、上级政府的政策以及人民群众的意见进行"上传下达"。一方面，基层政府将中央政府和上级政府的政策和命令下达和落实到群众的物质生产和生活中；另一方面，基层政府将群众的意见收集起来，妥善处理或上传至上层政府。[①] 基层政府各个部门的工作围绕着社会治理、行政管理和服务群众等展开，一方面要实现自身的政治和行政功能，另一方面，基层政府需要深入到社会和群众的经济生产生活中，处理好各方面的利益问题，实现自身的公共服务功能。[②]

本书提及的基层政府，主要指农村的县、乡（镇）两级政府。因为本书研究的主题是基层政府为农村社区提供公共产品和公共服务，即为广大农民购买公共服务，提高其生活质量。不过，城市基层政府，即市辖区政府、街道办事处两级政府，也管辖着少量行政村，跟本书研究的主题并不冲突。下文中如无特别说明，基层政府一般是指农村基层政府，即县、乡（镇）两级政府。

（三）政府购买公共服务

1. 区分"政府购买服务"和"政府购买公共服务"

句华认为，"服务"与"公共服务"之间有着很大的差异。"服务"是指不以实物形式而以提供活劳动的形式来满足他人的某种需求，"公共服务"则有其特定意义，即其具有公共性、公益性特征，与"服务"存在差异，这种特定表意基本上已经作为一种常识被普遍认可。[③] 但是在现实生活中存在着"政府购买服务"和"政府购买公共服务"的混用现象，不仅政

---

① 王兴伦：《理解"基层"》，《求实》2002 年第 11 期。
② 黄大熹、张浩舟：《基层政府的廉政生态：概念、困境、出路》，《吉首大学学报》（社会科学版）2018 年第 3 期。
③ 句华：《政府购买服务相关术语的混用现象及其辨析》，《中国行政管理》2017 年第 1 期。

府文件中存在，学术界也有混用现象。如果不加以严格区别，势必也会在以后的政策制定及学术研究中产生混乱现象。因此，本书的研究倾向于政府购买公共服务。

那么，何谓政府购买公共服务？多数学者认为"政府购买公共服务"，又称政府服务合同外包，是指政府通过直接拨款或公开招标的方式，将本来由自己直接提供的公共服务项目交给有资质的社会组织来完成，最后根据完成的公共服务的数量和质量，由政府来支付相关费用。① 举例来说，美国政府常常利用财政资金为公众购买消费者服务项目，主要内容包括家庭咨询、就业培训、老年人日间照料、寄养服务、青少年辅导项目、药物滥用咨询、住房救助、外来劳工健康评估等服务项目。② 一般而言，政府购买这类服务项目是为老弱病残、无家可归者等弱势群体服务的，大多是社会组织承接此类服务。近年来，由于政府的服务对象不断扩大，更广泛的人群从中受益。社会组织由于自身能力有限以致难以承接更多的政府购买服务项目，于是私营企业也逐渐参与到政府购买服务中来，并发展成为重要的承接主体之一。③

2. 政府购买公共服务的不同方式

关于政府购买服务方式的讨论，学者们多有分歧，其中包括政府购买服务、政府采购、公私伙伴关系等相对宏观的制度安排，也包括合同承包、合同外包、社会影响力债券等相对具体的操作工具。④ 下面我们选择几个主要概念进行比较。

（1）政府服务合同外包。外包一词来自企业，原意为将工作承包给外部劳动者来完成。⑤ 有人认为外包应该有着更丰富的内涵，比如像特许经营、服务或管理外包等多种制度安排都可以算为外包。⑥ 萨拉蒙也持这样的观点，他将

---

① 王浦劬、莱斯特·M. 萨拉蒙：《政府向社会组织购买公共服务研究》，北京大学出版社，2010，第 4 页。

② 句华：《政府购买服务的方式与主体相关问题辨析》，《经济社会体制比较》2017 年第 4 期。

③ 莱斯特·M. 萨拉蒙：《公共服务中的伙伴——现代福利国家中的政府与非营利组织的关系》，田凯译，商务印书馆，2008。

④ 同②。

⑤ Blöndal, J. R. *International experience using outsourcing, public-private partnerships, and vouchers.* IBM Center for The Business of Government, 2005.

⑥ Hrab, R. "Private delivery of public services: public private partnerships and contracting-out," *Panel on the Role of Government in Ontario Research Paper*, 2004（21）.

政府服务外包的工具类型分为对生产方的补助和对消费方的补助两大类。比如，补助生产方的方式有政府出资资助和合同承包，其中前者政府主导的程度更为强势一些；而凭单制则是对消费方的补助，只要消费者有政府提供的免费消费凭单，就可以有很大的自由选择权，可从相关的任意服务生产商获得需要的服务，与合同承包存在差异（见表2-1）。[1] 可见，合同承包和外包还是有很大区别，它只是政府对承接服务的生产方补助的方式之一。

表 2-1　可用于社会组织服务外包的工具类型

导向程度	补助形式	
	生产方	消费方
高	直接由政府机构提供	
中	合同	凭单制 税收优惠
低	分类资助 整笔资助 整笔拨款	贷款担保

资料来源：作者整理。

（2）PPP 模式（Public Private Partnership），中文常译为公私伙伴关系，这是一个意涵复杂的词语，相关定义纷繁多样，内涵与外延各有不同。[2] 政府购买公共服务需要与私营组织进行合作，但并不一定会促成公私合作关系的达成，因为承接服务的主体并非一定是私营性质的组织，有很大可能是非营利组织、事业单位，甚至是政府机构自身。从合作程度角度来看，PPP 翻译成"公私伙伴关系"更为贴切，这里更强调一种状态，一种关系，而不是方式。与政府购买公共服务的其他方式相比，例如合同制、凭单制等，含义不尽相同。因此，将 PPP 纳入政府购买服务方式中不太合理，也

---

[1]　王浦劬、莱斯特·M. 萨拉蒙：《政府向社会组织购买公共服务研究》，北京大学出版社，2010，第210~211页；句华：《政府购买服务的方式与主体相关问题辨析》，《经济社会体制比较》2017年第4期。

[2]　贾康、孙洁：《公私合作伙伴关系（PPP）的概念、起源与功能》，《财政研究》2009年第1期。

不严谨。这也不是本文重点要讨论的，本文要讨论的是 PPP 模式中作为合作方之一的社会组织。

（3）政府采购。政府采购并不是一个新概念，欧美国家在一百多年前就有了政府采购的先例。早在 1994 年，联合国国际贸易法委员会出台《贸易法委员会货物、工程和服务采购示范法》，该文件给出的定义是，"政府采购是一国从事采购的任何政府部门、机构、机关或其他单位或其任何下属机构以任何方式获取货物、工程或服务的行为"。[①] 随着人们生活水平的提高，对公共服务需求的增加，政府采购服务类项目日益增长。同时，随着社会生活的复杂化和公共政策的变迁，政府采购的内容由之前的主要满足政府自身需要，发展到现在政府采购的内容主要是用来满足公众需求。特别是美国分别于 1967 年颁布《社会保障法修正案》和 1996 年颁布《福利改革法》等法律后，政府向社会组织购买社会服务项目就进入了快速增长时期。[②]

我国的《政府采购法》对政府采购的明确定义是，指"国家机关、事业单位和团体组织，使用财政性资金采购货物、工程和服务的行为。该法明确指出了政府采购既购买货物，也购买服务，政府采购是公共财政的一个重要组成部分"。[③] 按照《政府采购法》起草顾问刘慧教授的观点，如果不那么严格地下定义，二者几乎可以混为一谈，"政府购买"就是政府采购。近 10 年来，我国一些地方政府普遍采用的就是"政府购买"的形式。这种形式可以吸引一些社会资本参与公共服务，既可以发挥社会力量的积极性，又可以减轻政府的财政负担，还可以提高政府公共服务的水平和效率。但是，现在很多政府部门的工作人员对政府购买的本意并不清楚。他们对政府购买的认识是，政府购买就是采购政府部门自身需要的电脑耗材、纸张、办公用品等，却没有考虑公共事务需要的工程承包、服务项目承包和合同授予才是政府购买的重点，使得人们对政府采购和政府购买的真实含义产生误解。

---

① Martin, L. L. *Making performance-based contracting perform: what the federal government can learn from state and local governments.* IBM Endowment for the Business of Government, 2002.

② Salamon, Lester M. *The tools of government: a guide to the new governance.* Oxford University Press, 2002.

③ 刘慧：《"政府购买"是否是政府采购》，《中国招标》2006 年第 11 期。

（4）社会影响力债券。"社会影响力债券"，或是"社会效益债券""社会价值债券"，是一种既能够产生社会价值，又能够获得经济回报的投资方式。2010年9月，世界上第一个SIB项目在英国诞生。英国司法部通过一个名为"社会金融"的非营利组织，从17家基金会和其他社会投资人那里筹集了500万英镑资金，用于资助一批专业社会服务机构和一些非营利组织，任务是为彼得伯勒地区监狱内服刑期不满一年的男性犯人提供"一站式服务"。服务内容主要有，为犯人提供饮食、住房、心理支持、业务培训等，最终目的是等他们出狱以后，能够尽快地重新融入社会。跟以前一般意义上的政府购买项目不同的是，只有购买的项目最终达到预期目标，政府部门，即英国司法部与英国大乐透基金才会共同为这一服务买单。项目完成后，投资人除了取回本金外还可以获得一定的投资收益回报。当时，英国格林威治大学和莱斯特大学共同组成了独立评估团队对这一政府购买项目进行了全程跟踪和评估。2014年8月，英国司法部发布了这一项目的最终绩效，这一批参与试验的刑满释放人员大多能很好地融入社会，再犯罪率降低了8.4%。[①] 这种做法很快被其他国家效仿。

其实，在公共服务供给主体方面有很多方式，比如，企业与非营利组织合作的社会责任项目，政府与非营利组织合作的政府购买公共服务项目，政府与企业，或者与非营利组织合作的PPP项目。与这三种两两合作方式相比，社会影响力债券强调政府、企业以及非营利组织三方共同合作，可以充分利用三方资源。社会影响力债券是一种政府购买服务的创新型金融方式，由政府向私人投资者发行债券，筹得的资金用于提供公共服务（见图2-1）。[②] 从某种意义上讲，社会影响力债券是政府改变购买公共服务付款方式的产物，源于政府"为成功付费"的尝试。原因是很多国家政府购买公共服务规模越来越大，公共资金使用的有效性也受到越来越多的关注。于是，政府要评估购买的公共服务是否达标，社会目标是否达成，才最终确定是否要为之买单。这样的做法，反过来也会促成政府合同管理流程的变革，引起服务的购买方和承接方的高度重视，从一开始就关注项目的设

---

① 《第一支社会影响力债券诞生了！》，http://www.shanda960.com/shandaguan/articlc/1759，最后访问日期：2017年12月15日。

② 刘思凡：《社会影响力债券离中国有多远？》，《中国社会组织》2015年第8期。

计、执行，以促进高质高效地完成公共服务项目。不过，这样也会给承接方造成极大的资金压力，结果是多数中小型非营利组织就很容易会被排除在外。[①] 由此，社会影响力债券这种方式在培育非营利组织方面也不是最理想的。

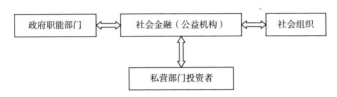

图 2-1 社会影响力债券运行结构

资料来源：参见陆奇斌、张强《社会影响力债券：政府购买社会服务的创新模式》，《WTO 经济导刊》2013 年第 7 期。

（四）社会组织

目前学术界关于社会组织的概念，可以用一个词表述，那就是"混乱"。社会组织有很多名称，自 1980 年代从西方传入中国时，常用的是非政府组织（NGO）、非营利组织（NPO）、第三部门等，后来还有志愿组织、社会组织、民间组织、公益组织（或慈善组织）、社会企业等。

（1）非政府组织。这一名称的优点是强调社会组织的非政府性，说明其不在政府组织系统内，不受政府辖制。不过，非政府组织并不能准确地表达其含义，因为企业也不是政府组织，而是营利组织。另外，在中国的语境中，非政府组织还可能产生两种歧义：一是认为只有那些重要的、正式的民间组织才属于"非政府组织"；二是把"非政府组织"理解成与政府无关联，甚至理解为与政府唱对台戏。

（2）非营利组织。这一名称在中国的使用应该是在非政府组织之后，尤其是在 1990 年代后期。不过，非营利组织的概念也有一定的缺陷，"非营利"一词倒是体现了其非营利性，但政府组织自身不直接创造社会价值，也是非营利性的。

（3）第三部门。这是近年来在治理理念下出现的一个词。国家体系

---

① 参见句华《政府购买服务与事业单位改革衔接机制研究》，人民出版社，2017，第 47 页。

（政府）是第一部门，市场体系（企业）是第二部门，而非政府、非营利组织就被称为第三部门。它是广泛存在、但又缺乏系统分析和理论支持的社会板块——一个十分复杂的集合体，涉及文化教育、医疗卫生、科研机构、协会学会、社会团体、民间组织等，而且层次不同，包含从国际性、全国性到"草根型"的基层社会组织。1970年代以来，欧美国家非营利组织的力量逐渐抬头，美国社会学界普遍认为第三部门是一个成熟社会所不可或缺的重要成分，而欧陆国家的学者则偏重第三部门在地区/国家发展的政治场域上的角色。不过，许多人不了解这一概念，还容易将此与国民经济中的"第三部门"，即服务行业部门，或称"第三产业"混为一谈。

（4）志愿组织。这一概念更强调组织成员的自愿性，但并非所有志愿组成的组织都是非营利组织，比如学校里的兴趣小组、政党组织等，尽管他们的成员参加组织也是志愿的。不过，志愿组织的范围比非营利组织要小一些，人们会狭义地将之理解为志愿者组织。

（5）社会组织。这一概念目前在中国学界使用得较为普遍，主要是其内涵外延比较广泛，内容包罗万象。正因如此，其缺点是不能精准表达。王名认为，社会组织有别于政府与企业，可以提供某种社会服务，本身具有非营利性、正式性、自治性、志愿性等特点；[①] 胡宝荣、王浦劬等认为社会组织有广义和狭义之分。关于广义社会组织的定义两人的观点几近相同，均指人们为达到某种共同的目标而结成的正式组织。但关于狭义社会组织的定义，二者观点有所不同。王浦劬认为，狭义社会组织是指纳入登记管理范围的社会团体、民办非企业单位、基金会等，它们的业务主管部门是民政部门；胡宝荣则认为社会组织是一个与"第三部门""非营利组织""非政府组织"等相近的概念，指那些以发展公共事业，具有志愿性、组织性、非政府性、非营利性和自治性的组织。[②]

（6）民间组织。可以定义为不以营利为目的、主要开展公益性或互益性活动、独立于党政体系之外的正式的社会组织。它是一个建立在中国特

---

① 王名主编《社会组织概论》，中国社会出版社，2010，第8页。

② 参见胡宝荣《发展中的社会组织：内卷化及其超越》，《甘肃理论学刊》2010年第2期；王浦劬、莱斯特·M.萨拉蒙：《政府向社会组织购买公共服务研究》，北京大学出版社，2010，第6页。

色的社会结构和制度文化背景下的词汇。中国政府使用它并与国际上"非政府组织"互换使用，强调了社会组织的民间性。其外延可以涵盖"社会团体""公民团体""公民组织"等。就中国而言，民间组织是一个表达民间社会组织的更恰当的概念。

（7）公益组织，或者称为慈善组织。两者英文表述不一样，前者用Philanthropy，主要是非营利组织中致力于各种公益事业、为受益者提供服务的社会组织；后者用Charity，专指那些致力于为弱势群体提供各种捐赠、支持与帮助的社会组织。①

（8）社会企业。这一概念是近几年在国内兴起的。作为一种舶来品，其具体形态在我国还没有达成共识，但是它的一些运作模式和发展理念基本得到了认可和接受。社会企业最先出现在1994年经济合作和发展组织（OECD）的一份报告中。1999年，OECD提出了社会企业的完整定义：任何旨在促进公共利益的私人活动，其组织方式依据企业战略形成，但主要使命并非利润最大化，而是经济与社会的双重目标，并且有能力通过创新方式解决社会弱势群体的失业问题。社会企业利用可行的经济活动，结合市场资源、非市场资源、非货币性资源（义务工作）和私人赠款，成功地平衡组织的财务收支。②

总体而言，非政府组织、非营利组织、社会组织、第三部门是使用频率较高的词，新近出现的热词是公益组织、社会企业。本书根据课题研究以及行文方便的需要，采用了"社会组织"一词。

二 理论基础

当下中国农村与城市一样，随着社会水平的提高，广大农民对公共产品与公共服务的需求日益强烈，推动政府购买公共服务在乡村地区的探索与实践。政府购买服务作为公共事务治理的一种创新，其学科背景复杂，涉及政治学、行政学、社会学、法学、管理学等众多学科，这些学科从不同的视角做出了种种理论阐释。

---

① 参见王名《非营利组织管理概论》，中国人民大学出版社，2002，第6页。
② 参见胡亦武、石君煜《社会企业概念及发展探析》，《贵州社会科学》2015年第9期；雅克·迪夫尼、丁开杰、徐天祥：《从第三部门到社会企业：概念与方法》，《经济社会体制比较》2009年第4期。

（一）政府服务合同外包相关理论

政府服务合同外包理论，即政府向社会组织购买服务理论，主要包括以下几种。一是政府失灵理论。该理论是美国经济学家伯顿·韦斯布罗德提出的。在现代民主社会中，公共服务的供给应该使所有符合条件的人受益。但是，因为区分的成本过高，使得一些人额外受益，而应该受益的人却被排除在外。另外，公共服务追求普遍性，但是公众因收入、宗教、种族、教育等方面的差异性，往往会产生异质的需求，所以普遍性的服务无法满足每一个人的需求，从而造成"政府失灵"现象。[①] 政府失灵理论的提出意味着传统的公共服务供给方式开始遭受质疑。斯蒂格利茨指出，"对那些提议对市场失灵和收入分配不平等采取政府干预的人们，经济学家提醒他们不要忘记政府同私人市场一样是有缺陷的。政府并不是某种具有良好意愿的计算机，总能够做出对社会有益的无私决策"。[②] 就本研究而言，正是由于基层政府在提供农村社区公共物品方面的局限与不足，才导致了对非营利组织购买公共服务的功能需求。可以说，政府失灵理论率先尝试用经济学方法来解释政府购买服务以及公共服务合同外包的问题，用"需求—供给"的传统经济学理论来解释政府可以不用单独承担供给公共服务的重任，转变人们把政府视为公共服务供给的唯一主体的观念，继而解释了政府将公共服务以合同的形式外包出去的必要性。

二是公共服务生产与供应相区分理论。传统的公共经济学理论强调公共服务从生产到供应无区分，都应当由政府承担，这是典型的主张一元化管理方式的单中心理论。[③] 然而，照此理论，政府只能提供同质性的公共服务，忽视了公民偏好的差异性，但更为关键的是并不能保证公共服务提供的效率。事实上，公共服务的提供和生产是两个相互区别的概念。早在

① Weisbrod, Burton A. "Towards a theory of the voluntary nonprofit sector in a three-sector economy," *In The Economic of Nonprofit Institutions*, edited by Rose Ackerman S. New York: Oxford University Press, 1986: 26.

② 斯蒂格利茨：《经济学》（上册），姚开建等译，中国人民大学出版社，1997，第 502~503 页。

③ 何精华：《区分供给与生产：基于政府公共服务职能实现方式的分析框架》，《中国行政管理》2007 年第 2 期。

1959 年，马斯格雷夫（Musgrave）就对这两个概念进行了区分①，又被以奥斯特罗姆（Ostrom）为代表的制度分析学派所继承并进一步阐述。② 公共服务生产与供应相区分理论认为公共服务的生产和供应在性质上应该加以区分。公共服务的生产需要很强的技术，这点类似于私营企业生产，公共服务与私人消费服务并无不同；公共服务的供应相较于私人物品的消费具有公共性和政治性，政府承担着供应公共服务的政治责任，该过程只有政府才能承担。③ 由此可见，公共服务和私人服务在生产技术方面则具有共性，二者主要差别在于供应主体的不同。罗纳德·J.奥克森认为基层政府的主要工作是供应而不是生产，服务供应的组织和服务生产的组织应根据不同的标准来进行区分。④ 生产与供应相区分理论为解决公共需求偏好显示及排序所要求的政府与公共物品供给效率的矛盾提供了全新的思路，这意味着政府购买农村社区的公共服务并将其外包出去是可行的。

三是契约失灵理论。该理论由美国法律经济学家亨利·汉斯曼最早提出。所谓契约失灵，是指由于生产者和消费者之间存在信息不对称，虽然两者之间存有契约，但也难以防止生产者坑害消费者的机会主义行为的出现。汉斯曼认为，由于非营利组织的"非分配约束"⑤特性，在他们提供公共服务或公共物品时，营利不是他们的目的，此时尽管存在诸如服务的购买者和消费者分离、价格歧视和不完全贷款市场等情况，但会减少公共服务生产者的欺诈行为。⑥ 非营利组织"非分配约束"的特性，实际上是消费者无法通过通常的契约方式来监督生产者（即"契约失灵"）时的一种制度反应，⑦是对生产者机会主义行为另一种有力的制度约束。该理论

① Musgrave, R. A. *The theory of public finance: a study in public economy.* McGraw-Hill, 1959.
② Ostrom V, C. M. Tiebout, and R. Warren. "The organization of government in metropolitan areas: a theoretical inquiry," *The American Political Science Review*, 1961, 55（4）: 831-842.
③ 易承志：《政府向社会组织购买服务相关问题研究》，《太平洋学报》2012年第1期。
④ 罗纳德·J.奥克森：《治理地方公共经济》，万鹏飞译，北京大学出版社，2005。
⑤ 所谓"非分配约束"，是指非营利组织不能把获得的净收入（net earnings）分配给对该组织实施控制的个人，包括组织成员、管理人员、理事等。净收入必须得以保留，完全用于为组织的进一步发展提供资金。这一原则将有助于更大程度地减少"契约失灵"现象。参见吴东民等《非营利组织管理》，中国人民大学出版社，2003，第47页。
⑥ Hansmann, H. B. "The role of nonprofit enterprise," *The Yale Law Journal*, 1980, 89（5）: 835-901.
⑦ 吴东民等：《非营利组织管理》，中国人民大学出版社，2003，第47页。

从制度需要的角度，用功能分析的方法解释了农村社区政府购买服务过程中为什么要将公共服务外包出去。

四是第三方治理理论。萨拉蒙（Salamon）认为，非营利部门研究中的市场失灵、政府失灵和契约失灵理论在对公共物品供给现象进行解释时都存在某种程度的局限性。因此，他提出了第三方治理理论。在政府失灵和契约失灵理论中，由于政府提供公共物品存在诸多局限，人们往往认为非营利组织的参与是一种较为恰当的替代性制度。政府因其内在局限性导致无法适应多元化的社会，无法满足人们多样性的需要。非营利组织正好可以弥补政府失灵，为社会提供政府不能提供的服务。但萨拉蒙认为，此观点忽视了非营利组织本身固有的"志愿失灵"缺陷，而政府则被视为志愿失灵之后的衍生性制度。[1]"志愿失灵"主要表现在四个方面：一是慈善不足；二是慈善的特殊主义；三是慈善的家长式作风；四是慈善的业余主义。[2] 在萨拉蒙看来，志愿失灵恰好证明了非营利组织与政府之间的相互依赖性。正因为政府和非营利组织在各自组织特征上具有互补性，它们之间应该建立起合作关系，把政府筹集资金方面的优势与非营利组织公共服务提供的优势充分地结合在一起。这意味着政府一方面可以利用非营利组织实现其公共目标；另一方面则可以只做公共服务项目的管理者和资金的提供者。[3] 第三方治理理论为政府提供了在农村社区公共服务供给中与其他供给主体合作的思路。

五是政府、市场、志愿部门相互依赖理论。该理论其实就是资源相互依赖理论。豪（Hall）认为，组织是受制于外在环境的，为了维持其生存，组织必须引进、吸收、转换各种资源，而这些资源往往来自环境中的其他组织，于是形成了组织间资源相互依赖的关系网络。[4] 在萨德尔（Saidel）

① Salamon, L. M. "Of market failure, voluntary failure, and third-party government: toward a theory of government-nonprofit relations in the modern welfare state," *Journal of Voluntary Action Research*, 1987, 16 (1-2): 29-49.

② 莱斯特·M. 萨拉蒙：《公共服务中的伙伴——现代福利国家中政府与非营利组织的关系》，田凯译，商务印书馆，2008，第47页。

③ Salamon, L. M. "Rethinking public management: third-party government and the changing forms of government action," *Public Policy*, 1981, 29 (3): 255-275.

④ Hall, R. and P. S. Tolbert. *Organizations: structure, process and outcomes*. Jersey Prentice Hall, 1991.

看来，政府、市场与志愿部门之间的关系并不完全是服从与被服从的关系，由于三者各自掌握并向对方提供关乎对方的生存与发展的重要资源，因此形成了资源上的相互依赖关系，从而使得各方在依赖对方的环境中得以生存并得到发展。① 而伍思努（Wuthnow）则坚信，政府、市场和志愿部门之间存在不断变化的交换与互动关系，诸如竞争合作、资源互换、符号交易等。当很多不同组织提供相似服务的时候，他们之间就是竞争关系。当掌握不同资源的组织来解决共同面临的社会问题时，他们之间就是合作关系。② 他认为作为实现社会功能的三大主体，要完整地实现社会的全部功能，任意一方都不能偏废，这其实就是对新古典经济学的一个反叛，认为除了市场以外还有其他因素影响着社会功能的实现。

（二）公益创投相关理论

作为政府购买服务的重要补充形式，公益创投理论近年来备受学界关注。1997 年，莱茨（Letts）、瑞恩（Ryan）和格罗斯曼（Grossman）在《哈佛商业评论》上发表了一篇题为"向创投借鉴：基金会与创投公司的比较"的文章，开创了公益创投理论探讨之先河。③ 除了传统的诸如市场失灵、政府失灵、公共选择理论、交易成本理论、委托代理等理论，下面这些属于经济学、金融学、行政学、管理学、社会学等众多学科兼容与交叉的理论，抑或更有针对性地对公益创投进行学理上的阐释。

1. 风险投资理论

风险投资是指个人或机构通过一定方式筹集资本，以股权投资的方式将其投入具有高成长潜力的、未上市的创业企业，并通过提供管理服务参与企业的经营，以期获取企业创业成功后的高资本增值的一种资本投资方式，是一种包括融资、参与管理和投资的资本运营制度。④ "公益创投作为一个工具对商界很有吸引力。它可以吸引新的资金进入公益事业并且改善

---

① Saidel, J. "Resource interdependence: the relationship between state agencies and nonprofit organizations," *Public Administration Review*, 1991, 51 (6): 543-553.

② Wuthnow, R. *Between states and markets: the voluntary sector in comparative perspective*. Princeton University Press, 1991.

③ Letts, C. W., W. Ryan, and A. Grossman. "Virtuous capital: what foundations can learn from venture capitalists," *Harvard Business Review*, 1997, 75: 36-50.

④ 张春生：《风险投资理论及在我国的应用探究》，《商业会计》2006 年第 19 期。

现有资金的影响力。"① 公益创投与"风险公益"是同义词，主要为中小型或者初创公益组织的创业提供资金资助和智力支持，有效地解决社会问题，满足公共产品与公共服务需求，着重加强社会组织的能力建设，其最终目标是培育优秀公益社会组织。公益创投的投入对象一般为初创期和中小型的公益组织，通过与被资助者建立长期合作伙伴关系，达到促进能力建设和公益模式创新的目的。② 可见，公益创投的关键不是盈利，而是一种新型公益资本投入方式。

当经济学领域的风险投资理论引用到公益领域后，便具有了自己的特征：（1）它是以推动社会变革为目的的长期投资；（2）它反映出投资者与被投资者之间的伙伴关系；（3）它是对结果负责的过程；（4）它既提供资金也提供专业经验；（5）它具有退出策略。③ 莱茨（Letts）等人提出，慈善组织也可以用金融领域的风险投资技巧使投资价值最大化（包括长期投资），为自身的组织能力建设提供资金，建立评估测量体系以及强大的投资标准。风险资本家或私募股权投资人希望慈善组织能感到投资中也有他们的一份。受到激励后，投资者就会增加投入，当然他们也非常期望能取得可测量的社会收益或经济收益。④

2. 影响力投资理论

所谓影响力投资，就是企业或者社会组织的基金在获得经济收益的同时，产生一定社会影响力的投资。衡量这种社会影响力主要有两个标准：一是看社会影响力投资的主要动机是否带来社会或环境效益；二是看社会影响力投资的结果是否可以从经济效益、社会和环境效益的双维度来积极测量。⑤ 对于社会影响力的界定因具体机构和投资者的不同而各异，但是一般说来，从领域来看，应该是对社会和环境发展有益的领域，比如农业、教育、能源、环境、医疗、住房、饮用水、金融服务等领域，而且这些领

① Metz, A., and L. Hehenberger. "A guide to venture philanthropy for venture capital and private equity investors," *European Venture Philanthropy Association*, 2011, 6: 21.

② 岳金柱:《"公益创投":社会组织培育发展的创新模式》,《社团管理研究》2010年第4期。

③ 赵萌:《慈善金融:欧美公益风险投资的含义、历史与现状》,《经济社会体制比较》2010年第4期。

④ Letts, C. W., W. Ryan, and A. Grossman. "Virtuous capital: what foundations can learn from venture capitalists," *Harvard Business Review*, 1997, 75: 36-50.

⑤ 何莉君:《社会影响力投资和基金会系列之一》,《善与志》2015年第16期。

域的受益人群应该主要是处于社会资源分配弱势的群体。如何评估社会影响力？根据 Schwartz（2003）的观点，认为社会价值创造从产出和组织行为影响力角度最好理解，可以从人口与地理、组织流程、产品和服务、部门、金融或组织结构等五个维度来评估其正向影响。①

对于社会组织商业表现的评估，商业评估体系和通常的私募创投机构的项目评估一样，其主要标准有：明确的商业模式，可持续的财务收入，管理团队的价值观、产品或服务的有效性，企业未来扩张、潜能以及和投资者合作的合适性等。对社会组织影响力投资进行评估的难点在于难以建立相对合理的社会评估体系，不同的投资公司采取的模式各不相同，比如采用专业的指标体系，或者让被投资机构自陈说明等。② 而对社会组织实施影响力投资是传统的风险投资和慈善服务的结合。

3. 社会组织能力建设理论

"组织能力"一词最早是由实验胚胎学者韦斯（Weiss）提出的，他认为组织能力是直接起造型作用的能力。非营利组织能力即社会组织利用资源，制定和实施组织愿景、战略、使命和目标，为社会提供非营利性产品和服务，形成组织与环境类型互动，获得竞争优势，确保组织可持续发展过程中体现出来的潜能和素质。③ 主要包含两个方面，一是社会组织能力建设的关键构成要素；二是社会组织能力结构。社会组织的能力建设的关键要素包括如下一些内容：社会组织能力建设是一个持续不断且没有终点的过程；社会组织能力建设旨在增进社会组织实现目标的能力；非营利组织能力建设不能脱离组织内外部环境的影响，对组织的资源进行重新配置，解决阻碍组织发展的实际难题；非营利组织能力建设涉及个体、团体和机构三个层面的能力；非营利组织能力建设关注组织的可持续发展。而非营利组织能力结构上涉及四个能力纬度，分别是：使命、愿景与战略规划能力；治理结构及领导能力；行政与财务管理能力；人力资源管理能力。④

欧洲风险投资协会强调公益创投所投资的非营利组织更应该是社会目

① Schwartz M S. "The 'ethics' of ethical investing," *Journal of Business Ethics*, 2003, 43（3）: 195-213.

② 罗曙辉：《社会影响力投资在中国》，《WTO 经济导刊》2013 年第 5 期。

③ 马庆钰等：《社会组织能力建设》，中国社会出版社，2011，第 9 页。

④ 马庆钰等：《社会组织能力建设》，中国社会出版社，2011，第 11~13 页。

的组织，包括所有旨在创造社会价值而不是仅限于股东价值的组织，主要包括非营利机构和社会企业。譬如：慈善机构、不以营利为目的的协会、基金会、担保有限责任公司等；某些不给投资者任何财务回报（或设回报上限），而是把收入结余再投入于组织发展的社区利益公司；某些谋求社会效益的企业，他们即使分配利润，但有清晰和明确的社会目标，等等。[①] 按照莱茨的观点，公益创投家们注重建设他们所投资的社会目的组织的业务能力和长期生存能力，而不只是为单个项目或方案提供资金。他们认识到，为核心的运营成本提供资金，以帮助这些机构实现更大的社会影响力和运营效率非常重要。[②] 公益创投就是把经济生活中的市场营销能力、管理能力、融资运作能力延伸到社会组织培育和发展过程中，加强社会组织的能力建设，引导社会组织提高专业化水平。

此外，自 20 世纪 80 年代以来，整体社会组织的发展趋势也出现了重大变化，无论是公共部门还是私营部门，都在由不断地扩大规模向业务分散外包转变，其中特别重要的是网络化的组织形态愈加普遍流行。在演变过程中，诸如新公共管理理论、公共选择理论、交易成本理论、委托代理理论、协商民主理论等依然发挥着重大阐释作用，不过这些理论学界已有较多讨论，不再赘述。

三　文献综述

与本书主题相关的研究主要包含以下几个方面。

（一）农村公共产品研究

1. 农村公共服务（公共产品）的特点

国内对农村公共产品的定义更多源于萨缪尔森的经典定义。有学者认为，"农村公共产品是相对于农村私人产品而言，为农村地区农民生产、生活所需的、具有一定非排他性和非竞争性的物品或服务"。[③] 另有学者认为，

① Balbo, L., L. Hehenberger, D. Mortell, and P. Oostlander. "Establishing a venture philanthropy organization in Europe." *EVPA Knowledge Centre Research Paper*, 2010.
② Metz, A., and L. Hehenberger. "A guide to venture philanthropy for venture capital and private equity investors," *European Venture Philanthropy Association*, 2011, 6: 21.
③ 曲延春：《我国农村公共产品供给：问题、根源与对策》，《生产力研究》2011 年第 5 期。

"农村公共产品通常是指在农村地域内，满足农民生产生活需要的、效用具有不可分割性、消费上具有非竞争性和受益上具有非排他性的各类物质或服务产品，涉及农村的公共设施、公共事业、社会福利等各个领域"。[①] 不过，结合我国农村地区的特点，农村公共服务（公共产品）也有自身的特征[②]：一是较强的外溢性，绝大多数农村公共产品是半公共产品，具有较强的正外溢性，可以拉动农村内需、刺激农村经济增长；二是受益范围的有限性，大多数农村社区具有生产分散性的特征，且相对于城市处于边缘，农民享受公共服务（公共产品）的范围有很大的地理局限性；三是需求的差异性，这是由于农村的经济发展极不均衡，使得公共服务（公共产品）的需求与供给呈现出一定差异性；四是成本的聚集性，大多数基础设施投入大、收益慢、成本高，导致私人资本不愿意进入农村公共产品的投资领域；五是农民生产私人产品对公共产品的高度依赖性，农业的基础地位、农民的弱势地位，决定了农民生产私人产品对农村公共产品的依赖性。

2. 农村公共产品供给的制度变迁研究

中国经济社会发展影响着农村公共产品供给制度的变迁，且在不同时代特点各不相同。在传统农业社会时期，直至民国时期，封建乡绅自治制度决定了农村公共物品的自我供给制度。[③] 中华人民共和国成立初期，尤其是人民公社时期，政府采取"以劳代资"的方式为广大农民提供基本的公共产品。改革开放以来直至 2006 年前后，农村公共产品供给制度一度沿袭人民公社时期的做法，但不像人民公社时期的那种军事化管理机制。[④] 农村税费改革后，各地乡镇政府对农村公共物品供给均有所增加，创造性地通过制度外财政收入来供给公共物品。比如，自 2008 年开始实行的"村级公益事业建设一事一议财政奖补"政策，是中国农村公共服务与公共产品供给的一种有效补充形式，加强了农业和农村基础设施建

---

① 石龙：《农村公共产品的供给瓶颈》，《企业导报》2010 年第 11 期（下）。
② 董宇、袁祯：《我国农村公共产品供给研究综述》，《红河学院学报》2015 年第 6 期。
③ 叶文辉：《农村公共产品供给制度变迁的分析》，《中国经济史研究》2005 年第 3 期。
④ 参见罗万纯、陈怡然《农村公共物品供给：研究综述》，《中国农村观察》2015 年第 6 期。

设，促进了城乡服务的均等化。[①]

3. 农村公共物品的供给状况

（1）农村公共产品投资状况研究。改革开放以来，政府对农村公共物品的投入在逐步增加。基层政府的公共财政覆盖农村范围不断扩大，农村公共产品供给规模逐年增长，对农村社会生产和农民生活产生了重大影响。[②] 杨云帆等认为，尽管农村公共投资总量逐年增多，农村税费改革后投资规模增加特别明显，公共服务与公共产品覆盖了农村生产生活的诸多方面，农民受惠面较广。但是与城市公共产品供给相比，农村公共产品投资仍有很大差距。[③]

（2）农村公共产品供给影响因素研究。林万龙认为，农村公共服务存在供求失衡现象，而村财镇管，县乡公共服务严重依赖省级以上专项资金是重要原因[④]；Tsai认为，"团结群体"能够促使地方政府官员为农民提供一定的公共服务与公共产品[⑤]；王海员、陈东平的研究进一步发现，经济发达的村庄，其选举的规范程度与农村公共产品供给数量之间呈正相关关系。[⑥] 卫龙宝等认为，农民参与农村公共产品供给受村庄状况、乡村社会资本、农户家庭特征和被调查家庭成员个人特征等多种因素影响，决定了公共产品供给的数量与质量。[⑦]

（3）农村公共产品供给效果研究。沈坤荣等学者的研究表明，国家财

---

① 项继权、李晓鹏：《"一事一议财政奖补"：我国农村公共物品供给的新机制》，《江苏行政学院学报》2014年第2期。

② 李燕凌：《县乡政府农村公共产品供给政策演变及其效果——基于中央"一号文件"的政策回顾》，《农业经济问题》2014年第11期。

③ 杨云帆等：《农村村级公共投资结构与变迁——基于5省101村的长期跟踪调查》，《中国农村经济》2015年第1期。

④ 林万龙：《中国农村公共服务供求的结构性失衡：表现及成因》，《管理世界》2007年第9期。

⑤ Tsai, L. L. "Solidary groups, informal accountability, and local public goods provision in rural China," *American Political Science Review*, 2007, 101（2）：355-372.

⑥ 王海员、陈东平：《村庄民主化治理与农村公共品供给》，《中国农村经济》2012年第6期。

⑦ 参见卫龙宝等《村庄特征对村民参与农村公共产品供给的影响研究——基于集体行动理论》，《农业经济问题》2011年第5期；周生春、汪杰贵：《乡村社会资本与农村公共服务农民自主供给效率——基于集体行动视角的研究》，《浙江大学学报》（人文社会科学版）2012年第3期；钱文荣、应一道：《农户参与农村公共基础设施供给的意愿及其影响因素分析》，《中国农村经济》2014年第11期；蔡继华、朱玉春：《关系网络与农户参与农村公共产品供给》，《中国农村经济》2015年第7期。

政关于农村支出可以促进农民收入增长，但是生产性支出和基本建设支出的比例过高，而农民应该享受的公共服务（公共产品）支出占比过低，广大农村不同地区呈现的差异性较大，进而限制了社会福利功能的发挥，不利于实现公共服务的均等化。[①] 有学者认为，我国很多农村的公共基础设施虽然类型增多，其质量也有一定程度的改善，但还是难以满足农村居民相对高水平的需求。[②] 也有学者认为，大多数农村提供的公共产品还存在不少问题，诸如农村饮用水有污染，厕所卫生状况堪忧，清洁可再生能源难以再生，生活垃圾和污水处理影响农村居民的健康和生活质量。[③]

（4）农村公共产品供给满意度研究。有学者对山东部分农民进行了调查，发现他们对通信状况、供电服务等硬性公共产品满意度较高，而对图书馆服务、技术服务等软性公共产品的满意度相对较低。[④] 也有学者以湖北省农户调查数据为依据，用因子分析法对农民满意度进行了分析，发现农民对农村公共产品的精神文化方面表现出较高的满意度，对公共产品的物质条件方面表现出较低的满意度。[⑤] 更有一些学者等用 Probit 模型对农村公共物品供给满意程度的影响因素进行了分析，发现年龄、受教育程度、村干部身份、政策支持、政策执行效果、农户参与等因素对评价农村公共产品供给效果都有不同程度的影响。[⑥]

4. 农村公共产品供给主体或途径研究

关于农村公共产品供给主体有几种划分方式：纯公共产品由政府供给，准公共产品由市场供给，具有公益性质的公共产品由第三部门供给，

---

① 沈坤荣等：《中国农村公共支出及其绩效分析——基于农民收入增长和城乡收入差距的经验研究》，《管理世界》2007 年第 1 期。

② 罗仁福等：《从农村公共基础设施变迁看未来农村公共投资方向》，《中国软科学》2011 年第 9 期。

③ 罗万纯：《中国农村生活环境公共服务供给效果及其影响因素——基于农户视角》，《中国农村经济》2014 年第 11 期。

④ 袁建华、赵伟、郑德亮：《农村公共投资满意度情况调查及其敏感度分析》，《中国软科学》2010 年第 3 期。

⑤ 方凯、王厚俊：《基于因子分析的农村公共品农民满意度评价研究——以湖北省农户调查数据为例》，《农业技术经济》2012 年第 6 期。

⑥ 朱玉春等：《农村公共品供给效果评估：来自农户收入差距的响应》，《管理世界》2011 年第 9 期。

小规模且具有公共池塘类性质的公共产品由村民自主供给。[1] 有人认为国家主导模式、民间合伙模式、私人模式已成为目前我国农村公共产品供给的三种主要方式。还有人提出了自上而下、自下而上、两者结合的三种供给方式。[2]

关于税费改革后的农村公共产品供给途径，郑卫东总结出以下几种观点[3]：市场化供给说，认为市场化途径是解决乡村公共产品供给困境的有效办法[4]；民间组织供给说，强调相对成熟的农民合作组织可以使得农村公共产品的供给状况有所改善[5]；政府供给说，主张基层政府依然是农村公共产品最强有力的供给主体[6]；自愿供给说，认为农民的自组织和农村新乡绅的自我奉献可以提供农民所需的部分公共产品[7]；多元供给说，发现了在农村公共产品供给中存在中央政府、地方政府、社区组织、村民等多元主体[8]；社会资本说，认为社会资本是农村公共产品供给的重要来源。[9]

相较于国内，国外农村公共产品供给的做法比较丰富，不乏值得我们学习借鉴的经验。有学者提出，美国、日本、韩国以及东南亚等国农村公共物品供给的实践对我们有启发，比如规范政府行为、加强农业稳定保护、

---

① 崔新玲：《政府在农村公共产品多元化供给体系中的主导作用》，硕士学位论文，西北大学公共管理学院，2008，第10~12页。
② 朱汉平：《农村公共产品的供给路径：现状分析与选择取向》，《江淮论坛》2011年第4期。
③ 郑卫东：《农村社区政府购买公共服务研究》，中国社会科学出版社，2012，第14页。
④ 林万龙：《农村公共服务市场化供给中的效率与公平问题探讨》，《农业经济问题》2007年第8期；刘银喜：《农村公共产品供给的市场化研究》，《中国行政管理》2005年第3期；党国英：《农村发展的公正与效率可以兼得》，《南方都市报》2004年6月22日。
⑤ 贺雪峰、罗兴佐：《论农村公共物品供给中的均衡》，《经济学家》2006年第1期。
⑥ 同⑤。
⑦ 徐勇：《农村微观组织再造与社区自我整合》，《河南社会科学》2006年第5期；张鸣：《来自传统世界的资源》，《读书》2003年第1期；陈宇峰等：《国家、社群与转型期中国农村公共产品的供给》，《财贸经济》2007年第1期；常敏：《农村公共产品集体自愿供给的特性和影响因素分析》，《国家行政学院学报》2010年第3期。
⑧ 程又中等：《国家与农民：公共产品供给角色与功能定位》，《华中师范大学学报》（人文社科版）2006年第2期；詹成付等：《新中国农村社区服务体系建设研究》，中国社会科学出版社，2008；项继权等：《构建新型农村公共服务体系》，《华中师范大学学报》（人文社科版）2006年第5期。
⑨ 张青：《农村公共产品供给的国际经验借鉴》，《社会主义研究》2005年第5期；刘建平等：《农村公共产品的项目式供给：基于社会资本的视角》，《中国行政管理》2007年第1期；吴淼：《基于社会资本的农村公共产品供给效率》，《中国行政管理》2007年第10期。

强化政府财政支农措施等。① 程又中分享了农村基本公共服务范围划分和财政分摊机制的国际经验。② 张要杰分析了德国农村公共产品供给在地方政府主导、国家法律约束、地方财政支持、社会多元监督和市场化等方面的基本特征。③ 多数学者认为，国外农村公共产品供给的理论与实践可以为中国提供有益参考和借鉴，但应该考虑中国的现有国情，尽量使国外经验中国本土化。

（二）政府购买公共服务研究

1980 年代以来，西方国家掀起了一场旨在提高公共服务供给效率、改善公共服务质量的"新公共管理运动"。奥斯本和盖布勒提出了"企业家政府"的概念，认为政府应该向企业学习，视民众为顾客，顾客即为上帝，这样政府才能提供更好的公共服务，其职能是"掌舵"而不是"划桨"。④ 登哈特夫妇认为政府应该承担起更多的、更优质的服务，而不是传统的"掌舵"式的管辖，应该充分发挥民主，让公民参与到政府提供公共服务的活动中。⑤ 按照传统经验，政府承担的公共服务职能不仅包括供应公共服务，而且也包括生产所供应的公共服务。马斯格雷夫（Richard A. Musgrave）指出，"公共需要的供应……并不要求它必须有公共生产的管理，正如公共生产的管理并不要求它必须有公共需要的供应。在决定各自的适当范围时，应根据各自非常不同的标准"。⑥ 根据他的观点，可以理解为政府应当承担着供应公共服务的职责，但不必亲自生产公共服务，而是可以采取购买服务的方式向其他生产者购买公共服务。⑦ 这打破了公共服务由政府单一供给的传统方式，并且产生了政府与各社会组织合作提供公共产品和公共服务

---

① 李燕凌等：《农村公共品供给管理国际经验借鉴》，《世界农业》2007 年第 9 期。
② 程又中：《国际农村基本公共服务范围及财政分摊机制》，《华中师范大学学报》（人文社科版）2008 年第 1 期。
③ 张要杰：《德国农村公共物品供给的经验研究——基于地方治理理论的视角》，《农业经济》2009 年第 6 期。
④ 戴维·奥斯本、特勒·盖布勒：《改革政府：企业家精神如何改革着公共部门》，周敦仁等译，上海译文出版社，2006，第 21 页。
⑤ 参见珍妮特·V·登哈特、罗伯特·B·登哈特《新公共服务：服务而不是掌舵》，丁煌译，中国人民大学出版社，2010，第 100 页。
⑥ Musgrave, R. A. *The theory of public finance: a study in public economy.* McGraw-Hill, 1959.
⑦ 易承志：《政府向社会组织购买服务相关问题研究》，《太平洋学报》2012 年第 1 期。

的契机。在此过程中，政府服务合同外包模式随之得到发展。

可以说，政府服务合同外包是 20 世纪 80 年代兴起的公共部门改革中出现的政府治理的新元素。西方理论对于政府购买社会组织服务的理论研究已处于成熟阶段，对其概念谱系中政府行动方式、第三方治理等发生和演化机制进行了深入探讨，并大致形成了政府失灵、公共服务生产与供应相区分、新公共管理、治理等研究视角。政府失灵的存在，意味着政府不能单独承担供给公共服务的重任；公共服务生产与供应相区分理论表明，政府可以向其他生产者购买公共服务；新公共管理视角打破了公共服务由政府单一供给的传统方式；治理视角则为公共服务供给中政府与其他主体的合作提供了新思路。整体来看，国外政府购买服务研究涉及政府购买服务的内涵、驱动力、前提或条件、管理过程、功效、风险与规避等方面内容，但焦点集中在三大方面：政府购买服务的决策研究，购买服务合同的管理研究，购买服务的效果及影响因素研究等。[①]

相较于西方国家的理论研究，国内关于政府购买公共服务及社会组织的研究起步较晚。相对集中的研究出现在 20 世纪 90 年代以来，国内学者借鉴西方理论，运用公共服务与公共物品供给理论、政府经济学理论、政府绩效理论等，着重在以下几个方面进行研究。

第一，社会组织与政府的互动关系。范明林从法团主义的理论视角，把社会组织与政府的关系分为强控性、依附性、梯次性、策略性等几种类型，说明这两者关系不是单一的，而是复杂和多样的，不是静止和固定不变的，而是一个动态的过程，始终处于演变和发展之中。[②]崔正等描述了政府购买服务与社会组织发展的长期互动关系，政府购买服务可以促进社会组织的健康发展，反过来，社会组织的发展也可以进一步完善政府购买服务体系。[③]刘传铭等通过对北京市某区的实地调查，与政府相关部门及 13 家社会组织的半结构式访谈，从资金来源、项目实施、注册年检、项目介入四个维度实证研究了政府与社会组织的互动情况，并归纳出了四种合作模式，即强伴生模式、伴生模式、弱伴生模式、无伴生模式。不过这四种模式的界

---

① 王雁红：《公共服务合同外包：一个研究综述》，《天府新论》2012 年第 2 期。
② 范明林：《非政府组织与政府的互动关系》，《社会学研究》2010 年第 3 期。
③ 崔正、王勇、魏中龙：《政府购买服务与社会组织发展的互动关系研究》，《中国行政管理》2012 年第 8 期。

定、划分具有相对性，社会组织与政府的关系并不是永固不变的。①

第二，政府购买社会组织服务的风险与规避。吕志奎的研究表明，由于存在信息非对称、信息不完全、机会主义和合同内在不完备等因素，以及合同的市场化逻辑与政府的公共属性之间存在必然冲突，政府合同治理将产生一系列委托—代理风险问题，应该理性思考如何应对政府合同治理所面临的各种风险。② 刘舒杨、王浦劬认为，政府购买服务同样会有一定的风险，并不是说购买公共服务就一定能提升公共服务或公共产品的供给效率，相反，可能威胁社会的民主治理，甚至降低公共服务供给中的政府责任。③ 苏明等认为，目前的政府购买在程序上存在着风险，比如公共服务购买过程缺乏规范流程，公开竞争难以成为指导原则，监督管理不够规范，缺乏客观公正的第三方机构监督，如果仅以政府部门内部监督为主，容易滋生腐败。④ 詹国彬指出，携带市场基因的合同外包所秉持的效率优先和私利至上的信条，与公共服务所追求和倡导的公共伦理价值之间存在难以弥合的冲突，同时也为合同外包的风险埋下了种种诱因。公共服务合同外包风险的高低主要受市场竞争的程度与政府监管能力的影响，规避和控制公共服务外包的风险必须在维护和增进市场竞争的同时努力强化政府监管能力建设。⑤

第三，政府购买公共服务绩效与评估。关于公共服务绩效评估的价值取向和内容，学术界已达成部分共识。有学者倾向于绩效评估的多元价值取向，即3E（economics，efficiency，effectiveness）＋质量＋民主＋公平。在3E理论的基础上，将公平、正义和民主等指标扩展至其中。⑥ 有学者从绩

① 刘传铭、乔东平、高克祥：《政府与社会组织的互动模式——基于北京市某区的实地调查》，《经济社会体制比较》2012 年第 3 期。
② 吕志奎：《政府合同治理的风险分析：委托—代理理论视角》，《武汉大学学报》（哲学社科版）2008 年第 5 期。
③ 刘舒杨、王浦劬：《政府购买公共服务中的风险与防范》，《四川大学学报》（哲学社科版）2016 年第 5 期。
④ 苏明等：《中国政府购买公共服务研究》，《财政研究》2010 年第 1 期。
⑤ 詹国彬：《公共服务合同外包的理论逻辑与风险控制》，《经济社会体制比较》2011 年第 5 期。
⑥ Ammons, D. *Municipal benchmarks: assessing local performance and establishing community standards.* Routledge, 2014；孟华：《推进以公共服务为主要内容的政府绩效评估》，《中国行政管理》2009 年第 2 期；包国宪、刘红芹：《政府购买居家养老服务的绩效评价研究》，《广东社会科学》2012 年第 2 期。

效评估内容来讨论，绩效评估是结果导向为主还是过程导向为主。[①] 政府购买公共服务绩效评估的方式也得到学者们的关注。魏中龙等基于SOM神经网络基础上构建了政府购买公共服务绩效评价模型。他们对不同地区政府购买居家养老服务绩效进行对比，认为应该从政府投入指标、公共服务机构供给指标、接受服务群众满意指标三个方面来衡量政府购买服务的绩效。[②] 严珏颖运用平衡计分卡方法，对虹口区政府购买的公共卫生服务进行了绩效评估。[③]

第四，政府购买社会组织服务的机制创新。李静从合作式治理的视角，选择了长沙市政府购买居家养老服务的例子，对政府购买公共服务的机制创新进行了深入分析，明确提出要建立新型政社关系、培育社会组织。[④] 赵环等提出，"市场失灵"和"政府失灵"现象是政府购买社会服务的逻辑起点，而第三方评估机制是政府购买的一种创新。[⑤] 耿达倡导从公共文化资源整合机制、供需机制、工作机制、平台构建等几个方面创新政府购买公共文化服务机制，构建"政府搭台—市场辅助—民众参与"的平台，建立一种促进公共文化服务均衡化发展的模式。[⑥] 张文礼等认为，应当从划分监管主体的监管职责，引入第三方监管，利用互联网开展监管等方面，进行政府购买社会组织服务监管机制创新。[⑦]

总体就本本而言，上述成果虽然丰富，但关于政府专门购买农村社区

① 卓越、赵蕾：《加强公共服务绩效评价的思考》，《21世纪的公共管理——机遇与挑战：第三届国际学术研讨会文集》，2008；戴维·奥斯本、特勒·盖布勒：《改革政府：企业家精神如何改革着公共部门》，周敦仁等译，上海译文出版社，2006，第96~119页；Waters, H. R., L. L. Morlock, and L. Hatt. "Quality-based purchasing in health care," *The International Journal of Health Planning and Management*, 2004, 19 (4): 365-381.
② 魏中龙、王小艺等：《政府购买服务效率评价研究》，《广东商学院学报》2010年第5期。
③ 严珏颖：《社会卫生公共服务绩效管理研究：以虹口区为例》，硕士学位论文，复旦大学国际关系与公共事务学院，2010，第22页。
④ 李静：《基于合作式治理视角的政府购买公共服务机制创新研究》，《北京邮电大学学报》（社会科学版）2011年第2期。
⑤ 赵环等：《政府购买社会服务的逻辑起点与第三方评估机制创新》，《华东理工大学学报》（社会科学版）2014年第3期。
⑥ 耿达：《政府购买公共文化服务：职能转型与机制创新》，《武汉科技大学学报》（社会科学版）2016年第2期。
⑦ 张文礼、王达梅：《政府购买社会组织服务监管机制创新研究》，《甘肃行政学院学报》2017年第3期。

公共服务，且加强社会组织培育的研究还是比较少见。在中国知网上输入篇名为"政府购买农村公共服务"，截至 2020 年搜索相关文章 43 篇，其中近 20 篇是关于"政府购买农村公共卫生服务"的，有少数是关于农村养老服务、体育服务、环境服务、保险服务的，也多是实证研究。今后，关于这一领域的研究，理论深入需要进一步加强。

第三章　基层政府购买公共服务
决策的过程及影响因素

一　基层政府购买公共服务的过程

（一）基层政府购买公共服务的可行性

基层政府购买公共服务之所以可行，是因为具备了一些必要的条件。基层政府购买公共服务决策中存在一些影响因素（下一节将会详细介绍），这些影响因素都会朝着有利于基层政府购买公共服务的方向发展。

第一，国家财政对农村公共服务支持力度的加大。财政力量薄弱是基层政府购买公共服务的硬伤，尤其是对于经济欠发达的中西部农村地区而言。东部沿海农村地区还有一些私营企业或者集体经济，这些成为基层政府的重要财政来源。而对于欠发达地区的农村而言，基层政府自身缺少收入来源，只能依靠上级政府的财政拨款，没有过多的资金来购买公共服务。随着国家农村政策的调整，基层政府越来越重视农村公共服务的提供和建设，近年来国家财政对农村的倾斜相当明显。相关政策陆续出台，加大了对农村基础社会建设的财政拨款。例如，2017 年 2 月国务院办公厅发布了《国务院办公厅关于创新农村基础设施投融资体制机制的指导意见》（以下简称《意见》），指出要完善财政对农村基础设施建设投入的稳定增长机制。《意见》提出，要"优先保障财政对农业农村的投入，相应支出列入各级财政预算，坚持把农业农村作为国家固定资产投资的重点领域，确保力度不减弱、总量有增加。统筹政府土地出让收益等各类资金，支持农村基础设施建设。支持地方政府以规划为依据，整合不同渠道下达但建设内容相近的资金，形成合力"。① 事实上，国家财政对农村基础设施建设的转移支付也在逐年增加，这就增强了基层政府购买公共服务的能力。

第二，政府职能的转变主张对社会放权让利。这涉及政府行政模式的变化，政府职能转变一直是我国政府改革的重要方面。1949 年后相当长的一段时间，我国政府承担了几乎所有的社会服务，不仅资源由政府统一配置，连生产过程都由政府包办。在这种行政模式下，基层政府购买服务是不可想象的。后来，随着政府改革的不断推进，政府职能也逐渐转变，从微观管理转为宏观调控，变集权为放权、变领导为指导，改革农村组织管理体制，激发社会组织活力。② 这要求各级政府将那些能够由社会来完成的公共服务全都交给社会来完成，能够部分由社会来完成的公共服务由政府和社会合作完成。实际上就是政府对公共服务供给的全过程不再大包大揽，将其中可以由社会完成的部分实现市场化的运作。政府购买公共服务其实刚好切合了最近政府职能转变的方向，将部分公共服务的生产交由商业组织或者非营利组织来完成，减轻了政府的工作量，政府只负责监督生产和确保服务的质量。对于农村公共服务提供中的政府角色，国务院甚至有更具体的规定，包括"支持各地通过政府和社会资本合作模式，引导社会资本投向农村基础设施领域。鼓励按照'公益性项目、市场化运作'理念，大力推进政府购买服务，创新农村基础设施建设和运营模式。支持地方政府将农村基础设施项目整体打包，提高收益能力，并建立运营补偿机制，保障社会资本获得合理投资回报"。③

第三，农村社会对政府购买公共服务的日益认可和接受。农民是农村公共服务的服务对象，上一节已经提及，农民最开始对政府之外的市场主体提供的公共服务有一种习惯性的不信任和排斥。如果存在这种现象，那么基层政府购买公共服务必然无法顺利落实。但是，就现阶段而言，这种

---

① 国务院办公厅：《国务院办公厅关于创新农村基础设施投融资体制机制的指导意见》，http://www.gov.cn/zhengce/content/2017-02/17/content_5168733.htm，最后访问日期：2017 年 2 月 17 日。

② 朱建民、魏大鹏：《新农村乡镇政府职能转变的内容与路径选择》，《武汉理工大学学报》（社会科学版）2010 年第 4 期。

③ 国务院办公厅：《国务院办公厅关于创新农村基础设施投融资体制机制的指导意见》，http://www.gov.cn/zhengce/content/2017-02/17/content_5168733.htm，最后访问日期：2017 年 2 月 17 日。

情况已经得到根本的改变，绝大多数的农村地区，人们对于政府之外的市场主体生产和提供的公共服务基本能够接受。一方面，国外和国内城市政府购买公共服务对农村具有示范效应。政府购买起源于发达国家，在我国的具体实践中也是最先在城市推行，正是这些地区取得的成功，使得农村地区的人们也能够理性看待这种形式。另一方面，政府购买公共服务在农村的已有实践，让农民看到了实实在在的好处。由市场主体或者非政府组织提供的公共服务并没有出现质量低劣和不负责任的情况，而且某些服务甚至比政府提供的还更受欢迎和肯定。所以，基层政府购买服务的社会整体环境的改变，使得人们不再认为政府生产和提供的就一定是最好的。相反，经过对公共服务的招投标，政府遴选最合适的公共服务生产和提供者，进行全方位监督，这才是人们乐意看到的。

第四，有能力和意愿与政府合作提供公共服务的市场主体的发展。基层政府购买公共服务当然少不了承接生产公共服务的主体，而且这还不只是有没有承接主体的问题，对承接生产主体的技术、能力和数量都有一定的要求。近年来，随着政府对农村社会组织的扶持引导，农村社会组织的数量和规模快速发展，它们和农村其他市场主体成为农村承接政府外包项目的主体。另外，全国性的知名社会组织，例如基金会、公益组织等也主动到农村寻求跟政府合作。这类组织一般具有雄厚的财力和丰富的经验、技术，它们加入农村政府购买公共服务的生产过程，大大提高了农村公共服务的质量。另外就是数量的问题，基层政府服务外包一般都采取招标的方式，如果有资格竞标的社会组织或企业数量达不到程序规定的要求，那么招标也就没法进行。现实中，这些社会组织和企业与政府合作的意愿非常强，一方面，它们可以通过与基层政府的合作，提升自身的合法性，巩固其社会地位。另一方面，对它们而言，基层政府具有较好的信誉，与其合作的风险非常小，同等情况下它们更愿意承包政府的业务。甚至有一些社会组织就是专门承接政府的外包服务而发展起来的，它们也更加熟悉跟政府合作的方式方法。

第五，政府购买公共服务的法律法规的完善。我国基层政府购买公共服务开始的时间较晚，对其中可能出现的问题还没较好的认识，而农村的情况又相当复杂。因此，如果没有相关法律法规的详细规定和指导，基层政府购买公共服务恐怕难以展开。所幸我国立法机构和各部门都非常重视政府购买公共服务中的立法工作，不断借鉴国外有益经验和总结国内实践，近十几年来不断有相关的法律法规出台，并紧密结合现实，对其做出了详细和及时的解读和调整。这些法律法规包括《中华人民共和国政府采购法》（2002）、《国务院办公厅关于政府向社会力量购买服务的指导意见》（2013）、《政府采购非招标采购方式管理办法》（2013）、《政府购买服务管理办法（暂行）》（2014）、《中华人民共和国政府采购法实施条例》（2015）。正是这些法律法规的出台，基层政府购买公共服务得以有章可循。

（二）基层政府购买公共服务过程中的合同订立

根据《中华人民共和国政府采购法》，政府购买公共服务的合同的性质为民事合同。因此《中华人民共和国合同法》对它仍然有效力，合同双方的权利和义务应遵循平等、自愿的原则，同时，政府购买公共服务的合同订立也要严格按照相应的程序。一般而言，基层政府购买公共服务合同的最终订立要经过合同的要约邀请、合同的要约、合同的承诺和合同的成立四个过程。

1. 基层政府发出购买公共服务合同的要约邀请

要约邀请就是一方向对方发出邀请，希望对方向自己发出要约。基层政府购买公共服务的要约邀请，指基层政府向其他市场主体发出要约邀请，邀请这些主体考虑为基层政府生产公共服务。基层政府发出要约邀请不是随意的，它必须考虑这些主体是否具备生产公共服务的能力、技术、意愿等。一般来说，基层政府对于某项公共服务会发出多份要约邀请，提高邀请的效率，希望能够找到最合适的合作对象。根据《中华人民共和国民法典》的相关表述，基层政府向其他市场主体寄送价目表、招标公告和询价等都属于要约邀请。基层政府的要约邀请不必然承担法律责任，在要约邀请的过程中，只有当购买者有明显的不当或者违法行为造成了相对人信赖利益的损失，才会承担相应的责任。例如，基层政府向某一社会组织发出要约邀请，该社会组织购买了标书并开始着手前期工作，后来由于购买者的原因宣布要约邀请作废，取消此次政府购买，这时购买者就需要赔偿供应商的损失。

2. 供应商向基层政府发出要约

这里的要约是指供应商希望承接公共服务的生产，和基层政府签订合同。要约行为由供应商做出，要约是经过详细的考虑和计算后做出的，所以内容是非常具体和确定的。在基层政府购买公共服务的过程中，供应商的投标行为、竞争性谈判的报价行为、单一来源的报价行为等都属于购买合同订立中的要约行为。要约一旦送达受要约人（基层政府）就产生法律效力，要约人不能随意更改、撤回要约，受要约人则要认真理解要约，一旦做出承诺，就要和要约人签订合同。

3. 基层政府向要约人发出政府购买公共服务合同的承诺

基层政府购买公共服务合同的承诺有三个要注意的问题。第一，承诺由基层政府发出。这意味着基层政府已经在众多的要约中，经过反复的比较选定了最适合提供公共服务的要约人作为承诺发出的对象。第二，承诺必须在合理的期限内向要约人发出。以口头表达的要约，承诺人当即承诺并生效。以非对话的方式做出的要约，承诺应在合理的期限内以书面送达。期限的规定主要是为了提高合同订立的时间效率，减少要约人不必要的损失。政府购买采用招投标方式的，招标人选定某一投标人作为中标人，发布的中标通知属于承诺行为。采用竞争性谈判、单一来源采购和询价等其他方式的政府购买，购买人最终确定供应商并向其发送成交通知书属于承诺行为。[①]

4. 基层政府购买公共服务合同的签订

基层政府与供应商之间的要约和承诺行为完成之后，双方的权利和义务基本已经明晰，但是此时购买公共服务的合同还没有完全形成。《中华人民共和国政府采购法》第 44 条规定"政府采购合同应当采用书面形式"。对于签订的时限，第 46 条规定"采购人与中标、成交供应商应当在中标、成交通知书发出之日起三十日内，按照采购文件确定的事项签订政府采购合同"。而且，购买合同的签订还需要备案，第 47 条即要求"政府采购项目的采购合同自签订之日起七个工作日内，采购人应当将合同副本报同级政府采购监督管理部门和有关部门备案"。

以上是基层政府购买公共服务合同签订的过程。其实，在合同签订的过程中还需要注意一些问题。第一，要考虑某些类型的公共服务适不适合

---

① 王丛虎：《政府购买公共服务理论研究——一个合同式治理的逻辑》，经济科学出版社，2015，第 77~79 页。

采取政府购买的方式。这就涉及基层政府为什么要采取政府购买公共服务的问题，应避免认为基层政府购买公共服务意味着基层政府的失败或者是撇开责任，相反，是为了充分利用社会资源节约财政资金、提高公共服务质量。并非所有公共服务都适合采取政府购买的方式，还要考虑社会的公平公正和其他政治性因素。基层政府也不应该借助政府购买公共服务的机会从供应商那里捞好处。第二，基层政府购买公共服务要规范市场主体的竞争行为，实现供应商之间有限度的竞争。适当的竞争能够有助于选出适合的供应商，提供质量过关、成本低廉的公共服务。而过度的竞争则难免会出现不规范的现象，报价过低就不能保证公共服务的质量。

（三）基层政府购买公共服务过程中的合同履行

基层政府购买公共服务合同的履行是指合同双方按照合同规定履行约定的行为。政府购买公共服务合同的履行除了要遵循一般性合同履行的规定，还有几个问题应该特别指出，那就是基层政府购买公共服务合同履行的原则、合同的变更和撤销。

1. 基层政府购买公共服务合同履行的原则

基层政府购买公共服务合同属于民事合同的范畴，因此它首先适用于一般民事合同履行的原则，例如，正确履行、全面履行和及时履行原则。同时，由于合同一方是基层政府，它又具有一定的特殊性，还应该遵循与政府购买相关法律法规规定的政府采购合同履行的原则。如《中华人民共和国政府采购法》第 3 条规定 "政府采购应当遵循公开透明原则、公平竞争原则、公正原则和诚实信用原则"。

此外，基层政府购买公共服务合同的履行还应该遵循社会公共利益原则。政府提供公共服务的行为属于公务行为，供应商承接公共服务的生产就是参与执行公务行为。即使基层政府将此行为外包，但是公务行为的性质没有改变，执行各方都应该服从社会公共利益的原则，体现国家的政策目的。① 这一原则最直接的体现就是，当基层政府购买公共服务合同的继续履行有可能损害社会公共利益时，则应该及时变更、中止或者终止合同的

---

① 王丛虎：《政府购买公共服务理论研究——一个合同式治理的逻辑》，经济科学出版社，2015，第 107 页。

履行。《中华人民共和国政府采购法》第 50 条规定："政府采购合同的双方当事人不得擅自变更、中止或者终止合同。政府采购合同继续履行将损害国家利益和社会公共利益的，双方当事人应当变更、中止或者终止合同。"

2. 基层政府购买公共服务合同的变更

如果将基层政府购买公共服务合同定性为民事合同，那么按照《中华人民共和国合同法》第 77 条规定："当事人协商一致，可以变更合同。法律、行政法规规定变更合同应当办理批准、登记手续的，依照其规定。"但是，应当注意，将基层政府视为民事主体是否合适，基层政府提供公共服务的行为属于公务行为，那么在合同的履行过程中它是否能够代表公共意志重新变更合同呢？其实，《中华人民共和国政府采购法》对于政府购买公共服务合同的变更设置的是禁止性规定，第 50 条规定："政府采购合同的双方当事人不得擅自变更、中止或者终止合同。政府采购继续履行将损害国家利益和社会利益的，双方当事人应当变更、中止或者终止合同。有过错的一方应当承担赔偿责任，双方都有过错的，各自承担相应的责任。"所以，基层政府购买公共服务合同的变更有法定的条件和程序，并不是只要双方当事人愿意，就能随便更改合同内容。

3. 基层政府购买公共服务合同的撤销

政府购买公共服务合同的撤销，是指合同已经成立，但因具备了法定的情节而无效，由特定部门对合同予以撤销。基层政府购买公共服务合同的撤销分两种情形，由购买人、购买代理机构引起的采购合同无效而撤销和由供应商引起的采购合同无效而撤销。《中华人民共和国政府采购法》第71 条、第 72 条详细列述了由购买人、购买代理机构引起采购合同无效而撤销的情形，包括：①应当采用公开招标方式而擅自采用其他方式采购的；②擅自提高采购标准的；③委托不具备政府采购业务代理资格的机构办理采购事务的；④以不合理的条件对供应商实行差别待遇或者歧视待遇的；⑤在招标采购过程中与投标人进行协商谈判的；⑥中标、成交通知书发出后不与中标、成交供应商签订采购合同的；⑦拒绝有关部门依法实施监督检查的；⑧与供应商或者代理采购机构恶意串通的；⑨在采购过程中接受贿赂或者获取其他不正当利益的；⑩在有关部门依法实施的监督检查中提供虚假情况的；⑪开标前泄露标底的。由供应商引起的采购合同无效而撤销的情形有：①提供虚假材料谋取中标成交的；②采取不正当手段诋毁、排挤其他供应商的；③与采购人、其他供应商或者采购代理机构恶意串通的；④向采购人、采购代理机构行贿或者提供其他不正当利益的；⑤在招标采购过程中与采购人进行协商谈判的。

另外一个需要探讨的就是谁有权撤销基层政府购买公共服务合同的问题。《中华人民共和国合同法》规定，只有人民法院和仲裁机构才有权宣布并撤销无效合同，这当然适用于基层政府购买公共服务的合同。但是《中华人民共和国政府采购法》规定，政府采购的监管部门和相关的行政机关对于政府采购的合同，也可以认定其无效，严格来看这与《中华人民共和国合同法》相矛盾，容易造成执法的混乱。其实，既然认定了政府购买公共服务合同属于民事合同，应该将其置于《中华人民共和国合同法》规范之下，将宣布和撤销无效合同的权力统一归属于法院和仲裁机构。

二 基层政府购买公共服务决策的影响因素分析

同样是基层，农村和城市提供公共服务的能力具有较大的差别，它们的配置过程也不同。在政府购买公共服务决策产生的过程中，即便是相同的因素，它对城市基层政府和乡镇基层政府的作用方式也是不一样的。因此，很有必要将县乡基层政府购买公共服务决策的影响因素单独列出讨论。然而，正如前面指出的，乡镇基层政府自身的发展本来就是不充分的，它们提供公共服务的能力普遍较弱，这是讨论基层政府购买公共服务决策影响因素的一个基本点。

（一）农村公共服务的特征

长期以来，乡村的基层政府提供什么样的公共服务，村民就接受什么样的服务。在农村对公共服务的需求还比较简单的时候，这些基本的公共服务都是基层政府提供的。但是，随着市场经济在农村的进一步发展，以及人们生活水平的提高，村民对公共服务的需求也不再像从前那么简单，农村公共服务出现了一些新特征。

第一，农村公共服务诉求的多样化。当前阶段我国农村有了较大的发展，村民不再满足于基层政府所提供的公共服务。这是因为，一方面，农民的经济水平有了较大的提高，他们希望追求更高质量的生活，对农村公共服务的要求也表现出更高的期望。另一方面，大多数农村人或多或少有过城市生活的经历，这极大地开阔了他们的眼界，他们接触到了城市的各种公共服务，不再满足于农村原有的那些公共服务。还有就是农村本身环境的变化，催生出了新的同时也是必要的公共服务。例如，农村河道的污染、堆积的塑料垃圾、疾病增加等，这些都是近些年来才出现的，已经发展成为农村公共服务供给中的问题，政府不得不考虑和处理这些问题。

表3-1是对农村公共服务的简单分类，尽管我国农村发展水平千差万别，并不意味着这些公共服务在所有农村都有，但是从这个分类中可以看出农村公共服务诉求的种类之繁、层次之多。

表 3-1　农村公共服务分类

领域	基本公共服务		非基本公共服务
	保障型	发展型	
教育	九年义务教育、中等职业教育	学前教育、普通高中教育	高等教育、成人教育
就业	为就业困难人员和零就业家庭提供就业援助	全体劳动者就业服务、职业技能培训和鉴定	职业生涯设计
社会保险	基本养老保险、基本医疗保险、失业保险、工伤保险、生育保险	职业年金、补充医疗保险	商业人寿保险、商业健康保险
社会服务	城乡居民最低生活保障、农村五保供养、残疾人福利、孤儿福利	居家养老服务、社区养老服务	高端养老服务
医疗卫生	孕产妇、儿童、老年人等特殊群体的保健服务、重大传染病防治	慢性病管理、健康教育	个性化治疗、高端医疗
住房保障	棚户区改造、农村危房改造	公共租赁住房	商品房
文化体育	公共图书馆、博物馆、纪念馆等免费开放	科技馆、美术馆等开放、体育场馆开放	高端文化活动、高端体育活动

资料来源：参见杨宜勇、邢伟《公共服务体系的供给侧改革研究》，《人民论坛·学术前沿》2016年第5期。

第二，农村公共服务供给的复杂化。与农村公共服务多样化相伴随的就是农村公共服务供给过程的复杂化。首先，农村人口流动性加强，农村人口变化太大，在农忙时节或者逢年过节是农村最热闹的时候，在外务工的农民工都回来了。而在其他时候，劳动力外出，农村人烟稀少。面对这种大的变化怎么来配置公共服务，使得公共服务得到最高效率的利用，就不是一件简单的事情。而且，主要劳动力外流，农村两委的组织能力大大弱化，怎么将公共服务落实到基层也是面临的难题。其次，农民权利观念的增强和表达渠道的便捷，很容易在公共服务供给过程中出现因不公平导致的矛盾事件。在维权过程中，农民相关法律常识的缺乏，使得他们很容易走极端，有时甚至导致社会治安事件。所以，有些时候，一些乡镇基层政府不得不暂停或者取消某些公共服务的供给。

除了以上特点，也有学者将公共服务领域的变化概括为公共服务诉求的多样化、公共服务领域的复杂化和公共服务感知的差异化，正是因为公共服务的这些性质和特征，使得公共服务的提供呈现更加社会化的趋势。[①]农民对公共服务需求的多样化和供给过程的复杂化，决定了现阶段乡镇基层政府没有能力去很好地提供这些服务。当然，虽然农村公共服务具有这些特性和变化，但它们并不能决定乡镇基层政府一定会采取政府购买的方式，这还要视服务类别而定。对于那些只有由政府提供才能保证服务的公平配置和政策所设定的效果的，或者那些不适宜采用政府购买的方式提供的服务，最终也是由基层政府来供给。

（二）市场的发展

公共服务市场的发展情况也会影响基层政府购买公共服务，这主要是由于政府购买公共服务本来就是要借助于市场来完成，所以市场要素就成为基层政府购买公共服务的重要考量。与市场发展相关的影响因素主要分为：市场主体数量、市场服务的发展程度、市场法律法规的完善程度和市场的开放程度四个方面。下面依次分析这四个因素对基层政府购买公共服务的影响。

第一，与市场主体相关的影响因素。与市场主体相关的因素有市场主体的数量、市场主体提供公共服务的能力和提供公共服务的意愿等。首先，可承接基层政府购买服务的市场主体数量增加。前些年，政府购买公共服务还是一件新鲜事，即便是在市场化程度更高的城市也并不多见，并且通过政府融资组建市场主体来完成公共服务的生产任务，随后政府对公

[①] 竺乾威、朱春奎：《社会组织视角下的政府购买公共服务》，中国社会科学出版社，2016，第24页。

共服务进行名义上的购买，严格意义上来说这不是我们所理解的政府购买。后来行政体制改革不断推动，政府职能转变也一直被强调，政府购买公共服务也成了一种必然的趋势。在这种趋势下，专门为了承接政府购买公共服务的市场主体越来越多。现阶段，农村社会中可以承接政府购买公共服务项目的市场主体还很有限，但是应该看到，大量的城市市场主体也开始在农村开展业务，它们广泛地和基层政府展开合作，按照基层政府要求为农村生产公共服务。其次，这些市场主体也有为农村生产公共服务的意愿和能力，城市基层政府与市场主体合作的时间更早，已经没有太多的市场空间可挖掘。而基层政府为农村购买公共服务的实践还处于前期阶段，我国农村的数量又远远大于城市，所以，农村地区就顺理成章地成为这些商业主体下一步要开拓的市场。而且，当具备了长期为城市政府生产公共服务的经验后，这些主体在为农村生产公共服务时也具有经验优势。

第二，与市场服务相关的影响因素。与服务相关的因素涉及市场生产公共服务的丰富程度和服务质量。首先，是市场能够生产出来的公共服务的种类。在我国，除了政府明文规定只能由政府生产的公共服务，其他服务基本都可以由市场主体生产出来。具体到农村，它们对公共服务的需求类型并没有城市那么多，对具体种类的公共服务也都是偏向于基础型和发展型，对高端的公共服务基本没有需求。由此可见，基层政府对公共服务的要求并没有城市公共服务那样复杂。凡是它们所需的服务，也都能够找到相应的市场生产主体来承接。其次，市场主体生产农村公共服务的总体水平和服务的质量。农村所需的公共服务虽然总体上不如城市那么复杂，但是为农村生产的公共服务需要符合农村的具体环境，例如，农村人口的分散性、流动性，农民的素质总体上也要低于城市居民，等等。为农村生产的公共服务要适应这些特征，就需要较高的生产技术。在公共服务生产技术上，市场主体比政府具有明显的优势，它们是推动生产技术研发和应用的主要力量。而且市场主体在生产公共服务后还能够继续为公共产品做后期的保养、技术指导和故障处理，这样，基层政府在购买公共服务后才无后顾之忧。

第三，市场法律法规的完善程度。基层政府要购买公共服务，需要有一个规范成熟的公共服务购买市场，这样才能尽可能规避市场风险，同时保障公共服务的质量和效率。我国市场经济起步的时间较晚，跟欧美发达国家相比，与市场经济发展相适应的法律法规还不是很健全。尤其是在市场经济刚实行的那一段时期，市场行为没有相应的规范，政府与商业组织的合作过程中出现的很多问题无章可循，大大增加了双方的交易成本。但随着市场经济的发展，各方面的法律法规也逐渐完善起来，它们形成了基层政府和商业组织以及社会组织围绕购买公共服务的基础。在政府购买公共服务领域就有《中华人民共和国政府采购法》《中华人民共和国政府采购法实施条例》《政府购买服务管理办法（暂行）》和《国务院办公厅关于政府向社会力量购买服务的指导意见》等。有了这些相关的法律法规，政府在与商业组织合作提供农村公共服务时就能够对自身以及对方的权利和义务有一个比较清晰的了解，这是政府购买农村公共服务的保障。以《中华人民共和国政府采购法》为例，其对政府采购公共服务中的当事人、采购方式、采购程序、采购合同做了非常详细的规定。同时，对于采购过程中质疑与投诉的处理、监督的开展和法律责任的承担也都有相应的规定。

第四，市场的开放程度。地方市场的开放程度也是基层政府购买公共服务决策的影响因素。改革开放伊始，农村的公共服务全部由政府提供，随着市场经济的发展，多元的主体逐渐参与到农村公共服务的提供过程中。这个前提条件就是农村经济体制的逐步开放，允许其他主体参与公共服务的供给。但是，就不同的地域而言，开放的程度又不一样，总体来说，东部发达地区的农村比中西部更为开放。所以，东部地区的基层政府能够采取政府购买公共服务的领域就更多。也就是说，这种不同地域的开放政策的差异，不是基层政府决定的，它们只能在这个范围内考虑是否实行政府购买公共服务。

（三）社会组织的发展

在分析市场发展这一影响因素时，已经提到了承接基层政府购买公共服务的市场主体问题，这一市场主体已经包括了社会组织和其他商业性组织。但是这里仍然将社会组织单独讨论，因为跟纯粹的商业性组织相比，社会组织的发展与基层政府购买公共服务行为具有更为密切的关系。有学者称其为政府购买服务与社会组织发展的互动关系，他们认为，一方面，政府购买服务能够促进社会组织的发展，另一方面，社会组织的发展又有助于推动政府购买服务体系的完善，[1] 所以社会组织与政府购买公共服务形成了一种相互促进的关系。其实，就组织所追求的价值而言，社会组织和政府具有更多的相似性，所以它们之间也更有合作的可能。现实中社会组织确实日益成为政府购买公共服务的主要承接主体。[2] 因此，基层政府在购买公共服务的决策过程中，地域内社会组织的发展状况势必就会成为其中的影响因素。社会组织发展情况作为影响基层政府购买公共服务的因素，可以从区域内社会组织的规模、社会组织的专业能力和社会组织的管理水平三个方面来分析。[3]

第一，社会组织的规模。社会组织的规模能最直观地体现其综合能力，基层政府购买公共服务最明显的一个特征就是数量和规模庞大，这就对承接生产的社会组织具有较高的要求。如果规模没有达到一定的水平，根本无法满足政府的要求，所以农村政府在购买公共服务决策中，自然要将地域内社会组织的规模纳入考量范围。我国社会组织起步较晚，但在政府的培育发展下，各个方面都发展迅速，形成了一定的规模。根据民政部发布的数据：截至 2020 年底，全国民政部门登记和管理的机构和设施共计229.3 万个，职工总数 1644.8 万人，固定资产原价 7278.0 亿元；各类民政服务机构和设施拥有床位 848.2 万张，每千人民政服务床位数 6.0 张；民政服务设施建设项目规模 2519.1 万平方米，全年实际完成投资总额 190.9 亿元；全国民政事业费支出 4808.2 亿元，占国家财政支出的 2.0%，其中，中央财政向各地转移支付的民政事业费 1704.2 亿元，占全年民政事业费支出的 35.4%。[4] 另外，也要看到我国社会服务组织的发展跟发达国家的差距。如 2015 年美国人口 3.21 亿人，注册非营利组织数量达 156 万个，每万人拥有社会组织数量 48.6 个。而我国超大城市中表现最佳的深圳市，其万人拥有的社会组织数量也仅有 7.65 个，与美国相差较远。并且我国超大城市中

① 崔正、王勇、魏中龙：《政府购买服务与社会组织发展的互动关系研究》，《中国行政管理》2012 年第 8 期。
② 句华：《社会组织在政府购买服务中的角色：政社关系视角》，《行政论坛》2017 年第 2 期。
③ 王达梅：《政府购买社会组织服务的影响因素与机制创新——一个三维分析框架》，《兰州大学学报》（社会科学版）2012 年第 6 期。
④ 《2020 年民政事业发展统计公报》。

数值最低的天津市，每万人仅拥有 3.24 个社会组织，为深圳的 1/2，差距较大，发展不平衡。[①]

第二，社会组织的专业能力。社会组织的专业能力直接决定了公共服务的质量，所以这是影响农村基层政府向社会组织购买公共服务的重要因素。基层政府之所以要采取政府购买的方式来提供公共服务，其中很重要的一个原因就是为了能提供高质量的老百姓满意的公共服务，既保证农村公共服务的质量，同时达到提高行政资源利用率的问题。基层政府只有选择跟专业能力强的社会组织合作，才更能够接近基层政府购买公共服务的预期目标。社会组织的专业能力一方面与其员工的专业能力相关，其中包括社会组织成员的技能、知识、从业经验、年龄等。也有学者将社会组织专职人员专业化问题细化为专职人员的专业水平和专职人员的专业身份认同，前者包括基础知识、专业知识和专业精神，后者包括对专业身份的社会认同程度、组织认同程度和自我认同程度。[②] 社会组织的专业能力还表现为它拥有的设备设施的先进程度和专业技术含量。在专职人员专业水平等同的条件下，专业化的设备往往能将社会组织的专业能力再提高一个档次。随着我国社会组织的发展壮大，它们的专业能力与发展之初相比，总体上有了大幅度的提升，但是在对接基层政府购买服务的过程中还是受到"专业能力短缺"的困扰。例如，存在专职人员的专业结构不对口和不合理现象，很多工作人员本身并不从事相关业务工作，所以难以具有相应的从业经验和职业素养。还有一些社会组织则面临相关设备更新慢、技术陈旧、工艺落后，无法满足基层政府对公共服务生产的最新要求。

第三，社会组织的管理水平。社会组织的管理水平高低虽然不直接和公共服务的质量相关，但这会影响基层政府购买社会组织公共服务的过程。基层政府购买社会组织生产的公共服务，从决策到完成，中间涉及一系列复杂的过程，也可能发生一些意外的情况。为了保证购买顺利开展，需要基层政府和社会组织具备较高的管理水平，否则容易导致公共服务到期后无法正常提供，基层政府就会面临巨大的社会压力和行政压力，这是基层

---

① 狄凡、周霞：《超大城市治理公众参与演变历程与现状分析——基于国内外比较的视角》，《上海城市管理》2019 年第 6 期。
② 罗拾平：《非营利组织专职人员专业化问题研究》，《中国人力资源开发》2009 年第 1 期。

政府在购买公共服务决策中必须考虑的因素。其实，目前我国多数社会组织的管理水平都不高，其中，比较突出的问题表现在监督、财务和日常的管理上。在社会组织的日常管理中，容易出现运作不够规范、乱收费、乱评比等问题。财务管理中的问题突出表现为公开性和透明度不够，经费使用的规范性容易受到质疑。这与社会组织中的监督机制有关，由于社会组织的特性，外部监督并不是很到位，很多管理细节并没有严格按照章程落实。最后要指出的就是社会组织中的民主管理和自我管理问题，这集中体现在社会组织的负责人的产生上。一些社会组织负责人的产生并没有走民主程序，以致其权威性不够，无法统一该组织的行动。或者是负责人的频频变动，使得社会组织的服务方向不确定，这也是政府购买社会组织公共服务中需要考量的问题。

（四）政府因素

基层政府购买公共服务是基层政府职能的重大转变，它涉及对传统公共服务生产方式的根本变革。由于政府工作必须在更大的行政系统内展开，新的政府购买公共服务的方式就会和系统内原有因素产生一些不协调，甚至一些因素还会成为政府购买公共服务的阻力。所以，基层政府购买公共服务决策时也受这些因素的影响。这些与政府相关的因素可以分为：对政府和市场主体关系的认识、公共服务的压力、基层政府领导的支持、政策支持。[①]

第一，对政府和市场主体关系的认识。对政府和市场主体关系的认识是政府购买公共服务的观念基础。以国外实践为例，英国政府认为政府和社会组织是良好的合作关系，所以较早开展了政府购买公共服务的实践。而法国的情况则不同，法国政府很长一段时间都认为政府与社会组织是矛盾的。因为这一缘故，法国政府购买社会组织服务的制度建设也比较晚，直到 20 世纪 90 年代才建立起来。1949 年以来，我国实行的是严格的计划经济体制，政府是唯一的公共服务的生产者和提供者，对社会其他组织和市场主体生产公共服务具有天然的排斥。尤其是在农村的基层政府，它们

[①] 王达梅：《政府购买社会组织服务的影响因素与机制创新——一个三维分析框架》，《兰州大学学报》（社会科学版）2012 年第 6 期。

比城市政府更为保守，市场经济发展的程度也更低。所以它们对其他市场主体生产公共服务更加不信任、不认可。随着政府职能转变的推动，它们又不得不将一些服务交由市场主体来生产，但只要其中某些环节发生问题，它们就倾向于否定这种公共服务的生产方式，认为市场在生产公共服务的过程中无法处理好营利性和公益性的关系。

第二，公共服务的压力。随着农村经济水平的发展，村民对生活的要求也逐渐提高，对公共服务的需求也越来越强烈，这就会对基层政府形成一定的压力，而这种压力也是基层政府购买公共服务的影响因素。前文已经提及，农村经济水平的提升以及村民对城市丰富的公共服务的接触，使他们对农村的公共服务提出了越来越高的要求。而国家倡导的服务型政府建设，更加激发了农民对公共服务的需求意识。在这种情形下，如果基层政府自身有能力生产这些公共服务，那么它还能在是否购买服务这一问题上做出选择。问题是，基层政府作为公共服务供给中的唯一主体，所能提供的服务已经不能满足村民的要求，在公共服务供给中面临越来越大的压力。这时候便不是它们愿不愿意选择购买公共服务的问题，而是除此之外没有更好的选择。当然，需要指出的是：公共服务的压力对政府购买公共服务的影响程度还取决于本地政府和社会的关系。如果基层政府和社会力量处于均衡状态，公共服务的压力对政府购买政策能产生一定影响；如果基层政府对社会力量是绝对的强势状态，那么此时公共服务的压力很难对政府购买政策产生作用。

第三，基层政府领导的支持。我国政府的决策过程中主要负责人的支持与否是非常重要的影响因素。这可以回到主要领导人对政府和其他市场主体的关系的认识，或者是对市场生产公共服务的偏好程度，当然另一方面又跟主要领导人的从政经历相关。由主要领导人的支持而推动政府购买公共服务的例子在现实中非常多，例如南京市鼓楼区向社会组织购买老年人服务就与民政局时任副局长的推动有直接联系。又如广州市推行的政府购买社会组织服务改革与市政府领导密不可分。

第四，与政府购买相关的政策支持。政策支持表现为基层政府购买公共服务的政策环境，只有在有利的政策环境下，基层政府购买才能顺利进行。与此相关的政策支持有：财政资金政策、税收优惠政策、审批政策和场地设备优惠政策等。首先，在政府购买公共服务的过程中，无论对于政府，还是对于商业性组织或者非营利性机构而言，资金的筹集都是非常重要的。如果上级政府能够给予财政政策上的支持，那么就更有助于解决资金短缺的问题。一个普遍的问题是，很多基层政府在预算时没有单独编制公共服务购买的预算，直接后果是政府购买公共服务的支持资金规模较小。其次，对于商业组织而言，税收优惠也是重要的政策支持。商业组织生产公共服务所获利润有限，而且多靠生产的规模效应来产生利润。如果能够在这个过程中给予一定程度的税收优惠，那么就能够产生更多的利润空间，也更有利于它们提供更好的服务。审批政策关系到对基层政府购买公共服务项目的最终审批。场地设备优惠政策指社会组织在利用政府或者社会资源时可能得到的政策照顾和优惠。现实中我们发现，很多时候基层政府具有购买公共服务的意愿，也能够找到较好的合作组织，却因"政策缺陷"受阻。

（五）其他影响因素

影响基层政府购买公共服务决策的因素是多方面的，有的是直接影响，有的是间接影响。影响农村政府购买公共服务的其他社会因素有服务对象的态度、地域经济发展水平和区位环境因素。

第一，农村服务对象的态度。基层政府购买公共服务最终服务对象是农民，所以农民是否认同和接受这种公共服务才是公共服务最后能否落到实处的关键，这也就成为基层政府购买公共服务决策的重要考量因素。长期以来，村民在公共服务的需求上只信任政府，并表现出一定的依赖性，他们习惯于接受由政府生产和提供的服务，认为只有政府才能为他们无偿生产和提供可靠的公共服务。而当商业组织和社会组织介入公共服务的生产中时，农民就会表现出习惯性的不信任，觉得这类组织只会以营利为目的，生产的产品质量不可靠。他们甚至还会认为这是政府推脱公共责任的表现，政府通过这种方式与其他商业组织达成合谋与互利，忽略公共服务的质量，这更加是人们所不能忍受的。所以，当市场主体直接提供公共服务的时候，人们就会表现出排斥的态度。现实中这样的例子也确实存在，例如南京市心贴心老年人服务中心向老年人提供服务的初期就经常遭到拒绝，这些老年人总认为这类组织是抱着什么目的去提供服务。天津、唐山的志愿者下乡为村民提供医疗服务时，也遭到了村民的冷漠。这些村民根本不理解他们的动机，也不相信他们的水平，所以就不接受他们的服务。[①]
当然，对于基层政府购买公共服务决策而言，农村服务对象的态度也不是
决定性的，经过长期的接触和说明，服务对象的态度会发生改变，只是要
看基层政府和公共服务的承接组织能否克服这些困难。

第二，地域经济发展水平。地域经济发展水平对政府购买公共服务的
影响是基础性的，因为很多其他因素最终由经济发展水平决定。例如市场
的发展状况，社会组织的发展情况，这些很大程度上都跟地域内经济发展
水平有关系。与地域经济发展水平直接相关的是地方政府的财政力量，基
层政府的财政一方面来源于上级政府的转移支付，另一方面则来源于本级
政府的创收。在经济发达的农村地区，基层政府绝大部分的收入都来源于
本级政府的创收，它们便可以有充足的资金来购买公共服务。而经济发展
落后的农村地区，政府没有创收能力和条件，可能连基本的日常运转经费
都依靠上级政府的拨付，根本没有能力购买公共服务。

第三，区位环境因素。区位环境因素主要影响商业组织或社会组织为
基层政府生产提供公共服务的可行性。首先，是与市场的距离，基层政府
在购买商业组织的公共服务时，后者必然会考虑成本问题，与市场距离太
远，就会大大增加成本，这会影响到商业性组织与基层政府的合作意愿。
对于社会组织而言，虽然它们不以营利为目的，但是也会注重资源利用的
效率，使其尽可能产生更大的社会效益。其次，就是其他生产要素的丰富
程度，例如，农村本地区人力资源情况，一些大型的公共服务需要大量人
力资源的支撑，如果农村劳动力大量外流，那么公共服务的生产就面临劳
动力的短缺。还有就是资本情况，商业性组织需要融资，社会组织的资金
大多来自社会捐赠，这也是它们是否有能力承接政府公共服务的重要因素。

① 王浦劬、莱斯特·M. 萨拉蒙：《政府向社会组织购买公共服务研究》，北京大学出版社，2010，第30~31页。

第四章　基层政府购买公共
服务的风险与规避

一　基层政府购买公共服务风险的表现

（一）正确认识政府购买公共服务的风险

国内学界对于政府购买公共服务风险的研究起步较晚，但是进展迅速，涌现了一批有价值的成果，它们为进一步的研究提供了基础和方向。但是通过查阅和思考这些文献，发现其中也确实有一些问题没有完全理清，先看以下观点。

刘舒扬、王浦劬指出，一般理论认为政府购买公共服务能够提升效率、促进民主和实现政府责任，但现实中的政府购买公共服务却可能恰恰导致相反的结果。首先，政府购买未必能做到真正的公平竞争，竞争性购买也不必然带来成本节约，倒有可能造成公共服务质量的低劣，这些都会损害效率原则的实现。其次，政府购买公共服务弱化民主治理原则的贯彻，原因在于它会消解公共利益的实现和忽视社会公平和正义。最后，政府购买公共服务中存在公共服务主体间的合作难题，国家空心化的隐忧和助长政府的腐败会侵蚀政府责任原则的履行。[①]

兰旭凌将政府购买公共服务的风险因素分为4类，分别是：计划阶段的风险因素（法律规章缺失引发的风险、政府能力不足引发的风险）、甄选阶段的风险因素（权力寻租风险、竞争不充分风险）、实施阶段的风险因素（社会组织能力不足引发的风险、政府监管失效引发的风险）和评估阶段的

---

① 刘舒扬、王浦劬：《政府购买公共服务中的风险与防范》，《四川大学学报》（哲学社会科学版）2016年第5期。

风险（评估指标不确定引发的风险、评估主体和对象单一引发的风险）。①

孙晓莉认为政府购买公共服务中的主要风险因素有三：第一，确定"跟谁买"的买方自由裁量权过大的随意性风险；第二，"被购买方"身份竞争机会的非公平性风险；第三，"购买结果不达标"的责任落空风险。② 吴磊将政府向社会组织购买公共服务的风险分为需求方风险和供给方风险，其中需求方风险有购买成本增加和监督失灵，供给方风险有社会组织功能的丧失、寻租行为和垄断风险。③ 张博将政府购买公共服务风险归结为公共服务失灵、政府权力寻租、扰乱市场秩序和降低民众信心。④

通过对这些研究的思考，我们发现，虽然不同学者对风险的表述不同，但基本上都是围绕几个方面展开的。其中存在的问题是，没有明确区分风险的原因、风险本身和风险带来的结果，甚至都称其为政府购买公共服务的风险。这种分析乍一看好像很有道理，但是仔细一想，就会发现其中的区别。如果不将风险的原因、风险造成的后果与风险区分开来，而是混为一谈，这样得出的结论就很难有指导意义。例如，政府监管失灵是风险产生的原因，而不是风险。而对民主治理产生负面效应和不利于政府资源配置效率的提高是风险产生的后果。这样看来，政府购买公共服务中的风险表现为一系列的过程，将每个环节都称之为风险，就无法把握重点，最后也不能认识风险的本质。

要研究政府购买公共服务中的风险因素，首先应该明确政府购买公共服务中的风险的本质，即它是无法完全避免的，总是内生于政府购买公共服务的过程中，只能将它的不利后果降到最低。而反过来看政府监管的失效，这并不是必然存在的，另外即便政府监管工作到位，政府购买公共服务的风险还会存在。至于降低公共服务提供的效率、弱化民主治理价值，这是所有公共服务提供模式都要尽力避免的，它们并没有一个明确的界限和标准，只能基于两种提供方式的比较来讨论。透过这些表面现象来看政府购买公共服务中的风险因素，就会发现主体对这些风险的发生肯定是无

① 兰旭凌：《政府购买公共服务的风险防范研究》，《中国特色社会主义研究》2017年第1期。
② 孙晓莉：《政府购买公共服务中的风险及其防范与治理》，《理论导刊》2015年第7期。
③ 吴磊：《政府向社会组织购买公共服务的风险分析及其防范机制》，《开发研究》2014年第3期。
④ 张博：《政府购买公共服务的风险及其防治》，《理论探讨》2016年第3期。

意识的，他们根据既定的逻辑行动，而最后，风险的后果确实出现了。这些风险有寻租风险、垄断风险和政府的路径依赖风险。

（二）寻租风险

寻租是指直接利用非生产性的活动而获得利润的方法，即直接利用产生的权力，而不是借助生产性活动来获取利润。基层政府购买公共服务中，寻租行为的直接后果就是导致腐败。基层政府购买公共服务的寻租风险指在政府购买过程中，在政府购买的某些领域和环节，政府购买的权力行使者（政府购买的执行者或机构）不遵守与政府购买相关的制度和原则，导致基层政府购买的实际情况达不到其预期效果的可能性。基层政府购买的寻租风险可以表示为寻租行为发生的概率与其后果的函数：$R=f(p, c)$，其中，R 表示寻租风险，p 表示寻租发生的概率，c 表示寻租行为的后果。[①]

基层政府购买公共服务过程中寻租风险具有内在发生机制，这需要从寻租风险的设租与寻租两个方面来分析。设租是寻租风险发生的前提和基础，指购买方利用权力在购买过程中人为地设置障碍以营造获得非生产性利润的环境和条件，其最终目的是为了获取非法利润。寻租行为是指供应商通过合法或非法手段违背透明和公平原则获得供应特权的活动。在基层政府购买公共服务中，根据购买方是否设租和供应方是否寻租，可以分为四种情形：第一，购买方设租且供应商寻租；第二，购买方设租而供应商不寻租；第三，购买方不设租而供应商寻租；第四，购买方不设租且供应商不寻租。我们知道设租和寻租都是为了寻求额外的利益，所以如果用 R_1 来表示采购方的额外收益，那么，设租时 $R_1>0$，不设租时 $R_1<0$。用 R_2 来表示供应商的额外收益，同样，寻租时 $R_2>0$，不寻租时 $R_2<0$。另外，由于寻租是非法的，所以它还面临被政府监管部门发现的可能，设被监管发现的概率为 P，则 $0\leq P\leq 1$。而且，寻租若被发现，购买方和供应商都将受到惩罚，用 C_1 代表对购买方的惩罚，C_2 代表对供应商的惩罚。因此，在政府购买公共服务的过程中，当购买方设租，供应商寻租时，购买方的收益为：$P(R_1-C_1)+R_1(1-P)$，供应商的收益为：$P(R_2-C_2)+R_2(1-P)$。最后，购买方和供应商的行为策略将取决于它们最后的收益是否大于零，不同的组合

---

① 李红权、张春宇：《政府采购的寻租风险及其防控》，《理论探讨》2010 年第 4 期。

情形分为如下四种，见表 4-1。

表 4-1　购买方和供应商在不同情形下的策略选择

R_1-PC_1	R_2-PC_2	购买方策略	供应商策略
>0	<0	设租	不寻租
>0	>0	设租	寻租
<0	<0	不设租	不寻租
<0	>0	不设租	寻租

资料来源：参见李红权、张春宇《政府采购的寻租风险及其防控》，《理论探讨》2010 年第 4 期。

　　由此可知，基层政府购买公共服务中寻租风险的发生是由一系列复杂的因素决定的，难以避免。寻租风险可以在政府购买公共服务过程中的各个环节中发生，尤其容易发生在需求确定环节、评标定标环节、采购方式选择环节、信息发布环节、履约验收环节和采购人委托代理机构环节。

　　基层政府购买公共服务中寻租风险的危害也是多方面的。首先，基层政府购买公共服务中的寻租行为容易造成社会资源的浪费。在寻租活动中，虽然购买方和供应商获得了额外收益，但是由于它的负外部性，它给社会造成的整体损失和资源浪费要远远超过他们的额外收益。供应商方面的资源浪费表现为，他们不光要按照正常的标准和流程参与竞标，而且还要花费相当的精力和金钱用来寻租，满足相关人员的额外需求。对基层政府而言，也存在设租的成本，而且基层政府和供应商都还要想方设法来逃避政府监察部门，这就使得基层政府购买公共服务中的交易成本增加，相当的人力财力耗费在这个过程中，造成资源的浪费。其次，基层政府购买公共服务中的寻租行为会大大影响政府的形象和信誉。提供公共服务是基层政府的基本职能，从直接生产公共服务到政府购买公共服务，这种转变的初衷是更加低成本和有效地提供公共服务。所以，购买方要在招标的过程中选择报价低廉同时服务有保障的供应商来提供公共服务，这样就能既节约行政成本又保障公共服务的质量。而寻租的发生，背离了基层政府购买公共服务的初衷，在招标环节利用公权力设置障碍和条件来满足额外利益，违背了公开、透明和平等竞争的原则。这种事情一旦发生，就很容易在社会上给基层政府带来负面影响，供应商也不再认为政府是值得信赖的，而只会通过设租来满足额外利益。最后，基层政府购买公共服务中寻租行为的发生还不利于市场的公平竞争。基层政府既是市场经济的重要参与者，又对其他市场主体有引导和示范效应。当基层政府选择标的不是根据企业的报价、技术、质量等因素，而是根据是否满足他们的租金要求时，那么相关领域的企业就不是去钻研技术和提高产品质量，而是想方设法来满足政府的特殊利益，长久以往就可能造成相关行业竞争弱化和生产效率的低下。

（三）垄断风险

垄断风险也是基层政府购买公共服务过程中面临的重要风险，前面的文献中也都基本提到了垄断的问题。在基层政府购买公共服务中，垄断的发生也具有某种内在的必然性，难以完全避免。从表现形式来看，垄断的表现是多方面的，一方面表现为政府购买公共服务的供应商越来越集中在固定的几家。例如，约翰斯通和荣姆泽克在对堪萨斯老年医疗服务外包的研究中发现，政府只跟社会组织 AAAs 合作，而不去寻找更多的供应商。客观上 AAAs 已经形成了对堪萨斯政府购买老年医疗服务的垄断。[1] 另一方面的表现就是基层政府在购买公共服务的具体操作中，购买项目的数量越来越少，而单个项目的金额越来越大。所以，能够参与和分享这种购买"大单"的市场主体就很有限，实际上购买合同就落到了大的供应商手上。所以，我们看到，这些现象的发生是在长期的政府购买实践中慢慢形成的，但客观上确实形成了垄断。

基层政府购买公共服务中垄断的形成过程比较复杂，也是多种因素影响的结果，有学者将这种过程归结为公共服务的性质和政府与供应商双方合作的惯性。[2] 首先，基层政府购买公共服务假设了存在完全竞争的市场，拥有完全竞争市场是充分竞争的前提。但是，两方面的原因决定了完全竞争市场是不存在的。第一，农村的市场本来就是发展不充分的，不像城市

---

[1] Johnson, G. W. "Sharing power: public governance and private markets," *American Political Science Review*, 1994, 88（2）: 477-478.

[2] 吴磊：《政府向社会组织购买公共服务的风险分析及其防范机制》，《开发研究》2014 年第 3 期。

有那么多的竞争主体，这在中西部农村尤为明显。第二，某些农村的公共服务具有特殊性，并不是所以市场主体都能够参与提供。如农村的养老、助残、扶贫等，承接这些项目未必能给企业带来利润，反而是某些带有公益性质的社会组织，他们在长期的实践过程中发展了提供此类服务的专长和经验，关键是它们真正借此实现自身组织价值。正如学者所言"其服务活动培育了依附于组织和社区的社会资本和物质资本，在特定区域内容易形成垄断提供的局面"。① 第三，基层政府与公共服务供应商之间的合作惯性造成垄断的发生。对于公共服务的供应商而言，他们具备承接政府公共服务项目的经验，更容易了解基层政府的购买偏好，而且，在合作过程中还跟基层政府建立了良好的信赖关系。所以，即便是进行再次投标，他们也更容易得到基层政府的认可。对于基层政府而言，从公共服务决定招标到组织招标，这本身就需要花费大量的时间来完成，选择新的供应商还面临信任风险。所以倾向于某一类公共服务由一家或者几家供应商来提供。这样既节省了行政成本，又不用考虑信任风险。而这样的结果，也在客观上导致了垄断的形成。

基层政府购买公共服务垄断风险的危害也是多方面的。第一，它跟寻租风险一样，不利于政府购买公共服务市场的健康发展。固定的一家或者几家供应商长期为政府提供公共服务，其他的市场主体进不来，从而导致区域内整个行业竞争出现弱化。没有了竞争的压力，这些供应商也就丧失了提高服务质量的动力。区域内部市场与外部市场或者国际市场发生脱节，使得市场行业发展出现畸形。第二，它使得基层政府在公共服务的提供中丧失主动权。垄断局面意味着购买方只能与少数的供应商合作，因为没有其他对象可供选择，如果他要选择其他主体，就意味着要付出更大的成本和面临更大的风险。基层政府慢慢对这些供应商形成依赖，在公共服务标准和投标指标的确立上甚至只能听从少数供应商，而基层政府对于公共服务的规格、质量等方面的要求则被掩盖和忽略了。这种现象与基层政府购买公共服务的初衷明显是不符的，由供应商主导设定的公共服务的标准也未必符合公众对公共服务的要求。第三，垄断也完全削弱了基层政府购买

---

① 敬乂嘉：《社会服务中公共非营利合作关系研究——一个基于地方改革实践的分析》，《公共行政评论》2011 年第 5 期。

公共服务的民主参与价值。政府购买公共服务从管理上来说是为了节省资源，提高服务效率。引入更多社会主体参与公共服务提供，对于优化治理结构和完善治理体系有积极的意义。而且，从政治发展的角度来看，政府购买公共服务能够提高参与水平，有助于实现管理层面的民主，所以政府购买既可以帮助实现人们要求的参与和民主权利，还在客观上起到了引导和培育社会力量的作用。而垄断的出现恰恰是抑制了更多的社会主体参与政府购买公共服务的过程，所以也就使得这些积极性没法发挥出来。

（四）路径依赖风险

路径依赖就是人们一旦选择了某种路径，惯性的力量会使这一选择不断自我强化，难以轻易走出去。基层政府购买公共服务中的路径依赖风险指的是当政府购买公共服务成为一种政策工具后，公共部门就会越来越依赖非营利组织或营利性企业提供基本公共服务，并且发展成一种积重难返的局面。例如，不太适合由社会组织或企业提供的公共服务也被列入政府购买清单之内，这意味着基层政府对政府购买这一政策工具过度依赖。

基层政府购买公共服务过程中，路径依赖风险的发生具有非常复杂的形成过程。从制度配置的成本来看，可以把政府购买公共服务看作是一系列的制度安排，制度安排都会有初始设置的成本。但是，随着政府购买公共服务这一制度的推进，与之相关的单位成本和追加成本都将出现下降的趋势。相反，如果制度要创新或者是更换，则又面临了初始成本的问题。而且，政府购买公共服务这一制度在形成和推进后，还会形成协调效应和适应性预期。协调效应是指基层政府购买公共服务这一政策推行后，参与到这个过程中的其他组织也会做出相应的调整以达成协调的行动，而调整也意味着它们也对此进行了投资。也就是说，基层政府购买公共服务这一政策的产生会导致其他一系列正式和非正式规则的产生以补充这一制度的运行。适应性预期指的是随着基层政府购买公共服务政策的推行，它所要求的规范和精神也同时被普及和传播，这客观上减少了这一政策继续推行以及在其他领域推广的不确定性。这些就是基层政府购买公共服务过程中路径依赖的形成过程，亦即当政府购买公共服务这一政策推行之后，会不断朝着自我强化的方向发展，最后形成路径依赖。

之所以将基层政府购买公共服务路径依赖的形成视作风险，是因为它会带来一系列的危害。有学者将这种危害称为国家空心化的隐忧。因为基层政府原来是生产和提供公共服务的主体，现在只是间接提供主体，和公共服务的生产和提供相分离，它提供公共服务的能力也会相应退化，只剩下资金支持和必要的监控职能。基层政府购买公共服务越来越普遍，供应商就有更多的机会参与到公共服务的提供中来，而且参与的程度也不断加深，从一般法规的制定到评估标准的起草。长期下去，政府对第三方承包商就会产生一种依赖，可能会产生国家空心化危机，并弱化政府的责任意识。①

基层政府购买公共服务中路径依赖风险的危害主要体现在三个方面。第一，削弱政府部门的合法性。萨拉蒙将承接政府公共服务项目的民营组织称为第三方政府。他指出：第三方政府在政治意义上虽然比较引人关注，可它对民主理论的发展是不利的，它也会降低公众对政府的支持率。在传统的行政管理模式中，公共行为受到民主的制约和控制，在第三方政府体制中，这变成了间接的。在传统的行政模式中，政府官员制定公共政策时主要基于民意，而且在公共政策的后续过程中他们也要对民众负责。从现在的情况来看，这种机制很可能会被政府购买这一政策工具割裂，因为在这一政策工具中，政府部门和公众对政策的控制弱化了。"自从第三方负责提供政府支付的各种服务以来，公民纳税与享受服务之间的联系变得日益脆弱。因此，第三方政府行为虽然使政府拥有了新的管理手段，却也减弱了其合法性。"② 第二，导致政府提供公共服务能力的下降。当政府购买公共服务发展成为路径依赖，政府购买深入到公共服务提供的各个环节中。但是，并不是每个环节都适合由第三方来参与。例如，政策设计、对执行过程的控制、对服务标准的设定和质量的评估。其实，这时候政府的能力就体现为通过对这些环节的控制和把握来保障购买的公共服务有效。所以，政府在这些环节上影响力的弱化，就难免导致自身保障和掌控公共服务提供能力的下降。第三，弱化公共服务提供中的责任问题。政府作为公共服务提供的主体，有一套相对完善的责权体系来规范自身行为，这时候

---

① 刘舒扬、王浦劬：《政府购买公共服务中的风险与防范》，《四川大学学报》（哲学社会科学版）2016 年第 5 期。

② 莱斯特·M. 萨拉蒙、李婧、孙迎春：《新政府治理与公共行为的工具：对中国的启示》，《中国行政管理》2009 年第 11 期。

的责任是明确的。而第三方组织介入公共服务的提供中后，因为权力的分散和缺乏相对完整的责权体系，一旦出现责任的问题，就变得难以界定和追究。

二　基层政府购买公共服务风险产生的原因

（一）理性经济人假设的存在

理性经济人假设是经济学家在分析人们的经济行为时的一个假设，它指的是人们在经济活动中的行为都是充满理性的，意味着他们的目的都是为了实现自身利益的最大化。理性经济人假设的存在对于分析基层政府购买公共服务中风险发生的原因也适用。首先，社会组织是承接基层政府服务的主要主体。一般而言，社会组织具有独特的社会价值和服务宗旨，它们招募志愿者提供服务，经费主要来源于社会捐款和小部分的政府拨款。即便如此，社会组织在承接基层政府公共服务项目时并不是无私的。社会组织并不是天使，它们也是由具有理性经济人属性的人构成，所以，社会组织中也会出现"慈善方面不足、特殊主义、家长制作风和业务主义"。[①]因此，对于社会组织来说，当他们与基层政府合作时，谋取自身私利的最大化才是他们第一位的目标，为社会提供优质的公共服务并不是他们最重要最关键的目标。尤其是当这两个目标发生冲突的时候，它们可能会选择第一目标。也就是说，理性经济人假设的存在，基层政府选择跟社会组织合作提供公共服务不能避免风险的发生。社会组织也可能形成对政府购买公共服务的垄断，也完全有可能向政府寻租，也可能出现逃避责任的现象。

其次，基层政府理性经济人属性的存在也是购买公共服务风险产生的原因。基层政府作为公民的代理机构，既是公共政策的制定者，又是公共政策的执行者和监督者，掌握着公众委托的公权力。从理论上来看，基层政府的宗旨就是为人民服务，在有限资源的基础上，提供尽可能多的公共服务。但是实际上，基层政府的组成人员也具有理性经济人的特性。在这方面政府机关的工作人员和社会普通大众并没有不同，都会追逐自身利益

---

① 莱斯特·M.萨拉蒙：《公共服务中的伙伴——现代福利国家中政府与非营利组织的关系》，田凯译，商务印书馆，2008年，第47页。

的最大化。或者政府官员一方面追逐自身利益的最大化，另一方面也会考虑到委托人的利益，正是这两方面的目标决定着政府官员的行为。[①] 所以，基层政府选择合作伙伴的时候考虑的不只是提供服务的成本、效率、质量，也就是说，他们考虑最多的可能不是公共服务的提供情况，而是在多大程度上能满足他们自身的利益。设租就是典型的基层政府在购买公共服务的过程中谋取自身利益的表现。其实我们平时所说的政府的自利性，说的就是政府的理性经济人的特性。从单个政府官员来看，他们会在政府购买公共服务的过程中谋求个人利益最大化。另外，政府作为一个组织，它也有自身的整体利益和部门利益，这也是基层政府在购买公共服务过程中往往会考虑到的。例如，要确保政府购买公共服务整个过程的公正、透明和平等竞争，需要基层政府付出大量的组织成本和精力，而基层政府为了自身利益，即使对本职工作也可能会选择性的完成或者推诿。

所以，寻租风险、垄断风险和路径依赖风险的发生都源于基层政府和供应商谋取额外利益和减少投入的行为，归根结底是利益的驱动。基层政府、社会组织和营利性企业都是由具有理性经济人属性的个体组成的，社会公共利益并不总是他们第一位的目标。由于理性经济人假设的存在，基层政府购买公共服务过程中的各个主体，难免会时不时地偏离公共目标而优先关注自身利益。总而言之，当理性经济人参与到公共服务的生产和供应活动中，基层政府购买公共服务中的寻租、垄断和路径依赖风险就无法避免。

（二）基层政府购买公共服务制度规范不完善

基层政府购买公共服务制度规范不完善是导致风险发生的重要因素。风险本身意味着一种不确定性的存在，制度和规范的作用恰恰是对各类不确定事件做出明确的规定，降低不确定性，使预期结果和最终结果一致。所以，相关制度和规范的不完善实际上就意味着基层政府购买公共服务过程中不确定性出现的可能，这时候风险发生的概率就更高。基层政府购买公共服务制度和规范不完善主要包括两个方面：法律制度的缺乏和政府购买程序不规范。

---

① 李红权、张春宇：《政府采购的寻租风险及其防控》，《理论探讨》2010 年第 4 期。

首先，基层政府购买公共服务的法律制度不完善。基层政府购买公共服务必须要有法律依据，而且购买过程中的各个环节都要受法律法规的规范和调节，否则，政府购买就丧失了法律上的合理性和正当性。尽管我国在 2003 年开始实施《中华人民共和国政府采购法》，使基层政府购买公共服务真正做到了有法可依，但是有学者指出，《中华人民共和国政府采购法》中所指的服务，一般都是指围绕着政府自身运作需要的那些服务，例如政府所需的食宿服务、信息系统管理服务等，而通常所指的为公众所提供的公共服务并没有在这个范围之内。① 2010 年公布的《政府采购法实施条例（征求意见稿）》中所指的服务，是除货物和工程服务之外的政府采购的服务内容，这些内容有各种各样的专业性服务、信息系统和网络软件的开发建设服务、与金融和保险相关的服务等。教育、公共卫生和社会福利并未纳入其中，而且，这里所指的供应商，并不包括社会组织。正是因为基层政府购买公共服务的很多重要环节和内容找不到对应的法律规范，而已有的法律也不能及时适应实际情况的变化。因此，在实践中，基层政府购买公共服务时会面临一般性规范缺失的情况，这样他们在具体购买过程中往往只能根据地方性的规范来指导和操作。但是这些地方性文件的合理性、有效性、指导性、明确性都无法得到确切保障，其法律效力也不高，所以能否作为基层政府购买公共服务的指导性规范本身就存在问题。如果完全根据这些规范性文件，不能保证避免基层政府购买行为的随意性和寻租现象，这样就有可能造成公共资源的浪费。②

政府购买公共服务的地方性法规与规章一定程度上弥补了基层政府购买公共服务中的法律缺失的问题。2010 年广东省实施首部政府采购地方性法规《广东省实施〈中华人民共和国政府采购法〉办法》，随后各省相继出台了类似的政府采购地方性法规。但是，归结起来这些地方性的法规也存在很多的问题，包括，第一，这些规范难以做到和地方性的实践相结合。它们多数都是根据上位法来制定，照抄的现象比较多，没有仔细研究本地情况，所以，其可操作性也大打折扣。另外这些法规也比较零散、应急性

---

① 徐家良、赵挺：《政府购买公共服务的现实困境与路径创新：上海的实践》，《中国行政管理》2013 年第 8 期。

② 张瑜：《政府购买公共服务：法律缺陷与制度重构》，《北方民族大学学报》（哲学社会科学版）2014 年第 5 期。

较强，不能体现出系统性。第二，这些地方性法规存在"部门利益化"或"地方利益化"的现象。有的地方政府利用规范性文件对供应商提出了不正当要求，以此来完成经济发展的硬性指标，或者增加税收收入，这就是典型的"地方利益化"的行为。第三，与政府购买相关的地方性法规中的立法体系不均衡，存在立法层级过低，导致规范力不强的现象。地方性的法规的法律效力是有限的，所以其保障力度和惩罚力度都局限在一定的范围内，因此存在对政府采购中的重大违法行为无法起到应有的威慑和约束作用。第四，执法层面的问题。基层执法现象复杂而多变，这跟执法者素质相关，常见的就是存在有法不依、执法不严的现象，这些会严重影响法规的实施效果。①

其次，基层政府购买公共服务中程序的不规范问题。尽管《中华人民共和国政府采购法》规定政府采购应当遵循公开透明原则、公平竞争原则，但是在基层政府购买公共服务的实际操作过程中，往往会出现非竞争性购买的现象。这种局面的形成跟基层政府购买中供应商资格准入制度的不完善有很大关系。《中华人民共和国政府采购法》中对供应商资格的设定主要围绕"商用信誉"、"缴纳税收"和"经营活动"，很明显是针对营利性组织。而对社会组织则缺乏相应的规定。所以就增加了基层政府购买公共服务选择供应商时的随意性。致使许多农村公共服务购买订单并非基于竞争和市场契约获得，而是那些跟基层政府关系更加密切、政府介入程度更深的社会组织更容易获得政府的订单。另外就是基层政府购买公共服务合同没有统一的文本规范和标准，实际情况中不同地区和部门采用的合同格式和规范也大多不同，存在的主要问题表现为缺少对公共服务类型与公共服务对象的说明，以及对服务质量标准和监督方式的规范。所以，基层政府购买合同不够规范的问题，会增加公共服务购买过程中的风险，这种风险也存在于各个主体中，包括购买者、承接者和使用者，这种风险的存在就为后续的责任追究、法律诉讼等埋下了隐患。②

---

① 《政采地方立法应关注哪些重点问题》，http://www.caigou2003.com/ll/zjgd/243673.html，最后访问日期：2021 年 9 月 29 日。

② 张瑜：《政府购买公共服务：法律缺陷与制度重构》，《北方民族大学学报》（哲学社会科学版）2014 年第 5 期。

（三）基层政府购买公共服务监管不到位

因为基层政府购买公共服务中面临法律法规的不完善和理性经济人假设的存在，所以需要对购买过程全程监管。正因为如此，监管在基层政府购买公共服务的过程中是必不可少的，因为它贯穿在政府购买的各个环节中，是确保政府购买公正、公平、有效的保障。另外，从治理体系和治理能力来理解政府购买公共服务中的监管，监管工作并不只是一个简单的环节，它还要求对公共服务的过程的跟踪和对公共服务的质量和社会效果的关注。所以它与治理体系和流程的调整和创新相关，甚至需要在治理体制和机制上做出调整，最终体现为治理能力的提升。另外，它也包括了治理技术层面的更新，所以它可以带动治理体系和治理能力的全面提升。[①]

对于政府购买公共服务监管失灵中存在的问题，相关的研究已经比较多，其中大部分观点也适用于基层政府购买公共服务。我们将基层政府购买公共服务监管中存在的问题归结为以下几点。第一，政府监管法律和制度供给的不足。从政府监督法律的形式来看，《中华人民共和国政府采购法》是唯一一部对政府采购的监督进行了规定的法律。该法第十三条规定："各级人民政府财政部门是负责政府采购监督管理的部门，依法履行对政府采购活动的监督管理职责。各级人民政府其他有关部门依法履行与政府采购活动有关的监督管理职责。"从政府监督法律的内容来看，该法对于政府购买公共服务监管的内容、方式和原则没有进一步的规定。现行采购法对政府购买过程中的监管的规定大多数都属于原则性的规定，而且这方面的规定数量也比较少，在比较详细的实施细则和责任分配方面更是少之又少，所以，在实际的监管工作中就难以避免有法难依和无法可依的问题。[②] 还有一个问题，政府购买公共服务过程中财务监管方面的制度也比较缺乏，基层政府对于购买公共服务的经费基本上是粗放式的管理，缺乏明确的宗旨和方向。

第二，基层政府购买公共服务监管的职责划分不清。之前是基层政府

[①] 倪咸林：《政府购买社会组织服务监管：从碎片化走向整体性》，《理论与改革》2016 年第5 期。

[②] 邰鹏峰：《政府购买公共服务的监管困境破解》，《甘肃理论学刊》2013 年第 3 期。

直接生产和提供公共服务，现在变成了基层政府间接提供公共服务，监管反而成为政府的重要职责。但监管又不局限于原公共服务的提供机构，而是包括财政部门、民政部门、审计部门和监察部门等多个机构。多个部门对基层政府购买公共服务都拥有监管权力时，最重要的就是要明确划分各个部门的监管职责和权限。[①] 但是，现实中多个监管主体之间存在监管边界不清、隶属关系不明的现象，这样监管的职责就难以明晰。另外，监管主体与监管对象之间的关系不清使得监管机制不顺。社会组织是购买政府公共服务的重要主体，但是一部分社会组织和基层政府的关系具有特殊性，基层政府很可能就是它们原来的主管部门，或者是存在上下级的关系，这样他们之间的责权关系就难以划清。这也是基层政府购买公共服务中的"多重身份困境问题"，基层政府购买社会组织服务的过程中会有多个部门的参与，那么就难以避免这些参与的政府部门中有社会组织的原主管部门。这种尴尬关系的出现就不能避免相关部门出现角色错乱现象，既是承包商的原主管部门，又承担着监管工作，这样就不能保证监管工作中的独立和公正。[②]

第三，基层政府购买公共服务监管方式简单落后。监管方式是指监管的途径、方法和路径。有学者将我国政府购买公共服务监管方式的简单落后总结为三个方面，这三个方面在基层政府购买公共服务的监管中也都有表现。首先，监管具有典型的行政命令性。在监管工作中，相关部门首先会下发通知，监管过程中也是采用上级部门听取报告的方式，这种监管方式流于形式。因为监管对象会事先做好准备，难以发现真正的问题。其次，监管具有被动性。被动性是指监管大多是政府购买公共服务过程中出现问题时才会引起相关部门对监管工作的重视，主动监管和日常监管不到位。这种事后监管的方式，不能够主动发现问题，更不能将风险控制在源头。最后，监管工作的人工性。当前的监管主体对基层政府购买公共服务的监管工作主要方式有哪些呢？通常的有对公共服务项目进程的报告审查，去现场做一些监测，还有就是对财务情况进行抽查等。其实，这些方式都是

---

① 张文礼、王达梅：《政府购买社会组织服务监管机制创新研究》，《甘肃行政学院学报》2017 年第 3 期。

② 同①。

比较基本的，但是也存在技术含量低、手工操作、随意性较大和效率不高的问题。①

第四，基层政府购买公共服务缺乏合理有效的监管标准。基层政府购买的公共服务基本上都属于公共服务分类中的软服务，例如教育、医疗、卫生、残疾人服务、体育等，这些服务难以测量，它的质量标准难以界定，也很难对这些服务的成本、价格和效果进行量化评估。以致有时候政府监管部门只能采用"公众满意度"这种主观性较大的指标来测量服务质量，或者干脆采用其他笼统的评价标准。另外，"政府向社会组织购买公共服务过程中，多呈现'重投入、轻管理，重资金、轻绩效'现象，往往难以对服务合同的执行情况进行有效的评估和监管，对于社会组织生产和提供的公共服务过程普遍缺乏科学系统的评价体系和强有力的监督体系"。②

（四）基层政府购买公共服务中信息不对称

信息不对称的出现，源于委托—代理关系的存在。在基层政府购买公共服务的过程中，存在两对委托—代理关系。基层政府作为公共服务的提供者，它和农民构成了委托—代理关系。农民将公共资源和权力委托给基层政府，政府作为公众的代理人，有提供公共服务的职责。在基层政府购买公共服务的过程中，委托人是基层政府，代理人是供应商，基层政府委托供应商生产和提供农村公共服务。

首先，基层政府和农民之间出现的信息不对称。对于广大农民来说，基层政府很难准确把握他们对公共服务的偏好。如果基层政府要掌握农民的信息，就要开展大量的调研活动，这也意味着付出更大的成本，但一般而言，基层政府总是偏向于节约成本，而且即便做到充分的调研，信息偏差也总是存在的。所以，只要存在这种信息不对称的现象，基层政府提供的公共服务就未必总能符合农民的需要，也就必然存在公共资源浪费的可能。另外，农民也无法及时充分了解基层政府的信息。这当然和基层政府信息透明度有很大关系。原则上，基层政府在购买公共服务的过程中和购

① 张文礼、王达梅：《政府购买社会组织服务监管机制创新研究》，《甘肃行政学院学报》2017 年第 3 期。

② 金碧华：《困境与抉择：政府向社会组织购买公共服务的评估监管制度》，《特区实践与理论》2016 年第 5 期。

买后，要向社会和监督主体公开必要的购买信息，主动接受各个社会主体的监督。但是实际上很多基层政府并没有这样做，导致农民无从知晓公共服务生产和提供的具体信息，所以也不能做到很好的监督，这样基层政府就有出现腐败的可能。所以，基层政府和农民之间的信息不对称，一方面可能造成公共资源的浪费，另一方面使基层政府有可能产生腐败。

其次，基层政府和供应商之间出现的信息不对称。一方面，供应商无法了解基层政府关于公共服务的全部信息。虽然基层政府对于公共服务生产和提供各个环节的要求在购买合同中都有说明，但现实中总会遇到一些无法预料的情况，供应商对这些情况的处理就只能基于自身的评判，而这种评判与基层政府的偏好可能会出现偏差。另一方面，政府对供应商信息了解的不充分导致风险的发生。有学者将其归纳为四点：第一，在政府部门对第三方承包商的选择方面，政府部门并不知道他们的全部信息，包括一些必要的细节和隐含的利益冲突。第二，在合同的确立和调整中，政府部门对于具体公共服务的全部成本并不能较好的把握，相反这是承包商的强项，所以政府在价格谈判等环节并不处在优势地位。第三，因为承包商是具有完整法定身份的市场主体，这不利于政府提出必要的信息要求，从而有可能向政府隐瞒关键的信息。第四，在政府购买公共服务的绩效评估方面，政府受到评估技术手段和信息方面的限制，也难以获得精确的绩效信息。[①]

三　基层政府购买公共服务的风险规避

（一）完善政府购买农村公共服务的法律制度

我国基层政府购买公共服务相关的法律制度还有待完善。在西方，政府购买行为一般归由政府采购法来规范，我国学界也没有将"政府采购"与"政府购买"做出区分，习惯于将政府购买也纳入《中华人民共和国政府采购法》的范围之内。在实践层面，地方性指导文件也要求政府购买遵行该法的相关规定。但其实，《中华人民共和国政府采购法》对采购的对象

---

① 徐勇：《公共服务购买中政府职能转变的困境与出路》，《中共天津市委党校学报》2015 年第 4 期。

有明确的规定，它并不包括政府向社会提供的公共服务，所以，政府采购和政府购买的对象不是一回事。有学者就指出："政府购买公共服务与政府采购在目的、标的物、供应方、程序等多个方面都存在本质区别，事实上也不宜以现行《中华人民共和国政府采购法》作为依据。"① 另外，与城市基层政府购买公共服务相比，基层政府购买公共服务具有一定的特殊性，基层政府购买服务和城市政府购买服务在很多方面面临的问题是不一样的，现有关于政府购买的立法大多数基于城市政府购买实践。这些法律对基层政府购买公共服务能否适用就成了一个问题。而且，相关的法律解释和地方规范性文件也没有对基层政府购买做例外说明，这样，基层政府购买公共服务的很多特殊情况就缺乏法律的规范。所以，要规避基层政府购买公共服务中的风险，首要的就是改变这种无法可依的状态，完善相应的法律制度。

完善基层政府购买公共服务的法律制度，首先，要对《中华人民共和国政府采购法》进行修订，加入政府购买的相关内容。在政府购买的对象上，从法律上明确政府向社会组织购买公共服务的必要性和合法性。在政府购买的内容上，对哪些公共服务可以进行政府购买，哪些不宜采用政府购买做出明确的规定。这样就能避免基层政府对政府购买公共服务形成路径依赖而忽视政府的公共责任。除此之外，还要对与政府购买有关的《中华人民共和国招标投标合同法》和《中华人民共和国合同法》中对规范政府购买合同管理中的具体规定做进一步的细化、完善和规范。其次，在国家上位法的指导下进一步完善与基层政府购买公共服务相关的地方性法规。虽然，自 2010 年《广东省实施〈中华人民共和国政府采购法〉办法》出台以来，各个地方都相继出台了类似的办法，但正如前文所指出的，这些地方性文件也存在诸多的问题。订立基层政府购买公共服务的地方性文件主要应该做到。一方面，在上位法的指导下对地方政府采购法的细化和具体问题适用的解释，避免只是对《中华人民共和国政府采购法》的照搬。另一方面，要体现地方性法规的地方性，基层政府购买公共服务的地方性法规既要跟地方经济发展水平相适应，又要具体考虑农村公共服务的特点和基层政府的实际情况。最后，要对基层政府购买公共服务的法律法规进行

---

① 周俊：《政府购买公共服务的风险及其防范》，《中国行政管理》2010 年第 6 期。

细化，尤其是对于政府购买过程中容易出现风险的环节，应该对其中的行为规范进行细化以避免出现问题。细化的内容包括政府购买公共服务合同的实施细则、采购招投标办法以及合同监督管理办法等。[①]

（二）规范政府购买农村公共服务的流程

政府购买公共服务的流程是指购买各环节的次序以及具体的安排和布置。基层政府购买公共服务流程不规范的现象比较严重，这大大增加了风险发生的可能性。流程不规范主要表现在相关流程不健全，一些必要环节光有形式而无实际意义。基层政府购买公共服务主要是发生在政府代表和供应商的代表之间，政府的代表和供应商的代表有时候不会按照规则来进行交易活动。在这种情况下，基层政府代表在购买公共服务时就不会与供应商代表讨价还价，供应商代表在销售公共服务时也不会因为销售压力对政府的购买行为做出合理的回应。所以，这种购买方式必然存在风险。而且农村的熟人关系网更加密切，基层政府代表到市场上购买公共服务，找他们的熟人作为公共服务供应商的可能性更大。这样虽然减少了合作中的不确定因素，却削弱了政府谈判的能力，因为对于提供公共服务的熟人，基层政府采购员很可能由于情面而不好意思讨价还价。最后就成了供应商提供什么样的服务，基层政府就只能购买什么样的服务。

规范基层政府购买公共服务的流程，首先要建立完整的流程步骤。基层政府购买公共服务流程的基本步骤为：项目设计—预算申请—立项审查—汇编目录—竞标评审—资质认定—项目申报—公布信息—中标公告—签订合同—项目管理—评估验收。[②] 完整的流程是规范的前提，也有研究将政府购买公共服务分为计划、甄选、购买和评估阶段，分别列述了每个阶段的风险。[③] 将不同的流程环节区别开来就能对每一个环节的风险因素单独分析和防范。其次，对每一个环节都需要有明确的规范。例如，在购买公共服务的计划阶段，应该着重对何种公共服务适合采用政府购买进行界定，

---

① 吴磊：《政府向社会组织购买公共服务的风险分析及其防范机制》，《开发研究》2014 年第 3 期。
② 郭修金、戴健：《政府购买体育社会组织公共体育服务的实践、问题与措施——以上海市、广东省为例》，《上海体育学院学报》2014 年第 3 期。
③ 兰旭凌：《政府购买公共服务的风险防范研究》，《中国特色社会主义研究》2017 年第 1 期。

避免购买的随意性和基层政府对此形成路径依赖。立项审查应该全面审查购买公共服务的可行性和预算情况。在招标和甄选阶段，应该尽可能扩大发布公共服务招标公告的范围，使更多的服务生产者和提供者能够参与其中，防止基层政府发布的购买项目被一家或者几家垄断。另外，在竞标的过程中，任何参与者都应该以平等的身份进入，所以政府有必要制定一系列公正、公开与透明的制度规范与民主程序。在实施和评估阶段，对于中标的供应商应该实施全面动态监管，建立退出和终止的机制。只要在后期的公共服务购买过程中发现供应商有不合格和弄虚作假现象，就要给予相应的警告。警告无效的，取消其竞标资格，组织重新竞标。

（三）建立基层政府购买公共服务的绩效评估体系

基层政府购买公共服务的绩效评估体系有重要作用。主要是对于政府购买公共服务的监督而言，公共服务的效果具有难以衡量的特性，这给监督工作造成了很大的困难。现有的监督体系多采用主观性的指标，使得效果的衡量具有很大的不确定性。所以监督也就没有了客观评估的标准，这成为影响监督顺利进行的问题。绩效评估的指标是基层政府购买公共服务绩效评估的依据，只有将绩效评估作为一种常备工具，才能促进基层政府购买公共服务效果的提升。一般而言，基层政府购买公共服务的绩效应该包括两个方面的内容：效率和效果。基层政府购买公共服务的效率指的是基层政府的投入和公共服务产出之间的比例，追求用最少的投入生产提供最多的服务。其次，基层政府购买公共服务的效果方面，农村公共服务不光要讲求效率和数量，质量以及农民的满意度和社会效应也是非常重要的。[①]

建立科学合理的基层政府购买公共服务评估体系是一项复杂的工作，这将在下一章重点论述。这里只简单提一下指标构建应遵循的原则和粗选指标的主要内容。在原则方面，基层政府购买公共服务绩效指标的建立要坚持普遍性和特殊性相结合的原则、理论性与实践性相结合的原则、定性与定量相结合的原则以及变动性与稳定性相结合的原则。粗选指标的内容

---

① 吴磊：《政府向社会组织购买公共服务的风险分析及其防范机制》，《开发研究》2014 年第 3 期。

主要包括四个维度：政府成本维度、服务效率维度、社会公正维度和民众满意维度。

（四）健全基层政府购买农村公共服务的监督评价机制

基层政府购买公共服务中风险的发生很大程度上是权力不受约束造成的。监督最直接的作用是监督权力，使权力按照制度的规范行使，以此降低风险发生的可能。健全基层政府购买公共服务的监督评价机制主要包括两个方面：内部监督和外部监督机制。在内部监督方面，首先，要在基层政府采购部门内部建立监督与自我监督的机制。例如，可以尝试在基层政府采购部门中建立专门的合同审定岗位、服务研究岗位和预算约束岗位。这些岗位由部门内相对专业的人员来担任，形成部门内的自我监督力量。其次，要建立多部门的联合监察审核制度。这样，一是可以发挥各部门的专长，例如，由财政、工商、纪检、审计、质检等组成的监察队伍，就可以对供应商进行全面细致的了解和审核，包括对供应商的专业资质、运行管理能力、服务能力、工作态度等。二是避免采购与监管工作的重叠，在组织架构和管理流程上对其进行区分，可以形成相互监管的局面，实现监管、采购分离，这样有助于建立形成各方相互制约的监督机制。对监督细节上，既要加强对于集中购买的监管，又要注重对于分散购买的监管。分散购买是政府购买公共服务中很容易忽视的环节，因此在具体采购工作开展之前，应该认真编制有关采购的计划。对于那些需要分散购买的项目，在相关的信息发布、专家挑选、购买合同备案、信息报告以及资金的支付等环节都要进行制度化。

在外部监督方面，首先，要建立第三方的评估监督机制。会计师事务所、审计事务所等专业评估机构具有较高的专业水准，它们也经常担任各种监督和审计工作，它们也是基层政府购买公共服务中的第三方评估监督主体。第三方监督评估相较政府自身的监督部门更加具有客观性、公正性和专业性。因为它们具有独立的法人地位，不受政府和相关力量的干涉，所以在评估和监督过程中可以做到客观独立。另外，它们具有较强的专业性，它们能够制定出科学合理的绩效评价体系和测量标准。其次，要重视大众传媒对于基层政府购买公共服务的监督。大众传媒监督的特点在于它的及时性、公开性和透明性，而且在短时间内能够快速传播，对推动基层政府购买公共服务的规范化起到很大的作用，有助于规范政社关系。利用大众传媒的监督需要做到信息公开透明，积极引导媒体适当参与基层政府购买公共服务的环节，以利于对相关信息进行报道。最后，要建立社会公众对于基层政府购买公共服务的监督机制。公众的监督具有广泛性和直观性，社会公众最清楚政府应该提供什么样的公共服务，而且对于公共服务的质量也有直接的体验。所以他们的评判和监督是非常直观的。主要的问题在于如何使公众的监督意见能够反映到政府内部以及被政府接受，这需要建立相应的信息沟通渠道。

第五章　基层政府购买公共服务的绩效评估

一　基层政府购买公共服务绩效评估的价值维度

（一）基层政府购买公共服务的合法性维度

合法性价值是基层政府购买公共服务绩效评估的重要价值维度，它所关注的问题是如何让社会公众相信政府购买服务是公共服务供给最适宜的方式，并支持这种公共服务的提供方式。基层政府购买公共服务的合法性价值维度主要包括公共性、制度化和社会化。[①]

在公共性层面，公共性是所有公共政策的根本属性，它也是合法性来源的重要因素。基层政府购买公共服务绩效评估的公共性是指绩效评估要注重农民的参与和最终促进农村的公共利益。所以，首先，基层政府购买的内容一定要符合公共用途，是公共利益的内容，是普通人都能享受得到的，包括农村的养老、医疗、卫生、残疾人帮扶、教育，等等，而不是为基层政府自身谋福利所购买的各种服务，也不是只有少数群体才能享受的、超出政府基本保障范畴之外的其他服务。其次，基层政府购买公共服务的过程一定要体现广泛的参与性。何种公共服务是农村所缺乏的，恐怕没有人比农民更了解，因此基层政府购买公共服务的计划和项目确立阶段应该引导农民参与其中。还有对于所购买的公共服务的质量评定，也要主动寻求农民的意见。最后，基层政府购买公共服务要能够获得农民的支持，即特定的公共服务采取政府购买的方式比由政府提供能够带来更好的社会效果。

制度化是合法性的另一重要方面。基层政府购买公共服务的公共性体

[①]　徐家良、许源：《合法性理论下政府购买社会组织服务的绩效评估研究》，《经济社会体制比较》2015 年第 6 期。

现的是对农民权利的保护，而制度化则体现的是对政府权力的约束和规范。基层政府购买公共服务过程中出现的很多问题，大大影响了公共服务的提供效率和社会效果，制度化就是寻求对中间环节进行程序化和规则化。基层政府购买公共服务的制度化，是对政府购买的具体环节形成正当性的规则和合法性的程序，本质在于维持政府购买公共服务政策的稳定、持续和规范性。只有这样，才能使得各方都对于该项政策有一个稳定而长期的预期。基层政府购买公共服务的制度化体现在很多方面。首先是基层政府职能界限的划定，这涉及什么样的公共服务应该采用政府购买的方式，什么样的公共服务只能由政府提供，这中间应该有一个明确的制度规定，而这与政府的职能定位是密切相关的。其次是与基层政府购买公共服务相关的法律法规的完善，其内容应该包括政府购买公共服务的目标、程序、监督、合同管理，等等。

社会化也是合法性的维度之一，这主要是因为政府的权力本来就来源于社会公众的委托。当社会公众对政府主导提供或主导购买的公共服务质疑时，他们更倾向于由社会化的公共服务提供机制来进行替代或补充官僚体系的运作机制。虽然，基层政府购买公共服务的过程必然有其他社会力量参与进来，不过基层政府始终在这个过程中处于主导地位。从农村公共服务项目的确定、供应商的选择、合同的管理和监督等，都是政府主导推动的。基层政府购买公共服务社会化有两个重要的衡量维度。一是农村公共服务供给市场的发育程度。这主要涉及参与农村公共服务竞标的市场主体的数量和能力，以及它们在竞标的过程中是否得到了公平公正的对待。二是社区资源的动员程度。无论是社会组织还是其他营利性市场主体承接政府外包的公共服务，最后都要具体落实到农村社区，它们在农村社区治理中发挥着越来越重要的作用，激活社区既有资源，这些都体现着社区资源的动员程度。

（二）基层政府购买公共服务的有效性维度

基层政府购买公共服务绩效评估的合法性维度是评价性的，而有效性维度是工具性的。政府购买作为一种工具，基层政府旨在借此提升政府绩效水平。传统的 3E 模式从经济、效率和效果三个方面测量政府绩效有效性，本书也采取该模式来分析基层政府购买公共服务的有效性维度。首先，是基层政府购买公共服务有效性的经济方面，主要包括政府购买的资金总量和公共服务定价两个问题。基层政府计划用于购买公共服务的资金总量是开放公共服务市场程度的重要指标。一般而言，用于购买公共服务的资金总量越多，公共服务的供给量就越大，社会主体参与公共服务市场中的机会也就越多，相当于带动了更多的社会资源参与提供公共服务。但是，另一方面，能够用于政府购买公共服务资金总量是有限的，这与基层政府的财政状况紧密相关。所以，如何科学配置资金，安排适当数量的资金用于政府购买非常重要。公共服务的定价也是经济方面的重要问题。定价涉及对公共服务提供和生产成本的测算，这其实是一个非常复杂的问题，实际上很难做到准确的测量，经常会出现偏高或偏低的现象。如果对购买的公共服务定价偏低，就会造成公共服务资金总量不足，影响供应商参与提供公共服务的积极性，这样生产出来的公共服务在质量上也得不到保证。相反，如果对政府购买的公共服务定价偏高，就会造成资源的浪费，助长公共服务购买市场中的腐败行为。

其次，是基层政府购买公共服务有效性维度的效率方面。所谓效率就是花更少的钱办更多的事。基层政府购买公共服务的效率分为政府购买公共服务过程的效率和供应商生产、提供公共服务的效率两个方面。第一个涉及的是政府自身效率的问题，官僚化、低效率广泛存在于基层政府部门中，与基层政府购买公共服务过程的效率相关的是基层政府项目确定和审核的效率、合同管理的效率、监督的效率等。第二个涉及的是供应商生产和提供公共服务的效率，这又可以分为供应商的能力和投入产出比。供应商的能力包括其专业人员的数量、专业化程度，行政、财务、人事等的制度化和规范化程度，以及合同执行能力、资源组织能力等。投入产出比是指供应商投入的资金、人力资源、硬件设施、技术等和生产的公共服务的数量、质量之比。其实，供应商的能力和生产效率又是取决于政府管理购买公共服务项目的能力，因为市场行为对于性价比问题具有天然的优势，所以后者主要取决于政府能否充分利用市场的竞争机制。当然这对基层政府能力提出了较高的要求，这需要从制度方面进行完善，例如，实施有利于充分竞争的招标制度等。[1]

---

① 刘素仙：《政府购买公共服务绩效评价的价值维度与关键要素》，《经济问题》2017 年第 1 期。

最后，是基层政府购买公共服务的有效性维度的效果方面。效果就是基层政府购买公共服务政策完成后对社会产生的实际效果，可以将实际效果分为两个层次来分析。第一层面是预期的政策效果是否得到实现。预期政策效果就是农村公共服务项目设计时所设定的政策服务目标、对象和内容。所以，评估基层政府购买公共服务的效果，首要的就是整体评价购买结果是否达到了预期的目标。第二层面是在评估了政策预期效果之后，还要评估政府购买公共服务对社会造成的其他效果。政府购买公共服务本身具有公共性，某一政策的施行也可能会带来其他意想不到的社会效果。对于政府而言，这是不能忽略的问题。如果某一政府购买政策造成的整体社会负面效果大于政策预期的效果，那么这一政策肯定是有问题的。

（三）基层政府购买公共服务的回应性维度

回应性是衡量公共服务的一个重要维度，指的是政府提供的公共服务对社会需求所做的准确和及时的满足程度。有学者将政府公共服务的回应性分为三个方面：需求满意状况、需求满足偏差状况、需求群体平衡状况。[①] 本书也从这三个方面来阐述基层政府购买公共服务的回应性价值维度。需要说明的是，基层政府购买公共服务的回应性主要是针对农民的回应性，所以应该主要以农民为对象来进行评估。一是基层政府购买公共服务的需求满意状况，包括公共服务的内容和提供的时效。首先就是要确定基层政府购买的公共服务是不是农民所需要的，因为有些基层政府在确定公共服务项目时并没有认真地做实地调查。所以，并不能确定政府购买的公共服务就是农民所需要的。原因在于农村公共服务普遍比较不齐全，需要提供的又多，所以政府在提供时就要考虑到先后顺序。先从最基础的、最迫切的和无差别的公共服务做起，然后向更高层次的需求发展，遵循农村发展和人们一般需要的客观规律。而不是为了凸显政绩或者标新立异搞一些虚的没有实际意义的公共项目。其次就是基层政府购买公共服务的时效性，时效性指的就是政府为农民提供的公共服务是不是在有效的时间段内，因为有些公共服务是有特定的时间要求的。所以，基层政府购买公共服务就要有一个时间成本的考量。对农村而言，有些公共服务需求是长期

---

① 刘素仙：《政府购买公共服务绩效评价的价值维度与关键要素》，《经济问题》2017 年第 1 期。

存在的，有些是季节性的，有些则是只有特殊时期才有的。所以对于不同的服务内容，对时效性的要求也不同。基层政府购买公共服务就不得不注意时效性的问题。

二是基层政府购买公共服务的需求满足偏差状况。所谓需求满足偏差就是政府购买的公共服务没有精准地服务于目标群体。公共服务供给中需求满足偏差的存在，意味着公共资源没有得到最优配置，是资源的浪费，所以这理所当然成为基层政府购买公共服务绩效评估中的考量因素。避免需求满足偏差首先要找出偏差存在的原因，偏差源于不同的人表达公共需求的能力的不同。一些人的表达能力比较强，他们的需求可以进入基层政府的政策议程，成为公共服务考虑的对象。另外一些人则表达能力较弱，他们的需求容易被基层政府忽略，而实际上可能后者的需求才更能代表大部分农民的意愿。避免农村公共服务需求满足偏差的出现，对基层政府的施政能力提出了挑战，公共服务绩效评估中精确的反映这种偏差状况，才能有助于基层政府发现问题和解决问题。

三是基层政府购买公共服务的需求群体平衡状况。这涉及公共服务的分配问题。公平是公共服务配置中必须遵循的原则，基层政府采取政府购买方式提供公共服务只是政策工具层面的变化，并不能改变公共服务的属性和分配原则。公共资源的公共性决定了其分配也要符合社会公平正义的原则，要考虑到社会的整体效果。基层政府购买的每一项公共服务都有其特定的受益群体，包括直接受益群体和间接受益群体，此外还有一部分与此没有利益相关性的群体。所以对某一具体的农村公共服务就会出现不同的评价，不同群体之间就会出现差异化的评价。因此要从整体社会效应来评价农村公共服务就要注重这种差异化的评价。

二　基层政府购买公共服务绩效评估中存在的问题及发展对策

（一）基层政府购买公共服务绩效评估中存在的问题

基层政府购买公共服务的绩效评估本身就是比较欠缺的一环，而绩效评估本身又是一系列复杂的过程，这样基层政府购买公共服务绩效评估中面临的问题也就非常多。下面主要从基层政府购买公共服务绩效评估的主体、对象、过程、标准和技术等方面来分析其中存在的问题。

1. 绩效评估主体不够独立

绩效评估的主体主要指组织实施绩效评估并根据评估情况做出评估结果的组织或机构，是绩效评估的重要参与者。评估主体的独立与否直接关系到绩效评估的效果，评估主体如果不能独立做出判断，绩效评估的结果就很可能出现偏差。具体到基层政府购买公共服务绩效评估的过程中，有两类评估主体：政府本身构成了绩效评估的主体，另外就是第三方评估机构作为绩效评估主体。而这两个主体在评估政府购买公共服务的绩效过程中都难以做到独立的评估。首先，基层政府自身作为购买公共服务绩的主体，它跟供应商的关系往往不是相互独立的。由于我国特定社会环境的影响，不少社会组织是在政府的主导和支持下发展起来的，它们具有鲜明的行政色彩，是依附于行政部门之下的。① 有学者指出："不少社会组织实际上是由地方政府发起或者倡导成立的，有些社会组织甚至是在接到特定购买任务以后才专门成立的。"② 所以，很多社会组织生产和提供公共服务绩效的好坏，也直接关系到政府自身的形象和利益。这样政府作为评估主体，其评估职能就难以独立客观地履行。

其次，第三方评估机构作为基层政府购买公共服务绩效的评估主体，其独立性的欠缺主要表现在组织不独立和资金上依附于政府。在我国的第三方评估机构中，很多都是由民政部门发起和成立的。这些第三方评估机构普遍带有官方、半官方背景，内部难以摆脱行政化色彩，所以评估工作也难以真正保持独立。资金上依附于政府主要表现在第三方评估机构的主要业务来自政府，"我国第三方评估机构最大的服务对象就是政府，其资金的主要来源也是政府"③，所以他们实际上会对政府产生资金上的依赖。另外，基层政府在购买社会组织公共服务的同时，也会连同购入第三方评估。这样，政府与第三方评估机构之间就存在经济利益关系，当政府也成为评估对象之一时，评估的独立性就大受影响。④

---

① 胡穗：《政府购买社会组织服务绩效评估的实践困境与路径创新》，《湖南师范大学社会科学学报》2015 年第 4 期。

② 王琴：《第三部门与政府在公共产品购买中的问题研究》，《知识经济》2014 年第 22 期。

③ 潘旦、向德彩：《社会组织第三方评估机制建设研究》，《华东理工大学学报》（社会科学版）2013 年第 1 期。

④ 胡穗：《政府购买社会组织服务绩效评估的实践困境与路径创新》，《湖南师范大学社会科学学报》2015 年第 4 期。

2. 绩效评估对象不全面

前文已经谈到基层政府购买公共服务过程中的双重委托关系，一方面是公众将提供公共服务的活动委托给政府，另一方面是政府将生产和提供公共服务委托给第三方组织。所以，基层政府购买公共服务绩效评估的对象就有两个，一个是政府对整个购买过程的管理活动，另一个是第三方组织生产和提供公共服务的活动。而且，虽然政府已经将生产和提供公共服务的活动委托给了社会组织或其他营利性市场主体，但并不意味着政府就没有责任，所以，基层政府本身也是被评估的对象。我国基层政府购买公共服务的效果一直不理想，从绩效评估的对象来分析，很重要的一个原因就是绩效评估中忽视了对政府自身活动的评估。正如有学者指出，"在评价对象方面，对于服务的绩效评估而言，除了对服务企业的服务绩效进行评估和监管之外，没有对相关政府部门进行评估"。[①] 由于可以避免成为评估的对象，所以基层政府在购买公共服务的过程中就缺乏成本意识和效率观念，难以达到用低成本实现高质量的公共服务这一目标，这也是基层政府购买公共服务广受诟病的一个重要原因。

3. 绩效评估过程不完整

基层政府购买公共服务评估过程的不完整主要表现在两个方面，首先，绩效评估缺乏前期评估和中期评估。前期评估就是对需求的评估，基层政府在确定公共服务项目时，一定要基于农村社会的需求，如果提供的服务不是农村所希望的，那么购买公共服务的效果就会大打折扣。而基层政府在评估其购买的公共服务绩效时，就忽视了这方面的评估。另外，容易被忽略的还有对购买活动中期的绩效评估，中期评估能够及时发现问题，有助于在购买活动中解决问题，保证最终的服务效果。而基层政府购买公共服务绩效评估只是对购买结果的简单评估。为了节约评估成本就把前期评估和中期评估都省略了，这样的绩效评估过程虽然简单了很多，但是同时也削弱了评估的意义和价值。其次，主要以事后评估为主的绩效评估方式也缺乏反馈机制。在政府的项目管理中，绩效评估只是管理工具的一种，最终作用是要通过评估的结果来对政府购买做出调整，提高公共服务的供

---

① 邵鹏峰：《政府购买公共服务的评估困境破解——基于内地评估实践的研究》，《学习与实践》2013 年第 8 期。

给效率和提升社会公众的满意度。但是，有些基层政府完全是为了评估而评估，评估一结束就把评估结果束之高阁，没有将其用作改进后期政府购买公共服务绩效的依据。

4. 绩效评估标准的失衡

一般认为，可以从四个维度评估政府购买公共服务的绩效，即政府成本、效率、社会公正和公众满意度。政府成本指政府在提供公共服务过程中投入的人力、财力、物力及其他资源总称。效率指的是为提供公共服务的投入与产出之比。社会公正主要指基层政府购买公共服务的配置需要符合社会公平正义的原则。政府购买中的公众满意度指公众对服务数量、质量、公务员和服务承办方工作的满意度。[1] 基层政府购买公共服务绩效评估标准的失衡主要表现在比较侧重于评估政府成本和效率指标，轻视社会公正以及公众满意度指标。当然，造成基层政府这一评估标准失衡的原因也是多方面的。第一，基层政府可用来购买公共服务的资金总量本来就比较少，所以会更加注重花更少的钱获得更多的公共服务。第二，基层政府购买公共服务的绩效评估工作由于人力物力的限制，指标就显得相对简单一点。政府成本和效率这两个指标比较容易测量，而社会公正度和公众满意度这两个指标就比较难测量，测量也意味着要花费更多的成本，所以这方面的指标就会少一点。第三，农村总体的公共服务还处在比较欠缺的状态，很多地方仍可以用供给主导来形容，所以对这类地区而言，社会公正度和公众满意度就显得不那么重要和迫切的，更重要的是能够提供更多的服务。

5. 绩效评估技术不够专业

评估的专业性是指评估主体对评估理论的要义、评估工具的使用、评估结果的阐述等非常熟悉，拥有人才技术优势，能够制定科学合理的评估指标体系，设计严谨科学的评估模型，运用定量与定性相结合的评估方法对政府购买公共服务过程、结果等进行定期评估、跟踪评估，评估结果具有更强的可检验性和可比性。[2] 基层政府购买公共服务绩效评估本身是一

---

[1]　王春婷、李帆、王志刚：《政府购买公共服务绩效结构模型建构与实证检测——基于深圳市与南京市的问卷调查与分析》，《江苏师范大学学报》（哲学社会科学版）2013 年第1 期。

[2]　李春、王千：《政府购买养老服务过程中的第三方评估制度探讨》，《中国行政管理》2014 年第 12 期。

个非常复杂的过程，对评估技术的专业性也就提出了较高的要求。这主要是因为，一方面公共服务本身就是一个难以界定和衡量的对象，面临无法量化的问题，而主观性的评价又千差万别、难以统一。另一方面，搜集农村公共服务供给的信息非常困难，因为农村人口比较分散，流动性也较大。还有一个不可忽略的方面就是流程的规范化和专业化程度也影响绩效评估的专业化，例如环节的欠缺、文件或者数据的缺失使得有些评估无法完全按照专业化的操作进行。因此，基层政府购买公共服务绩效评估会显得很不专业。从政府作为评估主体来看，基层政府应设置专门的政府购买公共服务绩效评估机构。在实际的评估工作中，基层政府往往是临时抽调某一部门工作人员来组织评估，缺乏专业评估人员的参与，评估工作的专业性就会大打折扣。

（二）基层政府购买公共服务绩效评估的发展对策

1. 确保基层政府购买公共服务绩效评估主体的独立性

评估主体的独立性是进行科学、公正评估的前提，基层政府购买公共服务绩效评估主体不够独立是绩效评估中比较严重的问题。确保评估主体的独立性首先要明确基层政府购买公共服务绩效评估有哪些实施主体，最常见的是政府和第三方评估机构作为评估主体。其实，公众也是公共服务评估中的重要主体，但是公众作为单独的评估主体难以形成一套可操作的方法和流程，这方面的具体做法还需要探索。

确保评估的独立性主要应该从两方面着手。第一，完善基层政府的部门评估体系。在有条件的地方，在基层政府内部组建专门的公共服务评估小组或者评估部门，由具有评估经验或者学科背景的人员担任，结合当地情况构建科学合理的评估指标。在组织设立和经费供给上，保证评估工作的独立性，另外还要加强评估工作人员专业技能的训练和提升，使其较少受到其他因素的干预。第二，营造第三方评估机构自由发展的环境，提升其评估的专业性，确保评估的独立性。最重要的一点就是要划清第三方评估机构与政府之间的关系。我国不少社会评估机构是由政府引导和培育发展起来的，而且业务上对政府也有较多的依赖。但政府和第三方评估机构都要正视这样一个事实，那就是理清二者的关系。当第三方评估机构具有了一定的生存能力之后，政府应该适时地放手，给予其完全的独立身份。

使其接受市场的竞争，这样第三方评估机构才能得到更好的发展。作为第三评估机构，要做好准备承担我国评估工作的重任，不断提升评估工作的专业水平。

2. 将基层政府纳入政府购买绩效评估对象之中

将基层政府纳入政府购买公共服务绩效评估对象中来，既要求基层政府相关部门在思想上转变观念，又要在对政府的具体评估中设计可供操作的评估指标和流程。首先，基层政府要摒弃官本位的思想，强化公共服务提供过程中的责任意识。基层政府购买公共服务绩效评估中的官本位思想表现在基层政府过于强调自身的权力而回避责任。它们认为将公共服务的生产和提供委托出去之后就可以不负责任，但忽略了政府也是代理人，整个公共服务的购买流程包括评估环节，都是由政府来主导完成的。虽然政府不直接生产和提供公共服务，但是对其产生非常重要的影响，所以若只评估供应商而忽略政府作为评估对象，那么就无法完整准确地反映真实的绩效水平和找到影响绩效的关键要素。

其次，更重要的是要建立针对基层政府的绩效考核指标体系，使得对政府的考核在具体操作上有章可循。于是就涉及考核指标体系如何设计的问题。由政府自身来设计考核内容和指标显然不合适，这样既不能保证指标体系的专业性，也难以做到客观，所以应该引入独立的第三方评估机构。独立的第三方评估机构具有较高的专业评估水平，它们可以根据购买项目设计科学合理的绩效评估指标。而且，评估过程中也要尽量避免政府自己对自己的评估，采取第三方形式对政府购买公共服务工作进行评估。另外，要明确基层政府购买公共服务的绩效评估中对政府作为评估对象的评估内容。对政府的评估应该至少包含着这几方面的能力，对农村公共服务需求的感知和回应能力、对公共服务项目的成本管理能力、挑选合适的供应商的能力、对公共服务项目的监管和进程的把握能力，等等，这些都要纳入对政府的评估中。

3. 建立基层政府购买公共服务绩效评估的完整机制

当前基层政府购买公共服务绩效评估忽视了对购买活动前期和中期的评估，而只注重对购买公共服务结果的评估。实际上，要保证政府购买不流于形式，保证公共服务的供给质量，使独立的主体之间履行各自的责任和权利，就必须对政府购买的事前（政府购买前的安排）、事中（执行环

节）、事后（服务完成之后）三个阶段进行评估。[①] 在事前评估阶段，主要
是对农村公共服务的需求进行评估，这是确立购买项目的依据。需求评估
主要包括的内容有确定需求主体的范围、需求的时间、需求的内容及需求
的程度等。另外一个不可忽略的就是要对公共服务是否适合采用政府购买
进行评估。政府购买的方式是为了花更少的钱提供更多的服务，但是对于
有些公共服务，采取政府购买的方式可能引发更多的社会问题，所以只能
采取由政府直接生产和提供的方式。在事中评估阶段，主要是对公共服务
的生产和提供过程进行实时的监测，不仅要了解项目的进度，也要关注公
共服务生产的具体情况。这样能够及时发现服务生产中的问题，根据及时
评估的结果进行相应的调整，既能够保证公共服务生产和提供过程的连续
性，又可以避免资源的浪费。事后评估是评估的重要环节，但事后评估并
不代表着评估工作的结束，而是要将评估的结果反馈给政府，作为下一步
工作的依据。事后评估结果的反馈主要有以下用途。第一，可以作为公共
服务提供状况和公众满意度的一个参考依据，使得基层政府对农村公共服
务的情况有更清晰的把握。第二，评估结果能够全面反映第三方组织生产
和提供公共服务的能力和水平，所以这也是决定基层政府是否与之继续合
作的重要依据。第三，绩效评估结果的一个重要作用是用作考核的标准，
也是决定奖惩的依据。

4. 构建科学合理的基层政府购买公共服务绩效评估指标体系

基层政府购买公共服务绩效评估指标体系存在的问题包括指标体系的
不完整和分布的不平衡。所以，首先要督促实行购买公共服务的基层政府
相关部门建立对应的绩效评估指标体系。建立绩效评估体系的过程中既要
引入第三方评估部门的参与，确保评估体系的客观性和专业性。同时，在
建立评估体系时要注意结合本地区发展的实践，不能简单地照搬其他地区
的评估体系。另外，根据地区的发展和相关流程的变化，要适时地对公共
服务的绩效评估指标体系进行更新，使其符合社会发展的要求和方向。其
次，要注重绩效评估指标体系中重要指标之间的平衡性，包括发掘和引入
新指标。当前基层政府购买公共服务绩效评估指标中社会公正度和公众满

----

① 邱鹏峰：《政府购买公共服务的评估困境破解——基于内地评估实践的研究》，《学习与实践》2013 年第 8 期。

意度经常被忽视。科学合理的绩效评估指标的建立，首先要特别注重政府成本指标和社会公正度指标的平衡，社会公正度指标主要关注的是接受公共服务的团体或个人是否得到了公平的待遇，弱势群体是否享受到了社会应该给予的特殊关照。在指标构建中，政府不能只关注自身成本而忽视这方面的考虑。社会公正度也是衡量社会稳定的重要方面，也关系到基层社会的稳定。其次就是要注重效率指标和公众满意度指标的平衡。只有公众对公共服务满意，公共服务才能实现其最终的价值。一些基层政府过于重视生产和提供的效率，而不问他们所提供的公共服务是不是人们满意的，导致很多农村地区出现了所谓的面子工程、政绩工程。公共服务的生产和提供要以人民满意为导向，要认识到关注和提高效率最终也是为了节约成本从而提供更多的公共服务。另外，要发展和引入新的绩效考核指标，例如公众的参与度指标、对农村生态环境的影响指标，等等。

三　基层政府购买公共服务绩效评估指标体系的构建

（一）基层政府购买公共服务绩效评估指标体系构建的原则

明确基层政府购买公共服务绩效评估指标体系构建的原则，是设计科学合理的指标体系的前提和基础。虽然基层政府购买公共服务绩效评估有其特殊性，但是其指标体系的设计也要遵循一般的规律和方法，这些规律和方法在此简化为一般性的原则。基层政府购买公共服务绩效评估指标体系构建的原则主要有。第一，普遍性与特殊性相结合的原则。普遍性与特殊性相结合的原则在基层政府购买公共服务的绩效评估中具有多方面内涵。首先表现在地域方面的普遍性与特殊性。我国农村具有多样性，东部和西部、南部和北部的农村，以及城郊农村和山区农村都有很大的不同。所以在设计绩效评估指标时要根据不同农村的特殊情况而定，不能只看到普遍性而忽视特殊性。其次，对于具体公共服务的绩效评估也要坚持普遍性和特殊性相结合的原则。因为公共服务本身具有难以测量性，而这种难以测量性体现在不同的公共服务上也有较大的差别。例如，一般的基建工程可以在验收的过程中较为详细地获得关于质量的信息，而居家养老服务的社会效果和质量就难以测量。所以针对不同的公共服务，基层政府在评估其绩效过程中不能采用单一指标和方法，要区别对待，具体情况具体分析。

第二，理论和实践相结合的原则。政府购买公共服务指标的确立需要通过绩效考核的方法得到。关于政府绩效考核方法和程序方面，国内外已经发展了比较成熟的理论。在绩效考核方面，有360度考核法、平衡记分卡法、关键绩效指标法，这些方法都有其自身的独特性和相应的流程与规定。基层政府购买公共服务绩效指标的确立也要应用这些方法。理论与实践相结合的原则要求在应用理论和方法的过程中结合实际情况。例如，平衡记分卡法的应用，常用于企业，相关方面的指标都是为经济指标服务的。在政府购买公共服务的应用中，应该以民众满意度为核心，结合农村的实际情况和特定公共服务的实际情况。

第三，定量与定性相结合的原则。定量与定性相结合的原则是由公共服务的性质决定的。一般来说，如果涉及绩效考核指标的设计，定量指标比定性指标更精确，在衡量绩效时用数字表示更简单明了。但是定量指标必须是可以量化的，这样才具有可操作性。而大多数公共服务是难以量化的，其效果也难以测量，因此就不能完全用定量化的指标。另外，尽管定量指标有这么多优势，但是实际情况中定量指标也可能出现偏差，因为数据的来源不能保证完全符合实际情况。如果毫无保留地相信数据会产生一种数据崇拜，这样就不利于获得真实客观的绩效情况。所以，定性的指标也是必要的，尤其是对于那些无法精确测量的公共服务绩效的评价，采用定性的指标是一种很好的补充办法。当然，最好的指标设定应该结合定性与定量的方法，让二者既相互补充又发挥各自的优势。

第四，稳定性与变动性相结合的原则。稳定性与变动性相结合的原则指的是绩效评估指标要根据实际情况有所变化。首先是指标要体现稳定性，因为它关系到后续考核和激励方面的工作，这是基层政府和第三方组织开展工作的重要参考标准。对他们的工作具有指导意义，尤其是某些公共服务的购买，周期比较长。另外，有些第三方组织与基层政府是长期的合作关系，这就要求绩效评估指标体系要有稳定性，不能变化太多，否则相关参与主体会感觉无所适从，不利于他们提高服务绩效。但是，另一方面，评估指标体系也要体现变动性。因为随着人们生活水平的提高，对公共服务的要求也越来越高，加上相关的生产技术也是不断地发展，对公共服务的质量、服务的效率也会提出更高的要求。

（二）基层政府购买公共服务绩效评估指标的内容

评估指标主要分为四个维度，政府成本维度、服务效率维度、社会公正维度和民众满意维度。从这四个维度来说明基层政府购买公共服务绩效评估指标的内容。

第一，政府成本指标。政府成本指标比较好理解，就是基层政府为提供公共服务所投入的成本，它既包括显性的成本，也包括隐性的成本。有学者曾指出，"政府成本指的是政府及其行政过程中所发生的各种费用和开支，以及由此所引发的现今和未来一段时间的间接性负担"。[①]当然，学界对政府成本也有不同的认识，有的认为政府成本就是等于政府提供公共服务的消费支出。这也有不严谨的地方，因为"随着政府职能转变、经济的发展和社会的全面转型，政府成本不仅应包括政府最终消费支出，还应包括政府决策成本、交易成本以及由政府行为所产生的无形成本，如政府的公信力"。[②]所以，政府成本应该包括更多的内容。

政府成本指标只是一个总体的概括，可以称之为一级指标，在政府成本之下还有二级指标。根据马克思主义经济学对成本的分类，一般将其分为人、财、物和信息，所以我们试图将政府成本二级指标也从这四个方面来设定。这四个方面的指标分别是人力资源、财政资金、配套物品和信息建设。首先是人力资源指标，它指的是基层政府为提供公共服务所付出的人力资源成本。人力资源在现代的生产过程中已经成为一种非常关键的资源。其中需要重点关注的是人力资源的总量、人力资源的质量、人力资源的学习、培训情况和专业程度等等。其次是财政资金指标，主要是指基层政府的资金投入量。更详细的指标有：用于公共服务建设资金占总财政收入比例，公共服务支出年度增长情况，预算和决算的平衡情况，等等。再次是配套物品指标，主要是指政府为提供公共服务和购买公共服务过程中投入的其他相关物资。例如，土地资源、办公设备和现有的生产设备等，这些也是政府成本的一方面。最后是信息建设指标，主要指基层政府为提

[①]　何翔舟：《论政府成本》，《中国行政管理》2010 年第 7 期。

[②]　王春婷：《政府购买公共服务绩效与其影响因素的实证研究》，博士学位论文，华中师范大学管理学院，2012，第 42~43 页。

供公共服务采集和利用的信息。信息资源也是一种重要的资源，而且信息采集也是需要成本的，所以政府提供的信息也是一种成本，包括基层政府信息系统的建设和维护、新媒体的使用等。

第二，服务效率指标。服务效率指标指的是投入与产出之比，关于政府的服务效率，毛寿龙指出"有效政府，应该既是技术上有效的政府，也是配置上有效的政府，更应该是具有制度效率的政府"。[①] 由此可见，政府服务效率的内涵应该是多方面的，不能仅仅只强调其经济方面的效率。我们在对基层政府服务效率指标进行分解时，将从四个方面来理解基层政府服务的效率，分别是公共服务的数量、质量、时效性和制度效率。数量效率指基层政府购买公共服务的总量。在其他方面不变的情况下，公共服务总量越多，满足农民需求的可能性就越大，就更有可能产生高效率。所以这应该是衡量公共服务效率的一个方面。从相反的方面来说，如果总量很小，就不可能产生高效率。质量效率比数量效率更关键。数量多并不代表质量都能过关，只有提供高质量的服务，才是人们所需要的。否则数量再多，如果不能给公众好的服务体验，那也算不上高效率。一般而言，对于基层政府提供公共服务质量的测量指标有：公众对公共服务的投诉率，服务的态度，服务流程的规范程度等。时间效率方面也比较好理解，很多公共服务具有时效性，只有在一定的时间范围内提供才能真正产生效果。如果过了特定的时间段，公共服务的效果就要大打折扣或者无效。这方面的指标有：特定公共服务提供间隔的长短、及时性和回应程度等。制度效率主要是指基层政府购买公共服务相关制度能否激励组织保障服务从而提高效率。这对相关制度提出了比较高的要求，尽管一些农村地区的制度还不具备此项功能，仍然可以将此作为制度建设的方向。因为不能排除有些地方的制度反而起了阻碍组织效率的作用。总体而言，这还是一个需要探索的指标，可以从简单的安全防范机制、风险规避机制入手构建。

第三，社会公正指标。社会公正指标主要是指基层政府购买公共服务的配置需要符合社会公平正义的原则。由于基层政府并不直接提供公共服务，其中还涉及第三方组织的参与，所以在提供公共服务过程中的社会公正既指提供公共服务的公正，也包括对第三方组织的公正。对消费者的公正是最重要的，农村公共服务水平相比城市已经处于不利位置，已经影响到了整体的社会公平。如果在农村内部又产生较大的不平等现象，就会加剧社会不公平程度，容易引发社会矛盾。当然，做到绝对的公平正义也是不可能的，只能控制在一定的范围内。这就需要采用某些指标来使公共服务的配置保持在一定的公平范围。当然，不同的公共服务都有其具体的操作办法，无法一概而论。例如，对于养老服务来说，有资格享受政府养老主体资格审查的标准就是一个重要的指标。总而言之，无论何种公共服务都不应该出现排斥现象，不能让公共服务成为一部分人的福利。要使有资格的民众都能享受公共服务。另一方面，是对第三方公共服务承接组织的公正。即应该使有能力、有资格的第三方合作主体都有机会参与到公共服务的供给中来，这就涉及公平竞争。有些地方规定，资金超过一定数量的公共服务项目都要采用招标方式。实际情况中，有些基层政府为了节省成本，直接忽略了这个过程，选择性地跟某些组织合作，这就违背了对第三方合作主体的公正性。所以，对于基层政府而言，相关的竞争性规范、流程、标准都要建立齐全。

第四，公众满意指标。公众满意主要是指相关民众对于政府购买公共服务的满意程度。其影响因素是多方面的，既可以是公共服务的质量，也可以是生产提供过程中的问题，也可以看作对前三个方面的指标的总体评价。首先，公众指的是公共服务的直接相关者，即公共服务的对象。当然有一些公共服务的对象是全体村民，但有一些公共服务只针对特殊群体，例如农村义务教育、养老、残疾人服务等，这些是特定的对象。对于这类服务，特定对象的满意度是最关键的。他们是最直接与公共服务接触的，对于公共服务的质量有最真切的感受，所以在公共服务绩效评估中有较强的话语权。相反，有些地区在评估基层政府公共服务绩效时忽略了其直接对象的感受，评估的可信度就受到怀疑。其次，公众也包括与公共服务有关的主体。这种有关既可以是正向相关，也可以是负向相关。公共服务一般都具有外部性，所以某一项公共服务除了直接受益者可能会给一部分人带来额外利益，也可能给另一部分人带来额外的损失。所以，这些人对公共服务的满意程度也是不可忽略的，只有给社会带来更多的正外部性而较少的负外部性的公共服务才是社会需要的。最后，公众也包括第三方组织的员工。他们虽然可能没有享受公共服务，但是参与了公共服务的生产和提供。这也是公共服务生产提供活动中的一部分，所以在评估公共服务绩效时也是不可缺少的。

第六章　基层政府与社会组织的互动关系

基层政府购买服务的渠道，即政府购买的主要方式以及向谁购买。关于这一点，学界争议颇多。其中包括政府购买服务、政府采购、公私伙伴关系等相对宏观的制度安排，也包括合同承包、合同外包、社会影响力债券等相对具体的方式。按照政府实施购买服务的初衷，更多的是倾向于向社会组织购买，注重培养社会组织。故而本章着重讨论基层政府与社会组织的关系。

一　基层政府与社会组织关系的分析视角

政府与社会组织关系的实质是国家与社会的关系，所以在分析政府与社会组织关系之前先对国家与社会的关系模型做一个简要的概述。美国著名学者米格代尔曾将国家与社会作用的场合看作一个交锋场，"在国家和社会力量的各种交锋场里，一些社会力量把自己的命运和国家的命运绑在一起，或者干脆承认国家是建立所有社会力量规范行为的适当组织。但是，在其他情况下，一些社会力量企图利用资源、社会地位、人员甚至国家的全部机构来为自己服务"，"国家和社会其他力量交锋的阵地里，冲突和阴谋、敌对和联盟、腐败和笼络已经决定了全国范围内社会和政治转变的形态"。[1] 发生在国家与社会力量交锋场里的斗争和调解产生了一系列的后果，即形成了国家与社会力量在交锋场内的四种理想化模式。

第一种理想化模式称为"完全转型"，即"国家的渗透导致地方社会力量的消亡或顺从，从而建立起国家的统治"。[2] 在这种情况下，国家将自身

---

① 乔尔·S. 米格代尔：《社会中的国家——国家与社会如何相互改变与相互构成》，李杨、郭一聪译，江苏人民出版社，2013，第129~130页。
② 同①，第131页。

的逻辑强加给其他各种社会力量，国家按照自身制定的框架定位其他社会力量在交锋场内的位置。各种社会力量也按照国家的意图和战略，修改和调整自身发展策略来适应现实需要。在这个过程中，原有主导性的地方社会力量不会轻易妥协，所以如果不以暴力或其他残酷的方式来对转型强行推进，就需要非常长的一个时间段才能完全实现转型。

第二种理想化模式称为国家对现存社会力量的吸纳。在此模式下，国家并不要求地方原有社会力量的绝对消亡或者顺从，也摒弃那种残酷和摧毁型的方式。而是采取部分介入的形式，在这个交锋场内注入新的社会组织、资源、符号和规范等，通过这些因素的注入来促进现有社会力量改变而形成一种新的统治模式。这种模式中，交锋场内国家的意志比第一种模式要弱。首先表现为国家借助于现有社会力量而建立统治，通过适度的引导、调整原有社会力量而实现对它们的充分利用。其次，在这个过程中，国家的意图并不是完全不能改变的。国家会自己适应交锋场的具体力量和模式，在可能的情况下，对自身的行动和策略做一些必要的调整，但这不会影响它的大体方向。归根结底，国家通过对社会力量的吸纳，将更多的社会力量团结到周围，使得它们能向自身设定的目标和价值观靠拢，从而提升统治能力。

第三种理想化模式称为现存社会力量对国家的吸纳。在此模式中，国家当然也会从自身定位出发对其他主要社会力量产生影响，只是没有出现第二种理想化模式那样的效果，社会原有的统治模式并没有朝着它设定的方向改变。也就是说国家介入交锋场后，原有的统治模式或许也发生了某些变化，但是处于主导地位的是其他的社会力量，而非国家。在这种情况下，国家被社会力量吸纳，国家成分的政治和符号被其他社会力量所利用。

第四种理想化模式是国家向社会渗透的企图彻底失败。这种情况中，国家力量在交锋场中对社会力量没有产生影响或者难以产生影响，反而社会力量对国家产生相当程度的影响。

以上是米格代尔归纳的交锋场内国家和社会力量四种理想化的模式。需要指出的是，这只是一种理想的设定，第一种和第四种模式是极端的情形，实际情况中第二种和第三种情形较为多见。国家和社会就是这样两种能够相互推动和改变的力量，"在这些斗争和调解之中，随着强大的社会力量在特定竞技场内利用国家成分拉拢有影响的社会人士，国家与其他部分的界限也许会持续变动"。①

在简要阐述了国家和社会关系模式之后，再回到政府和社会组织的关系上。需要指出的是，基层政府与社会组织的关系实质上是国家与社会关系在农村的体现。通过梳理相关研究发现，理论上可以从宏观、中观和微观三种视角来分析政府与社会组织的关系。②

宏观层面主要将政府与社会性组织的关系置于国家和社会的大背景下来讨论，其中主要运用的是法团主义理论。法团主义倡导应该以国家为中心，通过国家对社会力量的控制、调整来确保社会的有序。法团主义的三个显著特征是：一个强势的主导国家；对利益群体自由与行动的限制；吸纳利益群体作为国家系统的一部分，让它们呈现成员的利益，帮助国家管理和开展相关政策。③ 所以在法团主义理论视域下，也可能发展出多样化的社会组织，但是这些组织都是在政府主导下开展工作，受到政府较强的控制。法团主义理论下社会组织与政府的互动关系中，一方面政府通过社会组织的法团化来实现对社会的控制；另一方面，社会组织只能以服从的策略来提升自身的实力和地位。根据控制权力的不同，法团主义分为"国家法团主义"和"社会法团主义"。④ 下文所指的法团主义指国家法团主义，因为我国一直是强政府—弱社会模式，所以国家法团主义是学界分析我国政府和社会组织关系的重要理论视角。

中观层面从组织的视角来分析政府与社会组织的关系。这一研究视角的兴起首先得益于组织社会学的发展，使组织研究转向开放系统模式的研究。这种研究思路将环境因素对组织的影响以及二者的关系作为研究的核心。⑤ 中观层面重点从资源依赖和新制度主义两种理论角度分析政府和社会组织关系。资源依赖理论属于组织理论的重要流派，它的主要观点有：一

---

① 乔尔·S. 米格代尔：《社会中的国家——国家与社会如何相互改变与相互构成》，李杨、郭一聪译，江苏人民出版社，2013，第 132 页。
② 张雪：《从宏观到微观：非营利组织与政府关系研究述评》，《华东理工大学学报》（社会科学版）2016 年第 2 期。
③ 陈家建：《法团主义与当代中国社会》，《社会学研究》2010 年第 2 期。
④ 张长东、顾昕：《从国家法团主义到社会法团主义——中国市场转型过程中国家与行业协会关系的演变》，《东岳论丛》2015 年第 2 期。
⑤ 同②。

是组织要存续下去，就要在与外部环境的不断交换、互动的过程中获取关键性资源，而其他组织也是组织外部环境的一部分。二是组织对外部环境的依赖归根结底是组织对资源的依赖，这种资源的重要性程度决定了组织对外部环境的依赖程度。三是组织之间是相互依存的关系，关系能够依存是因为它们之间存在诸多的非正式联结，正是这些非正式联结充当了说服和协调的作用，使得不同组织之间的依赖关系得以稳定。[1] 资源依赖理论对于分析政府与社会组织之间的关系具有较好的解释作用。一方面，我国社会组织发展所依赖的大部分资源都是直接或间接由政府配置的，政府成为社会组织发展的重要外部环境因素。另一方面，政府也存在失灵状态，而且政府还会主动寻求职能的转变，政府职能转变的重要方面就是将可以由社会提供的公共服务转交给社会。所以某种程度上，社会组织提供的服务对政府而言也是必不可少的，是其重要的外部环境。当然，就我国的现实而言，政府与社会组织之间的资源相互依赖程度并不是对等的，政府一直处在资源的有利位置。

新制度主义主要关注社会组织的合法性问题。新制度主义自身就有很多的流派，其中影响较大的有：历史制度主义、社会学制度主义、理性选择制度主义和规范制度主义。新制度主义结合不同流派对社会组织进行了"合法性"的释义。因此，新制度主义在考察社会组织合法性时既将正式颁布的法律法规作为重要参照，同时也纳入地方文化和环境因素。通过多维角度定义社会组织的合法性来增强社会组织的正当性，赋予其环境交往过程中的合理地位。可以参考高丙中对社团合法性的分解来进一步认识新制度主义下社会组织的合法性问题。他将社团的合法性分解为法律合法性、政治合法性、行政合法性和社会（文化）合法性。[2] 法律合法性是指社会组织必须符合狭义的法律，尤其指社会组织依法注册和开展活动。政治合法性主要来自意识形态方面对社会组织的限定，规定社会组织不能违背国家倡导的主要政治价值观念。行政合法性主要指社会组织获得的来自政府的认可度。社会（文化）合法性则指社会组织获得来自民间规范和大众心理的认可。

① 林润辉、谢宗晓、李娅、王川川：《政治关联、政府补助与环境信息披露——资源依赖理论视角》，《公共管理学报》2015 年第 2 期。
② 高丙中：《社会团体的合法性问题》，《中国社会科学》2000 年第 2 期。

微观层面主要从具体行动和策略来研究政府和社会组织之间的关系。宏观和中观层面的关系研究虽然有助于从总体上和大背景下把握政府和社会组织的关系，但是其中也存在一些缺陷。一方面，它聚焦的是一种静态的关系研究，不能展示政府与社会组织之间的动态交往过程。另一方面，社会组织作为研究主体之一，它有自身的组织发展周期，而且它在不同的发展周期会表现出不同的特征，每个阶段跟政府的交往和行为模式也有较大的差别。这些特征和变化从宏观和中观层面研究难以体现，所以有必要从微观的视角对政府与社会组织的关系做进一步分析。

从微观层面看，社会组织的行动和策略都是追求自身正当身份的过程。在我国，政府掌握着绝大部分的社会资源，社会组织要想获得相应的资源就需要采取一定的策略。有学者曾归纳了社会组织在这个过程中经常采用的四种行为策略。①

1. 主动寻求与政府保持一致，以获得政府部门的认定和支持

社会组织和政府的对抗状态在国外是比较常见的，在中国却比较少见，即使是在一些比较敏感的方面，例如环境保护、维权本来是社会组织最有可能和政府处于对抗状态，它们也会选择在政府容许的范围内开展活动。总体而言它们的行动是支持国家的总体目标和发展战略的。

2. 社会组织在开展社会活动时选择弱化或者隐去自身压力的角色

即使一个社会组织不需要依赖政府掌握的资源而存在，那它也需要政府最低限度的支持，即默认其存在，毕竟社会组织总归会与政府产生联系。但是每一个社会组织的存在都是带着一定的使命感的，或者是具有某种社会功能的，当这种使命或者功能与政府的价值相左时，社会组织就要适当隐藏或者弱化它的目标和价值，只有这样才能得到最低限度的政府支持。正如有学者指出的，NGO 自我克制的策略是国家容忍它们存在的一个关键。②

3. 充分利用政府和社会组织之间的非正式关系

有学者在分析中国政府和社会组织之间的关系时，提出了"非制度性依赖"这个概念。非制度性指的是社会组织并不是通过法律、规章、条例

---

① 张雪：《从宏观到微观：非营利组织与政府关系研究述评》，《华东理工大学学报》（社会科学版）2016 年第 2 期。
② 赵秀梅：《中国 NGO 对政府的策略：一个初步考察》，《开放时代》2004 年第 6 期。

等正式关系实现其对政府的依赖,而是通过权威、私人交情、领袖魅力等非正式关系实现依赖。[①] 其实这种"非制度性依赖"的存在也不是单方面的,它具有相互性,不仅社会组织对政府具有依赖,政府对社会组织也有一定程度的依赖。政府也会通过向民间社会组织渗透"非正式政治"来将自身的意图传达出来,以寻求在与社会组织交往中降低交易成本,提高行政效益。

4. 提高自身服务能力以获取社会认同

每一个社会组织都有自身的价值方向、发展目标和宗旨,这正是它存在的理由。尤其是在社会日益复杂化和不确定因素增加的情况下,很多社会服务并不能简单依靠政府来提供,甚至还有很多尚未被发掘的服务和问题,所以这时社会组织的价值就凸显出来。如果社会组织在这个过程中能够不断紧跟社会发展需要,创造性地发掘社会需求,使自身的服务具有不可替代性,那么它就会获得社会和政府较强的认可。

以上从微观层面主要介绍了社会组织谋求自身正当性的四种行动策略。当然实际情况是更加复杂的,不同类型和不同发展阶段的社会组织所采取的策略也会有所区别,所以总体而言它们的行动策略肯定是多样化的。例如,有学者研究了中国 NGO 在处理与政府关系时的其他四种策略:自身合法化、利用国家权威或者政府行政网络来实现自己的组织目标、影响政府、批评和监督政府。[②]

二 社会组织的行为逻辑

在讨论基层政府与社会组织关系之前,先了解社会组织的基本行为逻辑是很有必要的。由于地区差异和社会组织所处的不同发展阶段,它跟基层政府的关系是相当复杂甚至是多变的,简单的归纳只能在大体上对这些关系做一个轮廓性的描述。透过表象看到社会组织背后的行为逻辑,才能真正认识到这些关系的本质。社会组织的行为逻辑可以从志愿主义、专业主义、商业主义、公民行动主义四个角度来阐述。

---

① 葛亮、朱力:《非制度性依赖:中国支持性社会组织与政府关系探索》,《学习与探索》2012 年第 12 期。
② 赵秀梅:《中国 NGO 对政府的策略:一个初步考察》,《开放时代》2004 年第 6 期。

志愿主义是社会组织的重要行为逻辑。一般而言，我们认为政府的行为特征具有强制性，营利组织的行为具有自愿性和互利性，而社会组织的行为具有志愿性和社会公益性。联合国主要从志愿、非营利和为大众服务三个标准来定义志愿主义。首先，志愿主义行动必须是基于个人自愿的、自发的而非强制的。其次，志愿主义者的志愿行为不以财富性的回报为目的。最后，志愿主义行动必须是为了大众的幸福服务，致力于提供社会公益服务。因为这些特征，所以志愿主义只有在那些公民素质比较高的社会才可能产生，而且参与者必须要有相当的精力来从事志愿活动，在经济不发达地区很难出现志愿主义。在我国农村地区，经济发展水平本来比较低，开展活动的条件也不能和城市相比，社会组织里面的员工都必须具有较强的志愿主义精神。当然，需要指出的是，志愿主义并不能确保社会组织的成功，因为会存在志愿失灵的现象。萨拉蒙曾提出了志愿失灵理论，他认为非政府组织中存在的慈善不足、家长作风、业余性、对象的局限性和被环境同化的可能性是造成志愿失灵的主要原因。

专业主义作为社会组织的行为逻辑，也是社会组织存在的基础，社会组织的优势是能够利用专业方法来解决社会问题。社会组织出现的一个重要社会背景就是社会分工的发展，在社会分工还处于初期时很少有社会组织出现，一些必要的社会功能都由行政组织（政府）来提供。但是随着社会复杂程度的增加和社会分工的发展，大量社会新职能出现，新的社会服务需要提供，而政府没有能力来满足这些社会需要。这时候商业化的组织大量出现，承担和分解了较多的社会功能，但是仍旧有一部分无法采取商业手段来满足的社会需要，所以由社会组织来承担这部分功能。由于社会复杂性和不同领域内的不断分工和细化，社会组织就必须是专业针对性很强的，每一个社会组织都有明确的专业服务范围。而且，一个社会组织的专业化水平也是它发展水平的重要指标之一，所以它也会倾向于招聘那些专业技术较强的员工。社会组织的专业性还有助于确保它的合法性和稳定性，是提高生存能力的重要保障。因为只有当社会组织提供的社会服务对政府而言具有不可替代性，同时这种服务对于社会又是不可或缺时，社会组织的地位才能变得更加稳固。

商业主义也是社会组织的行为逻辑之一。商业主义最初指的是商业精神、目标、方法和与之相对应的一系列行为，如今，商业主义主要指商人或企业家以追求市场利润为目的的行为和观念。该理念认为任何事物都可以通过生产提供而获得利润。社会组织的商业主义主要表现为，社会组织生产的服务也可以采取商业化的运作手段，在市场经济大背景下，这些服务作为商品流入市场。其实这和社会组织的社会性并不冲突，因为社会性不代表不收费，主要是看它们如何分配利润。首先，社会组织向社会提供的是价格相对较低的服务，因为不以营利为目的，所以它们提供的服务只是收取了相当于成本的价格。其次，因为社会组织很可能会得到社会的资助或者政府的财政补贴，所以它们有时仍然会有盈余的收入，但它们主要是用来扩大再生产和提高服务的质量，而不是分红。所以，一定程度上我们可以认为，对于社会组织而言，商业化只是一种手段而不是目的，但这种商业手段对它们非常重要。

社会组织的行为逻辑还包括行动主义。行动主义指主要采取实际行动来表达对社会政治问题的看法或者强调其利益诉求，这是一种比较激进的态度。其实，社会组织的发展，客观上本来就有利于推动公众行动。就农村而言，组织化程度本来比较低，很少有农民参与过正式的组织，他们习惯接受权威领导，在以前是望族乡绅，后来是村委会和村党支部。在这两种情况下，他们都没有经历过组织生活的锻炼，当他们渐渐开始接触社会组织，参与公共生活的意识和能力都得到锻炼和加强之后，这自然会强化农民的行动意愿。而社会组织本身就是社会政治活动中的重要主体之一，它们代表了各自领域的利益，是社会力量的重要构成部分，也致力于给政府提供政策建议，提高国家的民主化程度。

在阐述了社会组织的行动逻辑之后，再来分析社会组织和基层政府之间的关系就会比较容易理解了。需要指出的是，社会组织的实际行动是上述多种逻辑综合交叉的结果，最后呈现出来的行为是这几大逻辑综合作用的结果。另外，不同类型的社会组织所秉持的主要行动逻辑也不一样。主要表现为有些社会组织可能与政府关系比较近，它们的顾忌相对就会多一点。而有些几乎完全是草根组织，与政府的交集较少，所以它们能够更多地按照自身的理念和目标开展活动。

三 基层政府与社会组织关系的类型

基层政府和社会组织的关系类型大体可分为合作关系和对抗关系两种，

其中合作关系分为补充关系和互补关系。当然，或许具体实际中基层政府和社会组织的关系更为复杂，有的社会组织与基层政府既非合作也非对抗关系，但这类组织很难在社会生活中发挥重要作用，也并非关键角色，所以这类关系在此不详细讨论。

1. 社会组织对于基层政府职能的补充

上文已经提及，社会组织的出现是社会分工不断精细化和社会复杂化加剧的结果。新的社会领域出现，新的公共服务需要提供，而传统政府部门很难及时对此做出适应性调整。一方面它们所拥有的精力和资源是有限的。另一方面，它们也缺乏应对新事物的技术和专业人才。而社会组织的出现则刚好可以进行补充，这与社会组织的行动逻辑是紧密相关的，正是社会组织的志愿主义、专业主义、商业主义的行动逻辑，使得它有动机和能力进入这些领域。它不是为了获得政绩或者谋求利润，而完全是出于一种自愿服务、慈善行为或者回馈社会，这也是它和政府部门和营利性组织的根本性不同，这使得它往往能够去做一些政府部门还未关注，商业组织因无利可图而不愿介入，但有现实需要的一些问题。其次是服务能力的问题，因为社会组织不需要像政府那样功能齐全和面面俱到，它所关注的是某一领域内的问题，这样它就更有可能做专业化的研究，对相关问题的认识、解决方法会有深入的把握，使得它在本领域内具有专业权威。社会组织对基层政府服务职能的补充比对城市政府职能的补充具有更为重要的意义。因为基层政府所拥有的人力物力资源都比较有限，从政府机构设置也能看得出来，只设一些主要部门。一些社会职能在基层政府没有与上级相对应的机构，即使是有挂牌但也多是流于形式。所以社会组织对于基层政府职能的补充显得更为关键。

社会组织对基层政府社会职能的补充可以体现在各个方面，包括科学、教育、文化、卫生、养老，还有灾害的应付和贫困救济。在欠发达的农村地区，后者可能更为常见。需要指出的是，社会组织在充当基层政府服务供给的补充角色后，其合法性地位会得到加强。有学者通过分析民间组织参与灾后农村公共服务之后，发现此类社会组织的地位得到承认的事实。[1]

---

[1] 俞雅乖：《补充与合作：民间组织参与灾后农村公共服务供给的模式创新》，《经济体制改革》2010年第1期。

其实这不仅是我国建立公共服务型政府的需要，也是社会组织自身发展的需要。所以社会组织在农村公共物品提供中是政府供给的补充，同时也拓展了农村公共服务供给的深度和广度。社会组织对政府供给的补充应该离不开这些领域，即那些可以由社会组织提供或者是政府无法提供而社会组织可以提供的公共服务；另外还包括那些公共服务提供主体本来是政府，但仍需要更进一步深入和挖掘的服务领域。这样才能够充分发挥社会组织在基层政府服务中的补充作用。

2. 基层政府与社会组织的互补关系

在社会组织发展程度更高和开放性更强的社会中，基层政府和社会组织呈现的是互补关系，这是合作关系中的更高层级。基层政府和社会组织的互补关系可以用资源依赖理论来解释。萨德尔（Saidel）曾指出，政府与社会组织不是单向度的顺从或者服从，而是相互依存的关系，因为它们都掌握着重要的资源。[①] 对于基层政府而言，社会组织有助于增加它的资源提供能力、获取信息能力和提供政治支持，从而强化合法性。对于社会组织而言，政府可以为它提供财政支持、信息、政治支持和参与的渠道。

基层政府和社会组织的互补关系能够产生协同增效。协同增效是指政府和社会组织投入各自的资源，共同努力和承担责任能够实现之前各自单独无法达到的效果。[②] 能够产生协同增效的互补关系有弱制度化协同、制度化协同和相互嵌入三种类型。弱制度化协同指政府和社会组织的非正式合作关系。在这类关系中双方都没有明确规定的目标、计划和行动章程，根据需要选择信息共享，最后各自的风险和收益也都局限于内部。这种关系多发生在紧急情况下各方还来不及协调，当具体的事件结束后这种关系也就自动终止。相反，制度化协同指的是政府和社会组织之间正式的合作关系。这种关系的形成需要有良好的沟通，达成共同行动的计划，各自保留权力的自主性，共享资源并获得收益。政府购买公共服务就属于制度化协同的一种。例如，台湾地区的灌溉系统中，政府只为灌溉协会提供财政支持，不干涉它们的具体行动，灌溉协会作为社会组织提供灌溉服务，并且

---

① Saidel, J. "Resource Interdependence: the relationship between state agencies and nonprofit organizations," *Public Administration Review*, 1991, 51 (6): 543-553.

② 汪锦军：《公共服务中的政府与非营利组织合作：三种模式分析》，《中国行政管理》2009年第 10 期。

拥有一定的水费征收的权力。制度化协同就是这样通过明确各自的权利和责任，以实现高效率的公共服务供给。相互嵌入是互补关系中的更高层次，在这种关系中，政府和社会组织既有制度化的合作又有非制度化的交往网络和资源共享。这种关系只有通过双方长期的沟通和合作才能产生，相互合作关系中虽然双方仍为独立的主体，但它们的使命、组织文化、信息系统、行动框架都彼此产生影响，双方的权利和义务也是相互嵌入的。最后它们形成了一种你中有我、我中有你的复杂合作网络关系。

3. 基层政府与社会组织的对抗关系

有学者曾从组织凝聚力和组织自主性两个维度对国家与行业协会的关系进行分类，认为当组织处在强自主性和强凝聚力状态时，二者就会表现为对抗关系。处在对抗关系中的社会组织有三个特征：强自主性、强凝聚力和针对地方政治经济联盟的集体抗争。① 其实，并非具有强自主性和强凝聚力的社会组织就会跟基层政府对抗，只是它们更有发生对抗的可能，毕竟它们已经摆脱了对政府的资源依赖。至于哪些社会组织更有可能与基层政府出现对抗，主要还在于社会组织的宗旨、使命，以及政府在这些方面的政策。就如今的情况来看，那些环境保护组织、维权组织等与政府发生对抗的可能性更大。在对抗初期，它旨在改变和影响相关政策的决策过程和行为模式。社会组织要和政府展开对抗，无论这种对抗关系是强是弱，公开还是隐蔽，终究不为法律所容许。所以，如果政府影响到社会组织的生存和发展，那么社会组织就要来反思自身是否存在违法违规问题。若如此，社会组织就没有成立的必要了。另外一点需要指出的是，与政府对抗既不是社会组织的初衷，也不是它所乐意看到的，所以当这种关系发生后双方都会努力进行协调和化解。对抗并不是政府和社会组织关系的常态。

基层政府与社会组织对抗关系紧张程度跟它的表现形式有关。当社会组织有改变和影响政策的决策过程和行为模式的倾向后，如果它对自身的主张只是内部的倡导，即只对员工或者会员倡导，并没有将这种倾向公开宣传，这时它跟基层政府就是一种弱对抗关系。如果社会组织旨在组织范围外倡导自身的政策意图，公开宣传某些行为的价值，扩大政策的代表性

---

① 纪莺莺：《转型国家与行业协会多元关系研究》，《社会学研究》2016 年第 2 期。

和针对性，那么这就是一种跟基层政府比较强的对抗。除了政策的内部倡导和外部倡导，对抗关系的强弱还取决于社会组织投入政策倡导的程度，有时候社会组织可能既有内部的政策倡导，又有外部的政策倡导，这时候就要看它对何种政策倡导的投入更多。

四 基层政府与社会组织关系的历史变迁

总体而言，我国基层政府与社会组织关系经历了政府主导、相互合作、相互竞争这几个阶段。首先要说明的是，不同阶段二者的关系都会有不同程度的控制、合作和竞争，关键是看哪个要素在这一阶段占主导地位。

第一阶段，基层政府主导社会组织的发展，这一阶段从新中国成立开始一直延续到改革开放之后。基层政府与社会组织的这种关系主要体现在基层政府对社会组织的主导作用。基层政府对社会组织的主导表现在如下四个方面：一是社会组织选择挂靠基层政府的某些党政机关作为主管部门；二是某些基层政府为了自身需要自己创办社会组织；三是优先由退休老干部或者是政府机构改革分流出来的工作人员担任社会组织的领导岗位；四是通过向社会组织财政拨款来主导它们的方向和组织生活。[1] 其实，这些还只是形式上的，基层政府对社会组织的主导还体现在其他方面。在社会组织的成立上，实行的是双重行政管理体制，即由登记机关和业务主管部门双重管理。前者负责社会组织的宏观管理和执法监督，后者主要负责日常管理。在对社会组织的管理依据上，基层政府主要根据政府政策而非系统成熟的法律法规，所以对社会组织的管理带有明显行政机构的干部管理色彩。在财务上，基层政府对社会组织内个人和会员的会费都设定了标准。最后，基层政府对社会组织的作用发挥上也有规定，它们必须受到政府政策和政府工作主要目标的限制，社会组织只能在这个框架下开展工作。针对政府对社会组织的主导，有学者提出了"分类控制"的理论，他们从政府对社会组织的态度、政府设置业务主管部门的方式、政府对社会组织的治理结构、资源以及日常业务的控制程度等五个方面来考察政府的控制策略。结果发现，政府的控制策略和社会组织的类型存在明显的对应关系，并进而

---

[1] 陈为雷：《从关系研究到行动策略研究——近年来我国非营利组织研究述评》，《社会学研究》2013 年第 1 期。

将其归纳为五种控制模式。①

　　这一时期基层政府和社会组织主导和被主导的关系是由多方面的因素造成的。首先，这一时期我国政府是全能型政府，基本上所有的社会服务都由政府提供。在政府包办一切的背景下，社会组织没有发展的空间。而且国家基本上只允许一种社会建设主体的存在，即政府部门和体制化的其他社会组织。所以在这个时期，社会组织的数量很少，它们是在政府部门的主导下开展活动。其次，社会组织的大量发展对于政府而言本身就是一个敏感的话题，因为社会组织的发展会促进社会的组织化程度和社会力量的发展壮大。而这可能会对政府的主导地位造成潜在的影响，不排除它们也会和政府形成对抗。在这一时期，国家与社会的界限被打破，国家对社会干涉过多，整个社会生活都打上了浓厚的政治色彩，所以政府对社会组织的限制发展也是情理之中。

　　基层政府与社会组织主导与被主导的关系对后续产生了深刻的影响。对基层政府而言，限制社会组织的发展，一方面加剧了自身管理社会组织的工作量。另一方面，基层政府将很多原本可以由社会组织来提供的服务也包揽进来，极大地增加了工作负担。而且全能型的政府在提供专业化的社会服务时也不能保证服务的专业性，因此社会服务的效率和质量也难免有欠缺。对社会组织而言，来自基层政府的限制严重制约了它们的发展和壮大，进而使得社会组织无法发展。另外，由于社会组织发展目标、方向被政府政策限制，导致这一时期的社会组织发展出现雷同，不利于社会组织向多样化发展。

　　第二阶段，基层政府和社会组织的合作关系。这一关系的转变得益于国家宏观环境的变化，尤其是在改革开放和政府职能转变之后，直到现在，基层政府和社会组织仍然存在广泛的合作。二者在长期的合作中发展出了多种合作形式，有学者将其归纳为协同增效、服务替代和拾遗补漏。② 协同增效合作形式在上节中已经有介绍，服务替代就是这些服务本来是由政府部门提供的，但由于特定公共服务在生产和提供过程中所要求的专业性越

① 康晓光、韩恒：《分类控制：当前中国大陆国家与社会关系研究》，《社会学研究》2005 年第 6 期。
② 汪锦军：《公共服务中的政府与非营利组织合作：三种模式分析》，《中国行政管理》2009 年第 10 期。

来越强，社会组织刚好具有这方面的专业优势，政府便越来越倾向于将这些公共服务交由社会组织来提供。服务替代包括公设民营、竞争性外包和伙伴式外包三种形式。公设民营一般指生产和提供公共服务的设备或者固定资产仍然归政府所有，而直接的生产和提供过程交给社会组织。在政府和社会组织的这种关系中，基层政府与社会组织订立契约，由政府提供一定的资金支持，社会组织负责具体的经营运作，政府对社会组织的运作负监督责任。这种形式比较常见，例如有些地区基层政府将水利灌溉服务转交给社会组织运营，还有的农村地区将某些学校的经营转交给社会组织。竞争性外包意味着在公共服务的提供过程中，同时存在不止一个有能力代替政府提供公共服务的社会组织，政府这时就要选择最合适的服务提供方，让这些社会组织在服务质量、价格、效率方面展开竞争，政府最后选择最适合的合作机构，给予资金支持并在政府的指导下提供公共服务。伙伴式外包是指在特定公共服务生产提供过程中，政府难以找到多个合适的能够合作的社会组织，这时候基层政府便只能和某个社会组织建立伙伴关系，向其提供资金支持。拾遗补漏其实很难说是一种合作关系，因为这不存在双方合作的正式关系，更多的是社会组织对政府提供公共服务的补充，而基层政府对此持默认态度。拾遗补漏主要指社会组织在基层政府未能涉足的服务领域，为满足社会的需要而开展服务，当然他们之间还是存在一定程度的沟通协调。

这一时期基层政府和社会组织合作关系的发展也是由众多因素促成的。首先，二者存在合作的基础，包括它们具有共同的价值理念以及社会中间阶层的发展壮大。社会组织具有民间性和非营利性，它是人们表达公共需求的社会组织，代表公共利益，防止、补救政府和市场对公共利益的侵犯是社会组织的使命所在。在这一点上，它跟政府的价值理念是一致的，促进公共利益最大化是两者共同的追求，这也是它们开展合作的重要基础。另一个合作的基础就是社会中间阶层的发展壮大，改革开放后，政府职能转变的步伐加快，政府从很多社会领域撤出，给社会自身的发展留下了空间。社会中间阶层交流增加，组织化程度加强，并且在物质条件和人力资源条件上也得到了保障，于是他们形成组织的意愿和能力都得以加强，这样又进一步促进了中间阶层的发展壮大。其次，建立合作关系是基层政府和社会组织发展的需要。从政府的角度来看，"政府失灵"和"不可治理性"是政府无法完全走出的困境。而且，在社会复杂程度和不确定因素增加的情形下，政府也无法做到对社会事务事必躬亲和大包大揽。这个时候它要做的是"掌舵"而非"划桨"，这就需要社会组织来承担更多的社会责任。与社会组织的合作，既充分发挥了社会组织的作用，同时又确保其在政府指导下提供服务，因此对政府而言是必要的选择。从社会组织的角度来看，与政府的合作既可以加强其正当性、合法性，又可以得到政府的资金支持，扩展服务范围，这对它自身发展也是极其有利的。最后，政府从统治走向治理也需要跟社会组织建立合作关系。治理本质上是一种多中心的主体行为，它旨在实现权力分散、管理交叠和政府、市场、社会多元共治。治理指参与主体的多元化，不局限于政府部门，治理要求政府必须与其他治理主体形成良性互动、彼此合作和相互协商的多元关系。而社会组织也是治理中的重要主体，实现政府与社会组织的合作共治当然也是治理的题中之义。[1]

基层政府和社会组织的关系由主导与被主导发展成为互补合作带来的影响是积极和明显的。对于基层政府和社会组织来说，通过相互合作，它们都找到了自身的发展空间和角色定位。基层政府逐渐从一些不必要的领域抽身出来，实现职能转变。在与社会组织的合作中，它们意识到了社会组织的灵活性、专业性和组织价值使命在提供服务中的重要作用，并尝试将其应用到自身的管理运营中来。社会组织则通过合作渠道获得了发展的空间，它们的尝试开始涉及社会各个领域。由于开展合作的需要，政府给予社会组织更多的自由权，表现在成立门槛降低、审批时间缩短、扶助政策更加完善等，这也给社会组织的发展带来了福音。基层政府与社会组织的合作还极大地推动了农村公共服务建设。一方面，基层政府直接提供公共服务偏向于追求效率，而社会组织在直接的服务提供中会同时注重服务的质量和居民的体验感及满意程度，因此给居民带来更为贴心的公共服务。另一方面，基层政府在提供传统公共服务领域具有比较优势，但当新的公共服务领域出现到基层政府有效介入需要相当长的一段时间，这正是传统官僚机构的局限所在。而社会组织就会迅速适应社会发展的要求，对社会

---

[1] 龙献忠、钟和平、甘筑夏：《论政府与非营利组织合作伙伴关系的构建》，《湖南大学学报》（社会科学版）2011年第2期。

需求做出回应。另外，当农村出现突发灾害时，由于基层政府的人力物力资源有限，社会组织此时就能发挥很好的补充作用。

第三阶段，基层政府和社会组织的竞争关系。首先要说明的是，竞争在基层政府和社会组织的关系中还未发展成一种普遍现象，但它确实已经存在于某些公共服务领域中，而且很可能会越来越多。基层政府与社会组织的竞争主要表现在如下几个方面。第一，二者对公共事务管理权力的竞争，这里所说的管理权力是一种现实存在的权力。当社会组织介入公共服务的提供中时，它实际上是在分享政府的公共管理权力。社会组织的积极参与也会在某种程度上对政府公共管理权力造成削弱。在特定事务上，基层政府和社会组织重叠的服务职能会导致二者围绕管理权展开竞争。例如，一些农村地区自愿组成力量提供地区日常安全维护，对于本地区社会秩序的维护力量而言，实际上形成了竞争关系。第二，二者对财政资源的竞争。可以将社会组织分为两类来分析它们和基层政府对财政资源的竞争。一类是那些主要依靠政府财政支持的社会组织，它们在政府的财政资源方面，与政府构成了竞争关系。另一类是那些不依靠政府财政的社会组织，但是它们的经费最终还是来源于社会公众，所以跟政府形成了间接的财政资源竞争关系。第三，二者在提供公共服务过程中的竞争。在某些领域，既有政府提供的公共服务，又有社会组织提供的服务，而一定地域内公民的需求量是相对不变的，这个时候政府和社会组织在提供服务上就构成了竞争。

基层政府和社会组织竞争关系的出现是对二者合作关系的一个补充。有学者认为，我国社会组织与政府并未构成一种真正的合作关系，而更像是一种行政附属关系。这种关系会导致两种结果，首先，由于社会组织在形式上成了政府的附属机构或者半官方机构，所以在社会组织中也一样会出现"政府失灵"的现象。另外，这种身份还会导致社会组织的立场模糊。所以当公众的利益与政府立场相冲突的时候，社会组织很难真正代表和维护社会公众的利益。[①] 所以，发展社会组织和基层政府的竞争关系，有助于推动二者更好地提供公共服务。当然，竞争关系的出现，必须是以政府放

---

① 郭小聪、文明超：《合作中的竞争：非营利组织与政府的新型关系》，《公共管理学报》2004年第1期。

宽对社会组织的限制，给予其更多的自主权力为前提的。否则，当社会组织还在为自身的合法地位和正当性问题不安时，更不可能去寻求与政府的竞争。

五 基层政府与社会组织关系的地区差异

从地区的经济发展水平和社会发育程度两个维度来讨论基层政府与农村社会组织关系的地区差异。虽然不能否认经济发展跟社会发育之间存在某种关系，但是从我们实地调研的情况来看，这种关系并不具有必然性。而且，经济发展推动社会的发育要经过一个长期的互动过程。下文讨论的是一种现实存在的关系。

影响基层政府与社会组织关系的因素比较多。当讨论二者关系的地区差异时，抽离出经济发展和社会发育程度这两个因素具有重要意义（见图6-1）。当我们谈论二者的地区差异时，无非就是地区环境不同造成的。就地域性的因素而言，经济发展和社会发育程度是比较好把握同时又非常重要的。值得一提的是，讨论这个因素差异下二者关系时默认的一个前提是基层政府的强政府模式，这也是我国政府的普遍特征。

图 6-1 经济与社会发展差异下的基层政府与社会组织关系

综合考虑地区经济发展水平和社会发育程度可以看到基层政府与社会组织关系的地区差异。

经济较发达——社会发育程度高的地区。一般而言，经济较发达的地区政府服务能力较强，政府对社会发展的影响也更大。社会发育程度较高意味着社会组织发展的基础和空间更大，表现为社会组织数量更多、活动更频繁。可见，在经济较发达、社会发育程度较高的地区，政府和社会都有较强的服务能力和服务意愿，同时二者都有较强的讨价还价的能力。所以，在这种背景下，基层政府和社会组织之间是一种竞争关系。竞争主要表现在服务社会方面，社会组织因为具备了服务能力，所以在养老、助残、教育、紧急救援方面都能够独立行动。而基层政府更愿意社会组织在政府的统筹和监管下，在其允许的领域开展社会服务活动。当然，不能否认这种地区的基层政府与社会组织之间也有合作，尤其是那种必须要依托社会组织来提供的服务，但是即便是在合作过程中，也经常夹杂着基层政府与社会组织在服务标准、服务方式等方面的竞争。这种类型的例子在浙江省一些发达的农村地区比较多见。

经济较发达——社会发育程度低的地区。在这种地区，因为社会发育程度比较低，社会组织的数量比较少，活跃度不高。所以这种类型的地区呈现出典型的强政府—弱社会形态。在政府的强势主导下，对社会组织的监管、审查等都采取了较为严格的态度。而且，强势和强大的政府本身具备了提供基本公共服务的能力，他们不需要依赖社会组织。在这种背景下，社会组织既无发展的潜力，也无发展的动力，它们没有与政府抗衡的实力，甚至可能随时被取消和替换。所以，总体而言，这种地区的基层政府和社会组织就是限制和被限制的关系。这种地区缺少适合社会组织发展的土壤，所以社会组织没有随着经济的发展而充分发育。即便有外来的社会组织介入，它们也很难真正在基层社会扎根，并得到本地区社会力量的支持。对社会组织的限制，已经嵌入到了这种地区的社会结构之中。

经济欠发达——社会发育程度高的地区。在经济欠发达的地区，也分为两种情况，一种是社会发育程度相对较高的地区，这些地区的整体环境比较开放，除了宗族势力等传统社会力量外，社会组织等社会主体有比较好的发展氛围，社会组织数量可能也比较多，很大一部分社会问题由社会力量自发自助解决。而且，因为社会的开放性，外来的社会组织也更愿意来拓展业务，因为这种类型的地区，由于经济不发达，贫穷落后等社会问题比较多，社会组织有较大的业务空间，这样又进一步促进了社会力量的发展。反观这种地区的基层政府，因为经济基础比较弱，政府的组织能力、发展能力、服务能力都难以跟上，政府对社会力量通过合法合理手段解决社会问题也持积极态度。当本地和外来的社会组织在农村发展业务，实际上对农村公共服务的提供起到了补充的作用，基层政府也愿意跟社会组织展开合作。所以，这种情形下的基层政府和社会组织发展成合作关系，社会组织是帮助基层政府提供服务的重要补充力量。

经济欠发达——社会发育程度低的地区。这种地区社会发育程度低，一方面出现在比较偏远的农村,受外界的影响比较弱。另一方面,可能是由于受传统或习惯影响,农民没有组织结社的习惯,也排斥组织结社,对外来的力量比较排斥。这两种情况下,社会力量没有发展的基础。同时,由于经济欠发达,基层政府的能力和水平都很有限,只能维持最低限度的社会管理。它们对接外来资源的意识也比较淡薄,也无法提供相应的支持和配套政策。所以,总体来看,这种地区的基层政府和社会组织呈现出弱关系状态。

以上讨论的基层政府和社会组织的四种关系状态当然不能概括中国所有的现象,但是这四种类型在我国都能找到实际案例。本小节只是提供了一个从地区经济发展水平和社会发育程度进行分析的框架。事实上,基层政府与社会组织关系的具体情况不是特定的,它们受一些关键性因素的影响。文中没有讨论到,非常重要的一个因素就是政府政策。

六 基层政府与社会组织关系的影响因素

基层政府与社会组织关系的影响因素是多方面的,上文提到经济发展水平和社会发育程度两个因素,这只是便于从地域上对二者关系差异做出区分,实际上它们的影响因素是更为复杂的。所以要具体而全面地分析这些因素也有一定的困难,在这方面现有的文献也极为少见。有学者通过构建三层次的分析框架分析了政府与社会组织合作的条件,这对分析二者关系的影响因素有很大的借鉴意义。三层次的分析框架包括逻辑条件、环境条件和操作条件,其中,逻辑条件有共同的目标和组织资源的优势;环境条件有制度环境和组织身份;操作条件包含信任和微观动态策略过程。[①]当然,这只是从二者的合作关系因素来分析的,它们的关系还有更多的样态,所以也还需要纳入更多的影响因素。萨拉蒙和安海尔曾指出,社会的不同文化和种族等级的森严程度、政府福利花费的规模、社会经济的发展水平、国家法律体系的特征、基于国家角色和政府体制形式的国家传统特质,都影响政府与社会组织关系的性质。本小节主要从政治、经济、社会文化和组织内部要素四个方面来分析基层政府与农村社会组织关系的影响

---

① 汪锦军:《政府与非营利组织合作的条件:三层次的分析框架》,《浙江社会科学》2012 年第 11 期。

因素。

　　第一，影响基层政府与社会组织关系的政治因素。首先，宏观层面的政治制度因素。从大多数的研究来看，现代民主政体下基层政府和社会组织更容易建立伙伴互补的关系。正如科斯特分析的那样，在多元化的社会中，政府与社会组织合作的可能性更大。在谈论二者关系之前要考察地区社会组织发展的问题，这在很大程度上取决于宏观的政治制度环境。在封闭专制的政权体制下，政府会压制其他一切社会团体的发展，这些社会团体存在的正当性和合法性都受到质疑。它们无法跟政府处于平等的地位来开展活动，而且身份的困境也大大削弱了它们的资源汲取能力，进一步导致服务能力不足。而在民主开放政权体制下，社会组织的发展是另一种情况，成立门槛低、面对的监管较为宽松、能够相对自由地开拓和发展自身业务。而且更为重要的是，它们还很有可能会获得政府的支持。民主开放政治体制下的政府一般也是有限政府，它们只保留那些必要的政府职能，而将能够由社会提供的公共服务都交由社会组织来做。所以很大程度上它们要依赖这些社会组织放宽对它们的管制，甚至给予财政上的支持，在公共服务上保持与社会组织的合作关系。当然，需要指出的是，这并不是说非民主政体下的政府与社会组织就没有合作，而且普遍性的结论也不意味着所有的非民主政府都必然是阻碍社会组织发展的。宏观的政治制度背景是影响二者关系的重要因素，但不是决定性的。

　　其次，中观层面的法律和政策因素。上文已经提及，即使是在民主开放的政治制度下，政府与社会组织的关系也不必然就是合作和互补。反之，在封闭政治制度下，二者也有可能建立合作关系，这时候影响二者关系的主要因素就是政府的法律或政策因素。民主开放的环境当然为政府与社会组织的合作带来更多的可能，但它们之间具体关系的形成还取决于特定政策体系。正如布林克霍夫所指出的，即便在民主化程度较高的国家，对于鼓励创新的努力也有可能存在法律上的阻碍。同时政策也是重要的因素，某一阶段政府正在执行的政策很可能影响到政府与社会组织的关系模式。政府政策并不是一成不变的，它会根据社会技术发展的变化、执行时间段内产生的客观效应、政策影响范围和分配的结果等因素而变化。而这些要素的变化，会影响到政府和社会组织角色的定位和责任的界定，又会进一步影响到它们的关系。尤其是与农村发展有关的政策变化，对二者关系的影响更为明显。以我国农村地区为例，在社会主义新农村建设提出之前，农村的发展和建设一直是缓慢的，社会组织的发展没有什么进展，基层政府与社会组织的关系也没有发展。但当随着国家政策越来越重视农村的建设，于是将农村的建设和公共服务提供的问题抛了出来。这个时候，基层政府就必须借助社会组织的资源和能力来共同建设新农村，也就是农村政策所要求的目标使得二者必须联合行动。与社会组织相关的法律的完善程度也影响它们与基层政府的关系模式。当社会组织的行为方式、权利、义务还不十分明确的时候，它的整个社会身份就处于相对模糊的状态，这不利于它们利用法律来维护自身的合法权益。在与政府打交道的过程中，社会组织也很容易处于被动状态。如果社会组织的活动范围、权利义务、财务独立等都建立了完备的法律体系，那么社会组织在与政府的合作中就能做到有法可依。

第二，影响基层政府与社会组织关系的经济因素。首先要分析地区经济发展水平对二者关系的影响。上文已经将经济发展水平作为二者关系地区差异的重要区分因素，因为经济发展程度既影响政府和社会组织自身的发展，也对它们的行为方式产生作用。经济发展程度较好的地区与经济欠发达地区的基层政府和社会组织呈现出不同的状态。经济发达的基层政府整体而言职能部门比较齐全，财政经费比较充裕，提供公共服务的能力较强。经济发展同时意味着市场的繁荣和人们生活水平相对较高，在保证税源稳定后，基层政府也不会对市场和社会做过多的干预。经济发达程度对于社会组织自身发展更为明显，一般而言，经济越发达的地区，人们的素质普遍要高一点，人们也有更多的闲暇时间来从事社会活动，社会的组织化程度也越高，社会团体和组织更容易建立起来，社会组织在数量和规模上很可能会超过经济欠发达地区的农村。基层政府和社会组织本身的发展状态又会进一步影响到它们日常的关系模式。由福利政府引申出的结论认为：经济越发达，政府自身提供公共服务的程度就越深，因此社会组织的规模反而越小。但随后萨拉蒙通过对发达国家社会组织的研究发现这个理论并不成立，经济发达、福利丰富的国家恰恰是社会组织发达的地区。[1] 经

---

① 温艳萍:《影响非营利组织发展模式的因素分析——基于相关经济理论的研究与推理》，《经济问题》2007 年第 3 期。

济越发达的地区，市场越繁荣，利益也更加密集，这要求基层政府建立健全的职能部门，以便为整个地区提供齐全的公共服务。但是基层政府的规模和社会组织的规模并不是反比的关系，基层政府规模的扩大，不意味着社会组织的空间就被压缩。相反，基层政府需要依靠社会组织来提供公共服务，一方面，社会服务空间足够大，而且还有巨大的发展潜力；另一方面，对于基层政府而言，那些能够转移给社会组织的公共服务，它们都会尽量让社会组织来提供。所以，二者更倾向于在合作的关系中共享财政资源，建设和改进农村公共服务。

与经济相关的另一个因素是基层政府和社会组织的经费状况，这也是影响二者关系的重要因素。尤其是对社会组织而言，如果某一社会组织的经费大多依靠政府财政拨款，那么它在跟政府的关系中便很容易丧失独立自主性。基层政府也会以此为手段，对社会组织的目标和活动施加影响。反之，如果社会组织不需要依靠政府的资金支持，它就能摆脱对政府的过度依赖，在与政府的合作关系中能够保持自身的独立性，甚至在某些领域还可能与政府产生竞争。对于基层政府而言也是一样的，只有当它们经费充足的时候，才有可能给予社会组织资金的支持，合作关系也更可能发生。

第三，影响基层政府与社会组织关系的社会文化因素。首先，特定的社会文化会影响地域内社会组织本身的发展。以我国为例，我国传统政治文化等因素实际上是不利于社会组织发展的。我国公众长期受儒家文化影响，官本位思想根深蒂固，而且公共利益都是由政府定义的。所以，这样就容易造成公众对于社会组织提供公共利益的不信任心理。在他们看来，只有政府才是代表公共利益，倾向于将社会组织视为具有特殊利益要求的小团体。所以，我国传统的社会文化因素明显不利于社会组织的发展。同时，我国在发展市场经济的过程中滋生的某些社会文化现象也不利于为社会组织营造积极的发展环境。西方社会非营利组织的发展离不开特定的社会文化背景，包括公民意识、自治意识、契约精神、公益观念等。改革开放四十多年来，经过市场经济的冲击，旧的社会价值观念体系和道德伦理正在快速失去约束力。而不成熟的市场经济给社会带来的是人们思想观念的混乱，其中不乏拜金主义、利己主义等思想。这也使得我国社会组织发展所需的志愿精神、公益精神和社会信任严重不足。这一系列新的社会文化现象，实际上也给社会组织的发展带来了一定的挑战。①

其次，社会文化因素也直接影响基层政府和社会组织的关系。1949 年以后很长一段时间内我国政府是全能型政府。在这样的模式下，政府大包大揽，基本承接了所有的社会服务。在这种情况下，社会组织既没有发展的空间，也没有发展的必要。久而久之，就会形成一种全能型的行政文化。所以，随着社会复杂化和经济快速发展，必要的公共服务增加，就会出现机构膨胀。即使在几轮政府职能转变之后，这种现象也没有得到彻底扭转。一定程度上，是因为这种全能型的行政思维已经内化，政府跟社会组织的合作意识不强，从而使得二者的合作关系发展缓慢。即使在合作的过程中，政府部门也总是习惯将自身置于一种优越的位置，这自然给社会组织带来一定的压力。有学者甚至将这种合作关系称为附属关系，即不是建立在完全平等的两个主体间的关系。

第四，影响基层政府和社会组织关系的组织内部因素，包括社会组织的权力状态、开放性程度和阶段性目标等。首先，基层政府和社会组织权力的匹配状态是影响二者关系的重要因素。布林克霍夫用相互依赖性和组织身份这两个因素来研究组织的关系。具体对社会组织而言，组织身份则指社会组织要保持它的独立和优势方面，而相互依赖性要求每个参与组织都尊重彼此的权利和责任，在合作过程中地位都应该是平等的。科斯顿也提出了与组织地位相关的因素，即不同组织之间权力的平衡性。而且在他所构建的模型中，政府与社会组织的合作关系越是密切，它们之间的权力也越趋向平衡。所以，社会组织所具备的权力大小也是影响二者关系的因素。如果社会组织在与政府的交往中处于权力的极端不平衡状态，那么它们就很容易沦为政府的附属品，丧失自身的价值，它们的合作也难以产生真正的互补。而如果二者在权力上能够达到相对平衡，就更能够在平等主体的基础上产生基于自主意愿的合作。

其次，组织的开放程度对政府与社会组织关系的影响。每个社会组织都有自身的特征，当然这也是由诸多因素决定的。但是一般而言只有那些开放性较强，广泛积极参与到社会事务中来的组织，与基层政府的互动也

---

① 高红、徐金芹：《中美非营利组织发展的社会生态环境比较及对中国的启示》，《公共管理高层论坛》2007 年第 1 期。

越多，它们也更容易建立合作关系。有些社会组织，由于组织结构或者业务性质的原因，对外保持相对封闭的状态。这时候基层政府也难以注意到它们的存在，总体而言与政府交集较少。这里面还可能与政府和社会组织主要领导的风格有关。我国是一个人情社会，很多公对公的关系就是建立在负责人个人的私交和偏好之上的。所以，基层政府和某些社会组织的关系有时候就是主要领导或负责人关系的表现。

最后，基层政府或者社会组织的阶段性目标也是影响二者关系的因素。以基层政府为例，在公共服务的提供中，有些是可以单独完成的，有些则需要依靠社会组织的协助。当后一类的公共服务需求增多，并成为阶段内的主要工作时，基层政府就不得不寻求和社会组织的合作，对社会组织也会采取更加包容甚至支持的举措。社会组织也是如此，当它们的主要任务需要跟基层政府合作，或者需要得到政府的支持时，它们也会做出更加符合政府预期的姿态，以获得和政府合作的机会。所以，组织阶段性的目标对基层政府和社会组织关系的影响是非常直接和明显的，但也因为这具有权宜性，所以这种关系能否持久成为一个问题。

第七章　江苏省 S 市、L 市政府购买农村养老服务的案例研究

一　背景介绍

《江苏省 2015 年老年人口信息和老龄事业发展状况报告》显示，截至 2015 年末，全省 60 岁以上老年人口达到 1648.29 万，占户籍人口的 21.36%，比全国高出 5.4 个百分点，居全国之首，也明显高于联合国的老龄社会标准。未来 20 年的中国将处于老龄化的高峰位段，很多中国人将不得不面临"未富先老"的窘境。人口老龄化催生了一个至关重要的产业，即养老服务业，这也是应对人口老龄化挑战的重要举措。但就目前情况来看，截至 2015 年底，江苏省养老机构数量为 2568 家，其中社会办机构 1226 家；养老机构床位 44.5 万张，按户籍人口测算，每千名老人拥有床位数 35.2 张，社会力量举办或经营床位数占比超过 50%。① 但这与日益增加的老年群体仍然不能协调发展，养老服务供给远远跟不上需求，且相对集中在城市地区，农村老人的养老现状与前景堪忧。

由于养老服务方面的需求量越来越大，而政府掌握的资源又非常有限，这就难以满足社会多样化的养老服务需求。传统的社区和机构养老弊端明显，尤其在农村地区，养老服务成为极度稀缺资源。因此，积极培育非营利组织，并且向非营利组织购买养老服务成为江苏省政府一个非常迫切的任务。同时建立政府与非营利组织的合作模式也成为江苏省养老服务供给的一个创新思路。

2012 年底，江苏省政府就出台了《关于加快构建社会养老服务体系的实施意见》，提出了总体要求和目标，其中强调了政府购买养老服务的形

---

① 参见《江苏省 2015 年老年人口信息和老龄事业发展状况报告》白皮书。

式。那么，文件出台以后，政府购买养老服务的实施情况如何？自2014年上半年以来的3年多时间里，课题组选择了苏南和苏北部分地区进行专题调研和访谈，发现政府购买养老服务初显成效，但更多的是困难与问题，这需要进一步深入研究，探讨对策，满足江苏省老人颐养天年的迫切需要。

二　江苏省政府购买养老服务发展现状

本次课题组选择了S市和L市部分区县的农村地区作为重点调研对象。S市作为苏南代表性城市，是除北京、上海、深圳外较早实行政府购买养老服务的城市，在政府购买养老服务方面有着别具一格的模式及相对成熟的经验，并且惠及本地区的农村老人。L市作为苏北城市的代表，受经济水平、思想观念等条件的限制，在购买养老服务方面刚刚起步，但也取得了一定的成绩，对农村地区老人的惠及力度颇大。

（一）S市政府购买养老服务现状

目前，大概每4个S市人中，就有一位老年人，S市比全国更早进入老龄化社会。随着S市社会经济的发展以及医疗技术水平的提高，人均预期寿命延长。S市总人口中年轻人口数量不断减少、年长人口数量不断增加，进一步导致老年人口比例的增长。[①]

截至2016年底，S市户籍人口6781957人，其中老年人口1708816人，占户籍人口的25.2%。较2015年增加52235人，增幅31.5‰，老年人口继续保持增长势头。数据显示，全市60~69周岁老年人占全市老年人总数的一半以上，达95.18万人，占老年人口数的55.7%，比2015年增加18620人。[②]

相较于S市总体老年人口，S市的农村老年人口近年来也呈现上涨趋势。由于S市人口变动调查为抽样调查，且样本量较小，对农村分地区分年龄数据缺乏代表性，且并非所有乡镇、街道均有调查，因此分地区农村60岁及以上老年人口数据无法准确获得。课题组仅从S市统计局查询到了2015年S市农村60岁及以上常住老年人口的1%抽样调查数据，见表7-1，该表只能反映部分S市60岁及以上老年人口的状况。

---

① 《四个人中就有一个老年人》，《S市日报》2017年2月7日。
② 《S市老年人口数据公布　老龄化程度越来越高》，《S市日报》2017年2月7日。

表 7-1　2015 年 S 市分地区农村 60 岁及以上常住老年人口 1% 抽样调查数据

	农村 60 岁及以上常住老年人口（人）	占农村常住人口比重（%）
GS 区	/	0.00
WZ 区	477	17.94
XC 区	189	10.22
GX 区	88	17.46
GYY 区	/	0.00
WJ 区	941	36.00
CS	795	23.13
JZG	740	29.07
KS	537	9.87
TC	517	34.58
合计	4284	100.00

资料来源：《江苏省 2015 年老年人口信息和老龄事业发展状况报告》。

　　截至 2016 年底，S 市各类养老机构 226 家，床位数达到 65206 张，千名老年人拥有各类养老床位 47 张。其中 10 所三级医院和 6 所二级医院建有老年病科，而乡镇卫生院托管的护理院仅有 5 家。S 市人口老龄化程度越发严重，而服务于老年人的养老机构和养老床位数供给却存在很大缺口，乡镇的缺口则更大一些。

　　截至 2016 年底，S 市登记注册的社会组织近 600 家，[①] 其中，养老服务类社会组织所占比重不足 3%。可见，S 市社会组织已经有了较快的发展，在册登记社会组织数量已经具有一定规模，然而养老服务类社会组织所占的比重却相对较低，专门服务于农村老人的则更是鲜见。所幸 S 市农村养老问题已经纳入全市整体规划中，计划到 2020 年，全市将新增 20 家养老专业社会组织，社会力量将成为 S 市养老服务的市场供给主体。

　　调研发现，S 市政府购买农村养老服务的内容以居家养老为中心，上门服务是主要形式。承办方以居家养老服务是主要业务范围的民非注册登记的社会组织为主，有严格的登记书和批准书。购买方式主要概括谈判、竞标、补贴和委托，区民政局（老龄办）是主管部门，区财政局是监管部门，

[①]　2017 年 S 市民政局社会组织年检结果公告。

评估养老服务的承办方由社会组织（第三方）接手。现阶段主要的政府购买养老机构有"虚拟养老院"、城区小型托老所、农村"老年关爱之家"，范围覆盖城区、镇、街道、社区和村。[①]

对 S 市相城区、姑苏区和太仓市的 4 次调研发现，三个地方在资金投入、经验程度和社会效益方面都有很大差距。姑苏区以城镇居多，其中包括大量"村改居"小区，还有少数几个城中村。"虚拟养老院"是该区政府购买养老服务的主打品牌，从 2007 年开始实行至今，实现了辖区 17 个街道的全覆盖。目前，"虚拟养老院"服务员人数达到 300 余名，为 8700 余户的 12800 余位高龄空巢老人提供有计划的、常态化的各类上门服务。相城区面积相对较大，农村居多，同年效仿姑苏区实行"虚拟养老院"。高科技按键服务和虚拟平台建设使得首个试点——元和街道很吃力，出现了前期财政投入和反响不对等的状况。且农村护工素质不高，达不到基本标准，有些只能从邻里亲朋好友中挑选，熟人服务，带来了评估的不合理问题。后来从本地情况出发，及时调整，发展了更多面向城市群体的"虚拟养老院"和面向农村群体的农村"老年关爱之家"，政府不吃力，满意度也有所提升。相较于相城区和姑苏区，太仓市的养老服务承接组织规模更大、经验更足，持续性更强。[②]

此外，在购买方式上，GS 区、XC 区和 WZ 区以委托、补贴为主，而 TC 市则出现了竞标、谈判，社会组织较为活跃，也能在承接养老服务方面最大限度上不亏本。

（二）L 市政府购买养老服务现状

L 市亦是一个老龄化程度较高的地区，目前已经进入人口老龄化快速发展阶段。至 2016 年底，60 岁以上常住老年人口 90.85 万人，占常住人口总数的 17.01%，失能老人、空巢老人和高龄老人基数大，养老形势比较严峻。[③] 至 2016 年下半年，L 市已经建成养老服务机构 140 家，其中，政府主办的养老机构 78 家（含乡镇敬老院 70 家），民办养老机构 62 家，全市建有农村

①② 李清华、施从美、黄刚等：《"暮年保单"：S 市政府购买养老服务行动方式研究》，《经营管理者》2015 年第 19 期。
③ 徐芳、吴淑珩：《连云港 2020 年 60 岁以上老年人将达 86 万》，http：//js. people. com. cn/html/2013/03/25/216055. html，最后访问日期：2018 年 3 月 21 日。

老年集中居住区 41 个，建成居家养老服务中心（站）、小型托老所、"关爱之家" 1364 个。全市拥有各类养老床位 30744 张，每千名老人床位数为 35.6 张。养老机构直报系统全部联网，以县区为单位建成虚拟养老院 6 个。

L 市对困难老人应保尽保。目前，L 市全市共有农村低保对象 5.81 万户，10.51 万人，其中老年人 4.01 万人，占保障人数的 38%。老年人在享受正常低保标准的前提下，另外增发 10% 的保障金。全市共有城市 "三无" 老人 334 人，其中，231 人集中供养，103 人分散供养，供养标准按照当地上年度城镇居民人均可支配收入的 50% 给予保障，市区平均供养标准为每人每月 1005 元。全市共有农村 "五保" 老人 7127 人，其中，集中供养 2235 人，分散供养 4892 人，供养标准按照各县区农民人均收入的 50% 给予保障。目前 L 市农村五保户集中供养的平均标准为 6456 元，分散供养标准为 5596 元。对流浪乞讨生活无着落老人给予及时救助，对身体好、意识清醒者及时送其返回；对生病者及时送往定点医院治疗，身体好转后送其返回；对智力障碍找不着家者，由民政部门福利机构负责供养。L 市制定了老年人相关优待政策，并且全面落实。L 市规定，70 岁以上的老年人凭 "优待证" 可以免费进入政府主办的公园和公益性文化场所，免费进入政府投资主办的旅游景点和公共体育健身场所，免费乘坐城市公共汽车；60～69 岁老年人可以享受半价优惠待遇。外地来 L 市的老年人可以享受 L 市老年人同等优惠待遇。L 市设立了 "尊老金" 制度，对 100 岁以上的老人、90～99 岁老人和 80～89 老年人，每人每月分别发放尊老金 300 元、100 元和 50 元。2016 年全市共为 11.57 万名 80 周岁以上老年人发放 "尊老金" 8236.34 万元。相比 S 市，L 市在政府购买养老服务方面资金显得相对不足，形式不及 S 市丰富多样，而且没有购买服务后的效果评估。可见，地区发展不平衡，差距较大。

三　两市政府购买农村养老服务的做法及成效

（一）S 市政府购买农村养老服务的成效显著

1. 政府购买农村养老服务的层次鲜明，种类丰富，覆盖面广

与购买城市养老服务一样，S 市政府明确服务类型和服务内容，为政府购买农村养老服务提供依据，为非营利组织承接养老服务提供政策支持与

便利条件，创新"虚拟养老院"，建设硬件设施，将基础照料与部分特色照料分开。S市政府购买农村养老服务的形式也是较为丰富的，增加了农村养老服务的覆盖面。

（1）创新"虚拟养老院"，推广品牌。虚拟养老院由市级筹资建立，基于信息网络平台，采用会员制养老的服务形式。特点在于信息技术应用、义工服务专业性、会员管理制。虚拟养老院是区域性网络化养老服务的新形式。现在，"虚拟养老院"已是S市特有的政府购买养老品牌，在城乡养老服务中已较为普遍使用，并已推广到了上海、浙江宁波等。

（2）构建基础性文化、医疗等硬件设施的养老服务。基础性文化、医疗等硬件设施的养老服务包括活动场所、老年学校、基层医疗卫生机构的设立。活动场所方面有老年活动中心，专供老年人活动的场所，在市、镇、村均有设立，覆盖面广。此外，设立为老年人提供助餐服务的场所。老年学校方面主要建立老年大学，以满足老年人"老有所学"的文化需求。基层医疗卫生机构指城市社区卫生服务中心（站）、乡镇卫生院和村卫生室，为辖区内老年人提供上门服务、团队服务、家庭病床服务等，免费为老年人提供老年保健、慢性病健康管理、健康教育等多种医疗卫生服务。

（3）基础照料与部分特色照料区分，层次分明。基础照料服务类主要有三类：日间照料中心、城市"小型托老所"、农村"老年关爱之家"，为老人提供综合性的服务。基础照料服务类型兼顾城乡养老服务，注重养老的区域公平。而部分特色照料服务注重老人在某些特殊需求方面的服务，比如特殊兴趣爱好方面，这样确保老人需求的独特性。在S市，日间照料已经形成了"日间依托中心照料、夜晚享受家庭生活"的特色模式。

（4）信息化养老，方便快捷。在S市，政府援助、补助对象以及自费对象可办理养老综合服务卡。养老服务综合卡是政府提供援助、补助的结算与服务依据。每月5号之前会将享受服务的金额打入相应卡中。各居家养老服务组织、供应商及服务人员均需配备太仓市居家养老服务刷卡机，每次完成服务后，由服务人员帮助老人使用养老服务综合卡进行刷卡消费。日间照料或助餐服务由各中心（站、点）负责人帮助刷卡消费。太仓市还建立了养老信息服务综合管理平台，开通了专门用于居家养老的95002呼叫热线，运用养老服务综合卡和移动刷卡机开展服务。仅2014年就有5000多名老年人签订上门服务协议，服务范围覆盖全市农村。服务对象在生活上有需求，全市在街道、居委会设立服务点，有专门的工作人员可以 24 小时上门为老人提供服务。同时，中心服务人员通过"一键通"电话提供精神层面的关爱，每周与老人通话不少于 2 次。这信息化和人性化的服务，打造了 S 市政府购买农村养老服务的特色品牌。

2. 注重社会组织的培育和发展

在整个政府购买服务中，购买方当然很重要，但服务承接方，即非营利组织，它们的作用也是至关重要的，是一个必不可少的环节。养老服务行业是非常需要专业知识和技术的行业，承接方应该是懂得医疗、养护的专业性养老组织，而不是一般的非营利组织。目前，即使在 S 市这样经济发达的地区，非营利组织发育还很迟缓，在承接养老服务方面能力还明显不足。因而，需要降低非营利组织进入养老行业的门槛，为之创造良好的成长环境。

（1）社会组织登记门槛高，但大门敞开机会多。虽然 S 市市级非营利组织在民政部门的登记费用为三万元，但对许多刚成立的非营利组织而言，依然是一笔不小的费用。鉴于此，S 市政府鼓励那些有一定资质的、口碑好的，但又缺乏资金的非营利组织，一方面采取门槛相对较低的备案方法；另一方面建设公益孵化基地，免费提供有年限的场地，以支持它们的发展。

（2）简化登记程序，为非营利组织发展铺路。相关法律，比如《社会团体登记管理条例》规定，非营利组织需要经过对口业务主管部门同意，民政局审核以后，才能登记注册。不过，这样的登记管理方式，极大限制了非营利组织的发展速度。2011 年太仓区试点非营利组织可以直接在民政局登记注册，简化了程序，方便了非营利组织的发展。太仓义工联是第一个登记的非营利组织。

3. 第三方参与评估是购买农村养老服务趋向高效和高质的推手

政府购买农村养老服务最重要的是社会养老服务得以优质完成。因而第三方参与对社会组织的评估可以有效地推动政府购买农村养老服务的效率与质量。

针对农村养老服务的状况，S 市太仓民政局设定了考核标准，由非营利组织中具有评估资质的人员按照标准对承接农村养老服务的非营利组织进行服务质量评估，评估指标除了像住房、医疗设施等硬件外，还包括服务对象的满意率。针对不同属性农村养老组织分别制定不同考评标准。考评每季度进行一次，根据相应的考评标准，通过现场考察、查阅台账、满意度测评，以及百分制现场打分等方式，形成专业考评报告和整改建议。考评的结果将直接作为政府发放运行补贴及奖励的主要依据。[1]

同时，相比较其他地区单由政府补助建设费用和补助服务费用的情况，太仓市政府根据评估结果，增加了对承接方的运营管理补贴。为非营利组织减轻经济负担。这样既公平又能体现激励的作用，使服务趋于专业化并有竞争性。

（二）L 市政府购买养老服务的成效初显

1. 政府主导公办养老机构的建设

2010 年前后，L 市投资近 9 亿元建设了 8 个政府主办的具有保底性质和示范功能，且主要针对农村社区的养老机构，实现市、区（县）全范围的覆盖。其中，灌云县、灌南县、连云区社会福利中心 2012 年建成，市福利中心、赣榆区、东海县社会福利中心于 2013 年建成，原新浦区、海州区福利中心于 2013 年开工建设，现已进入内外装修阶段。L 市政府将市福利中心建设项目列入"十大民生工程"。此中心目前拥有养老床位 700 张、儿童床位 300 张，于 2014 年 3 月份正式营运。L 市政府同时加强农村五保供养服务机构建设。根据江苏省政府的要求，2013 年 L 市所有农村五保供养机构全部完成了事业单位法人登记工作，并且很快实施农村五保供养机构提档升级计划。该计划准备 3 年时间投资 7000 万元，对全市 70 个农村五保供养机构实行提档升级，在保障五保老人养老的基础上向全社会开放，使之转型为区域性养老服务中心。2013 年，L 市投入 2600 万元提档升级了 21 个，2014 年再投入 3000 万元提档升级了 31 个，并在 2015 年完成所有农村五保供养机构的提档升级。

2. 加大对民办养老机构建设的扶持力度

目前，L 市全市共有民办养老机构 53 家，特别是近两年，L 市政府加大政策引导和行政推动力度，除在税收、用水、用气等方面给予减免和优惠外，还给予养老机构一次性床位建设补贴，补贴标准从原来的新建每张

---

① 李清华、施从美、黄刚等：《"暮年保单"：S 市政府购买养老服务行动方式研究》，《经营管理者》2015 年第 19 期。

床位补贴1200元、改扩建每张床位补贴600元，分别提升到3000元和1500元，并且对达标的民办养老机构给予运营补贴，标准为全护理每月每人50元，半护理40元、自理30元。[①] 通过政策扶持培育了一批较大型民办养老机构，如市区的万家乐、荣华、桃花润老年公寓，东海县黄川华苑、灌南县老来乐老年公寓等，床位都在100张以上。另外，全市还有一批床位数在几十张的中小型养老机构，虽然规模不大，条件一般，但大多数分布在城市社区，价格适中，满足了部分老年人养老不离家和低收入人群的养老需要。

3. 鼓励社区给老年人提供居家养老服务

近几年来，L市逐步建立起老人救助服务体系，重点是依托社区、市120急救中心，为60岁以上，包括农村在内的居家孤寡老人建立应急救助系统，免费安装求助电话、免收基本电话费。L市投入1.2亿元对市区149个社区办公和老年人活动用房进行新建、改扩建，面积都在200平方米以上，为社区开展居家养老服务提供了支撑。省、市及地方各级投入资金3000余万元，建成了覆盖城乡的社区居家养老服务中心网络。并且，L市民政局计划将2015年定位为"居家养老服务提升年"。在L市政府的支持下，市财政投入176万元作为启动资金，对老旧社区和居家养老服务中心进行扶持。其中，投入38万元帮扶15个老旧社区改造，投入54万元扶持24个居家养老服务中心，投入84万元为市区1400名困难老年人购买服务，很大程度上提升了居家养老服务的水平。其中，赣榆区青口镇梁庄、大盘庄，柘汪镇秦家沙村开展了"离家不离村、村中享天伦、娱乐有地方、困难互相帮"的农村社区集中养老模式。至今，老年人集中居住区有30多处，受到民政部的肯定，2013年10月《人民日报》还专门做了经验介绍。

4. 提高专门服务人员的养老服务水平

L市从2007年开始推行养老护理员职业资格制度，并且依托L市社会福利院养老护理培训中心，对养老护理员进行免费技能培训。至2013年，L市有1050人取得养老护理员职业资格证书。2014年计划再培训300名，持

---

① 吴淑珩：《连云港市"五驾马车"拉动养老事业》，《中国社会报》2013年9月27日第三版。

证上岗率达到 65%。L 市全市共选送 103 名护理员参加国家、江苏省举办的高、中级养老护理员培训，15 人取得高级职业资格证书，78 人取得中级职业资格证书。为了稳定养老护理员队伍，江苏省政府专门颁发了《关于加快发展养老服务业完善养老服务体系的实施意见》，其中规定：对取得国家养老护理员技师、高级工、中级工、初级工职业资格证书后，在养老机构护理岗位连续从业 2 年以上的人员，分别给予每人 3000 元、2000 元、1000 元、500 元的一次性补贴。

5. 关爱农村老年人的精神文化生活

关于农村老年人精神文化生活方面，L 市政府也积极尝试购买相关服务，经费并没有投入多少，但是效果很好。市政府要求各级老龄组织加强自身组织建设，细化工作职能，积极开展各项活动。如 L 市老龄协会全部由退休的老领导、老同志组成，为全市也包括部分农村老人提供一些服务。他们干事有热情，有丰富的社会资源。其中，农村老年人的助餐服务、老年人事业的调研、老年人的维权活动等各项活动开展得极有特色。L 市老年大学自 1987 年成立以来，如今已经成为全市老年人求知、求乐、求健康的温馨家园，先后成功举办教学成果展 40 多次，有 338 名师生的书画、摄影、诗词作品获得省以上的大赛奖项，有 860 多件作品在各类报刊上发表。老年大学艺术团每逢节日都对外义演，也经常去农村社区为农村老人进行演出，至今已经超过 483 场，成为全市"先进文化进万家"的典型，各街道（乡镇）、社区（村）积极整合资源，建设老年活动中心，经常举办各类老年人群众性文化活动，内容丰富，如老年艺术团、象棋协会、京剧票友会、腰鼓队、模特队、合唱队、民乐队等老年人文体组织活跃在基层社区、村镇，极大程度满足了老年人的多种文化生活需要。

四　两市政府购买养老服务现存问题分析

目前，无论苏南还是苏北，政府购买服务都处于一个起步探索阶段，尽管苏南地区实施早了几年，但仍然面临许多问题，而且地区差异也很大。在实地考察与调研、文献阅读与思考的基础上，以下综合分析 S 市和 L 市政府购买农村养老服务的实际情况。其购买过程中遭遇的困境及面临的潜在风险，从行为主体角度出发，存在着以下几个方面的问题（见表 7-2）。

表 7-2　S 市和 L 市政府购买农村养老服务发展困境及潜在风险

行为主体	扮演角色	发展困境及潜在风险
地方政府	购买者	部分领导观念陈旧，支持力度有待加强 政策执行有困难，优惠措施不具体 购买目录难编撰，服务内容不明确 难觅承接好伙伴，持续培育难维系
社会组织	承担者	自负盈亏是生存挑战，资金匮乏是发展瓶颈 组织法律法规不健全，内部管理水平需提升 护工工作要求高，工资待遇需改善
社会公众	消费者	公众对政府养老的心理依赖，民办和公办养老的无形比较

资料来源：作者整理。

（一）S 市政府购买农村养老服务的困难与风险

S 市政府购买农村养老服务经过若干年的发展，目前已取得了丰硕的成果，实践过程中，在社会组织培育方面积累了丰富的经验，形成了与自身发展相适应的模式。但成绩与问题同在，具体的政府购买农村养老服务过程并非一帆风顺，面临各种困境及风险。

1. 政府层面

（1）部分领导观念陈旧，支持力度有待加强。在对 S 市相城区民政局工作人员的访谈中，有关人员提及有些地方政府不愿意放手，宁愿自己费力，还是想把所有事务揽在自己手中。并且思想不解放，还是计划经济的老一套，忌讳和民办、民非合作，认为一谈到盈利、金钱就要避嫌。这就很难让人理解，同样是政府花销，跟谁合作，花到老百姓身上还不是一回事嘛！还有一些领导以经济为中心，整天抓经济，资金全部用于抓经济去了。由此可见，部分领导观念陈旧，对政府职能转型认识不够，由此导致对"政府购买养老服务"这一新兴事物重视程度不够，支持力度也不足，所以拨款无法跟上实际需求。

（2）政策执行有困难，优惠措施不具体。S 市为加大社会组织的培育，虽然出台了很好的政策，但在实际操作过程中也出现了各种问题。从社会组织的视角来看，市政府的优惠政策不多而且不具体。比如政府为培育社会组织给予 10 万元，钱怎么拿？到了财务局，需要收据。到了税务局，要扣税，最终只剩 8 万多。不难看出，S 市政府总体方针是十分优惠的，但是相应的配套措施并不完善。这也是 S 市与上海、深圳等一线城市在社会组织培育上的差别所在。

（3）购买目录难编撰，服务内容不明确。就全国范围讲，编撰政府购买服务目录程序复杂，困难重重。太仓市民政局的一位副局长提到，目录需要编办和法制办共同证实编写，编办需要确认购买的服务是不是政府本身的职责，而法制办需要确认该职责是否可以转移、是否合法，等等。由此导致政府在对外购买服务中没有参考内容，养老服务购买也只能呈现碎片化结果。

（4）难觅承接好伙伴，持续培育难维系。一方面，当社会组织的发展水平与政府需求层次不匹配时，就会出现政府难以找到"志同道合、能力匹配"的社会组织。以相城区为例，截至 2014 年上半年，相城区在民政局登记的社会组织总数达 200 家，但能承接并做好养老服务工作的不足 8 家。在实际调研过程中也发现，社会养老服务类组织在整个社会组织中所占比重相对较低，而相对成熟并具备承接政府养老服务能力的社会组织寥寥无几。因此政府要找到一个合适的社会组织承接养老服务还是很有难度的。另一方面，政府培育社会组织的持续性不够。举例来说，太仓市社会组织孵化基地接受处于起步阶段的社会组织，并提供基础运营经费和专家培训费，让社会组织在良好的环境中壮大发展。但问题是，经过几年的孵化期，受培育的社会组织最终需要脱离蛋壳，独立找食发展。没有环境支持和原有的温室政策，尚未成熟的社会组织很难可持续发展，资金、场地、运营管理都是问题，许多社会组织很难真正地成长和壮大。如果政府此刻放手不管，前期的投入就会白费，因而政府扶助需要持续性。

2. 非营利组织层面

（1）自负盈亏是生存挑战，资金匮乏是发展瓶颈。对于很多社会组织来讲，不以营利为目的几乎不可能，因为生计问题是首要考虑的问题。对于独立运营的社会组织而言，自负盈亏是生存挑战。据了解，相城区 2009 年登记的新狮养老服务社由于年年亏损，后来便不再承接整体全面的养老服务，只做养老评估。究其原因，许多社会组织表示：政府给服务开出的价位不高，明显低于市场价格。系统的维护升级、管理的加强、员工的培训及工资的增长都需一定的资金保障，一旦资金不足就会出现亏本的情况。

对于企业来讲，承接政府的养老服务不赚钱，因此更不愿意做。2014年1月份颁发的《相城区特定老年人家庭居家养老信息服务办法（暂行）》中，曾提到"政府购买居家养老信息服务费按特定老年人家庭实际使用信息服务的时间结算支付""承办方根据特定老年人家庭需求，为其提供信息服务以外的其他服务所发生的相关费用，由老年人家庭自行承担，属于援助、补助对象的由政府补贴服务费用"。由此可以看出，承接方运行后的主要经济来源是服务收费，政府援助、补助对象的费用远低于市场价，而属于额外自付费用的需求人群又过少。这远远无法覆盖正常运营所需的费用。同时，访谈中也提到，资金不足导致诸多管理上、人员方面的问题，组织自身也无法发展壮大起来。从目前的状况来看，资金匮乏是非营利组织普遍的发展瓶颈。

（2）组织法律法规不健全，内部管理水平需提升。社会组织缺乏具有强制力的法律法规，现仅有登记条例和太仓市社会组织孵化基地的入驻管理条例等各项指导性条例。社会组织编制内部适用的法律法规是自身发展的需要，也是时代的要求。同时，社会组织内部的管理水平也需提升。从S市的调查情况来看，多数社会组织缺乏从事相关工作的专职工作人员，缺少年纪轻、学历高的专业社会组织人才。少数社会组织存在自律机制不健全、民主建设不到位，甚至长期不换届，不民主选举领导班子的情况。在很多地区，受服务的对象经常出现承认志愿者不承认组织的情况。不难看出，社会组织在服务对象印象中的不足，一方面是宣传不够，另一方面也是自身管理出现了漏洞。

（3）护工工作要求高，工资待遇需改善。养老服务对于护工、服务人员的要求很高：一方面照顾老人需要一定的素养，比如耐心、认真、不怕脏、不怕累等；另一方面，需要服务人员具备相关的医学护理知识。工资方面，由于政府购买服务本身具有公共性，工资方面未能给予足够的重视，这也直接导致招聘困难。同时对护工的传统观念也是另一个重要因素。在对相城区"乐相邻"的调研中，我们发现有73%的人认为护工工资、地位太低，自己工作时会没面子，42%的人表示老年人不同于儿童，易遭嫌弃。

3. 社会公众层面

传统观念中，社会公众普遍认为养老是政府的事，并以为是理所当然的一个公共服务，公众对政府养老的心理依赖十分严重。调查表明，在政府购买农村养老服务初期，民众对政府购买服务这一行为大多持保守态度。不少人会质疑政府购买服务是不是政府在转移社会责任？把原本属于政府自身的公共服务职能"卖"给了营利性的社会组织，政府是不是就成了"甩手掌柜"，什么都不管了呢？

据了解，S 市姑苏区公办与民营床位比为 1:4。养老机构之间仍存在发展不平衡现象。如：公办养老机构床位一床难求，而民办养老机构却存在住不满、床位空置较多的现象。

一旦公办与民办养老机构在日常管理、服务质量上与公办养老机构出现较大差距时，民众的反对声往往会比较强烈。并由两种养老机构的差异比较引发巨大心理落差，进而责备政府的失职。

（二）L 市政府购买养老服务的问题与困难

相比于 S 市的政府购买农村养老服务现状，L 市刚刚处于起步阶段，其问题与困难远远多于 S 市。除了 S 市面临的主要问题，L 市有自己的一些困难。

1. 部分领导观念陈旧，对政府购买缺乏理解

对民政局工作人员的访谈了解到，有些地方政府不愿意放手，宁愿自己费力，还是想把所有事务揽在自己手中。

2. 资金缺口大，养老机构发展不平衡

资金短缺是普遍现象，难以完成购买养老服务的所有项目。S 市下属的几个区资金方面的压力不是太大，近两年每年预算达 200 万元，但 L 市下属的一些县区每年用于购买养老服务的预算资金只有 80 万元左右，显得捉襟见肘。养老机构发展也不平衡，养老床位数与养老服务需求之间存在巨大的差距。L 市一位民政局领导坦言，一是养老机构数量相对较少；二是部分农村养老机构、民办养老机构档次不高，入住率偏低；三是老龄化速度加快，新增养老床位数与老年人增长速度不匹配。[①]

3. 整个社会对养老认识不足，参与养老服务的积极性不高

整个社会关于养老的观念还相当陈旧，非营利组织、个人、民间资本参与养老事业发展的积极性没有得到充分调动。民办养老机构建设存在征地难

---

① 施从美：《江苏政府购买养老服务的问题与对策》，《决策参阅》2014 年第 30 期。

的情况。目前 L 市市区 30 多家民办养老机构利用闲置的学校、厂房、自有住房或租赁房屋改造而成，没有征地新建。此外，由于养老服务业是高投入低回报产业，资金回收周期长，影响了社会资本兴办养老服务机构的积极性。①

4. 护工短缺，专业水平不高

随着"虚拟养老"模式在 L 市的出现，服务人群不断扩大，人员数量与有需求老人数量之间有较大缺口，居家养老专业服务人员流动频繁。究其原因，工资待遇低是主要原因，每个护工的工资约为 1500 元/月。除了工资因素，自身观念的保守也是招聘困难的重要因素。目前，两地的农村养老机构一直处于低成本运行状态，工资偏低、年龄偏高、文化水平普遍较低，社会认同感差，难以吸引更多有文化、有知识的人加入养老护理队伍中。

5. 居家养老服务还处在培育发展阶段

由于老年人收入和消费水平不高，政府购买养老服务能力弱，很难吸引社会力量参与居家养老服务事业，所以目前 L 市的居家养老服务推进难度大，服务面比较窄，还不能发挥养老的基础性作用，很多农村老人享受不到政府提供的各种服务。②

五　讨论与思考

1. 转变保守观念，充分认识政府购买是转变政府职能的重要举措

尽管政府是提供养老服务职能的主体，也应该明确自己的职责。政府工作人员，尤其是领导，要转变传统的保守观念，充分认识到政府购买是"小政府、大社会"的趋势，购买养老服务也正是政府职能转变的重要举措之一。如果什么都管，往往最终什么都管不了，反而会让政府的工作效率和公信力降低。一方面，在政府购买农村养老服务的过程中，政府扮演着购买者和监督者的角色，非营利组织及社区参与制定政策，参与提供公共服务，并进行管理和监督。这样提供的公共服务，才能成为以公民需求为中心的高质量和高效率的服务。另一方面，在购买农村养老服务的过程中，政府还扮演着协调者的角色，通过政府购买的形式将自己部分职责让渡给

---

① 施从美：《江苏政府购买养老服务的问题与对策》，《决策参阅》2014 年第 30 期。
② 陈素琴、潘刚毅：《连云港市养老服务业发展调查研究》，《淮海工学院学报》（人文社会科学版）2016 年第 6 期。

有资质有能力的非营利组织，这样可以供给社会需要的养老服务。由此，政府应该加大力度培育专业的养老服务组织，建立政府与这些组织的良好合作，政府购买农村养老服务的合作模式建立也就成为可能。① 相比苏南地区，苏北政府官员更应该解放思想，转变观念，大力推进政府购买农村养老服务的工作。同时，民众要逐步转变态度，多接触、多了解。政府不能贪恋权力不放，民众也不能依赖性过强。"大社会"的转变是必然趋势。

2. 加强政策的研究与制定，为政府购买农村养老服务提供良好的政策环境

建议由政府相关职能部门牵头，联合高校、科研院所，以及社会上从事养老服务的专业组织，在吃透中央颁发的关于养老事业发展文件精神的前提下，进行专项政策研究，制定出前瞻性、科学性、易操作的政策文件，为政府购买养老服务提供良好的政策氛围。具体而言，可以研究制定下列文件：多层次、多样化的养老服务供给体系，养老服务保障体系，发挥市场作用的政策支撑体系，养老服务评估体系，养老服务行业监管体系等。还要制定既考虑城市老人，又要惠及农村老人的政策文件。

3. 加大政府购买的资金投入，也可考虑设立专项资金

针对经济发达地区、欠发达地区用于政府购买养老服务资金相差巨大，以及经济欠发达地区的养老服务工作进展不够顺利的情况，建议政府财政考虑设立欠发达地区用于购买养老服务的专项资金，农村养老服务更需要重点资金扶持。经济发达地区在增加资金投入时，应该加大对承接方（非营利组织）的补助与扶持，对于相应的培训管理、设备升级费用，划分层级、制定具体标准予以不同程度的补贴。

4. 发挥政府主导作用，形成各具特色和品牌的养老服务

全国各省市应加紧编制适合本地区的养老设施专项规划，形成自己的品牌与特色。经济发达、财政相对富裕地区应着重考虑建立养老服务专项设施中期及长期规划，努力在未来几年形成覆盖城乡、布局合理、层级清晰、结构完善的社会化分层养老体系。经济欠发达地区应着眼近期购买养老服务计划，把所有涉及养老的用房用地尽快预留。在做好政府主导、兜底保障、落实经费补贴及加强行业监管的基础上，稳步推进公办养老机构改革，扶持发展社会力量兴办养老服务组织，培育民间非营利养老组织。

① 参见施从美《江苏政府购买养老服务的问题与对策》，《决策参阅》2014 年第 30 期。

5. 建立公益创投孵化基地，培育壮大社会组织

培育发展社会组织是社会的趋势所在，各地在建设孵化基地、公益创投时，资金必须及时到位，但仅有资金是不够的。政府直接培育问题诸多。首先，政府不能给予社会组织的管理运营方式专业建议；其次，随着社会组织数量的不断增加，政府的监督、评估、统一管理也面临巨大挑战。政府可以选择一些相对成熟、规模较大的专业养老组织进行重点培育与扶持，并以此来吸引其他更多的非营利组织到孵化基地接受统一培育管理。在孵化基地，专业的培训、管理及养老服务的经营交由此类非营利组织来负责，具体的评估绩效与监督也可视情况交由此类非营利组织承担，政府更多的是提供政策、技术和资金支持。

6. 完善监管机制，强化行业监管

一是要加强政府自律。政府要真正落实"以民为本，为民服务"的执政理念，对政府工作人员自身行为进行规范，在购买养老服务的过程中要有章可循，照章办事。二是动态管理。在向非营利组织购买养老服务过程中，政府要运用动态的方法，主要是通过定时对非营利组织进行评估和对财务状况进行审计等方法，对养老服务项目的实施进行监管，及时研究和反馈执行过程中的问题。三是非营利组织自查。非营利组织要加强对其自身的监管，建立科学规范的管理体制和有效的绩效考核标准，对表现良好的人员进行奖励，增强其对组织的归属感。四是社会监督。社会公众是养老服务的受益群体，应当鼓励其参与对政府和社会组织的监督，促进政府和非营利组织行为的规范化。

7. 提高服务质量，加大评估内容的全面度和专业度

服务质量的评定对象有时不仅是护工，还有志愿者。据了解，台湾地区的公益组织会定期给某些养老机构的老人开设讲堂、进行心理沟通。该公益组织负责人说："他们才是做公益的，向老人传授知识的那份尽心尽力，和老人交流的距离比我们乐相邻的很多志愿者都近得多，一点不嫌脏，态度真的是很诚恳，老人们也很开心，每个月都巴望着他们来。"

我们的志愿者还有很多心理上没过的坎，很多时候一腔热情或是作秀。对于志愿关爱的对象，要真正把他们的需求放在首位。因此，对志愿者的培训也要更注重心理的培养。这就需要建立统一的政府购买养老服务评估体系。对老年人开展养老需求评估，并以此为标准，匹配老年人养老需求

和养老专业服务项目。整合现有相关评估标准，建立包括医疗护理、生活护理等多种服务需求的评估标准。依托高校科研院所等力量，逐步形成统一的需求评估队伍，建立基本养老服务第三方评估机制。组建统一的需求管理和服务平台，由其负责区域内养老资源的统筹，委托第三方专业机构开展评估，并根据评估结果，为老年人提供相应的养老服务和医疗护理服务。

此外，政府购买养老服务的绩效评估不能流于形式，更应该重视绩效评估的结果。因为绩效评估结果往往作为是否收回购买、是否全额付款、是否允许再次竞拍等决定的重要参考依据。具体评估标准可以参照表 7-3 的满意度评分表。

表 7-3　非营利组织满意度调查评分表

维度	项目	评分（1~5）
有形性	有现代化的养老服务设施	
	服务设施具有吸引力	
	护工有整洁的外表和服装	
	组织的设施与所提供的服务相匹配	
可靠性	组织的承诺能及时完成	
	遇到困难时能表现出关心并提供帮助	
	提供养老服务的社会组织是可靠的	
	能准时提供服务，正确记录相关服务	
信任感	护工是值得信赖的	
	接受服务时我感到放心	
	护工有礼貌	
	护工从养老组织得到适当的支持以提供更好的服务	
人性化	养老组织会针对不同的顾客提供个性化服务	
	护工会给予我个性化的关怀	
	服务人员会了解我的需求	
综合评价	我对每一个服务人员印象都很好	

资料来源：作者整理。

8. 完善信息平台，提高服务效率

完善养老服务综合平台，必须更加准确、及时地掌握本地区老年人基本信息、身体状况及需求服务信息。要加快在本地区全面推广包括机构养老服务信息管理、社区居家养老服务、养老需求评估、数据统计分析等系统在内的养老服务信息管理应用系统，形成覆盖各级的养老服务信息管理网络，实现养老信息科学管理，不断提升养老服务管理的科学化水平。

在中国人口老龄化不断加剧的今天，尤其是城乡公共服务供给不均等的状况依然存在，政府购买农村养老服务的举措对于解决当下老有所养的难题至关重要。江苏作为人口老龄化越来越严重的地区，已经波及农村地区。江苏有许多地方在政府购买农村养老服务方面已具有了一定的经验基础。就 S 市而言，本课题组从宏观上对 S 市政府购买农村养老服务做了详细介绍；从中观层面结合相城区、太仓区、沧浪区等多地区整体做了对比分析；微观上，不同地区在具体措施上依旧存在巨大差异。对于 L 市，本课题组只是做了笼统的介绍，但很多方面可以比照 S 市。

然而江苏很多地区，尤其是 S 市的经验可以说明，政府购买农村养老服务中应注重购买养老服务内容的区域公平性、基础性和特殊性需求；同时把培育社会组织承接养老服务能力当作保障，尤其在社会组织专业化能力、集约化运行的培养方面。在推动养老社会化工作中，政府需要建立完善的政策体系，制定相关的服务标准，加大对专业化社工队伍的培养力度，积极探索政府购买社会组织养老服务的长效机制。只有扩大社会组织的竞争市场，吸引专业化机构参与日间照料中心、助餐点运营，才能提高政府资金使用效能，提升专业化服务水平，切实提高广大老年人的生命、生活质量。

第八章 江苏省 S 市政府购买农村垃圾治理环境服务的案例研究

一 背景介绍

我国处在社会转型和矛盾凸显期，环境问题不容乐观，尤其是农村生态破坏、环境污染等问题使各界对环境治理的议题倍加关注。随着生活水平的提高，农村生活垃圾治理愈来愈成为农村环境治理的难题，垃圾二次搬家、村庄乱倒垃圾及垃圾围村等现象屡禁不止，危及农村村民及周边地区的人居环境。改善人居环境、建设生态美丽乡村的呼声日益高涨，农村环境治理尤其是日益严重的农村垃圾治理问题受到广泛的关注。

长期以来，我国的环境保护与治理服务都由政府大包大揽，长期实行一元（政府）治理。随着新公共管理思想、公共产品理论、治理理论和服务型政府理论的发展，我国开始探索一条更加常态的、有效的环境治理制度而非一元治理的行政制度，提出环境治理的新工具：建构公私伙伴关系、政府购买服务等形式实现多元共治。政府购买环境服务是我国的创新型环境治理政策，旨在实现"政府职能转变与体制创新、提升环境治理效率与质量"等目标。2013 年 7 月国务院常务会上，李克强总理要求立即研究推进政府向社会力量购买公共服务。2014 年 4 月，财政部国库司发布《关于推进和完善服务项目政府采购有关问题的通知》（财库〔2014〕37 号）中明确了政府向社会采购服务项目的具体分类，并将环境服务列为第三类。同年 12 月，财政部印发《政府购买服务管理办法（暂行）》（财综〔2014〕96 号），将环境治理列为政府购买服务指导性目录的"基本公共服务"目录。并且在科学发展观、转变政府职能、建设服务型政府等思路的指引下，政府购买环境服务成为我国环境治理的主流政策工具。①

从国内情况来看，政府购买农村生活垃圾处理的环境服务领域，我国实践先行的地区主要有江苏省苏州市、广东省惠州市、广东省东莞市、山西省太原市、山东省潍坊市昌邑市等。这种"农村垃圾处理，政府买单"有多种购买方式，有的采取建设—运营—移交的方式，有的采取直接资金补助的方式，有的采取授予特许经营权的方式。比如，广东省、山西省运用财政专项补助办法，江苏省、山东省则是以"谁使用、谁付费""谁产生、谁付费"和"以奖代补"等形式给予补贴。这些地区在《关于推进和完善服务项目政府采购有关问题的通知》等文件的指导下不断探索，先试先行，推动了各地区相关政策的出台，比如，昌邑市先后制定出台《城乡环卫一体化实施方案》和《关于深化城乡环卫一体化工作的意见》，惠州市出台《惠州市全面开展城乡生活垃圾收运处理工作实施方案》② 等。这些方案的出台是对传统的农村垃圾治理模式的补充与更新，推动了我国农村环境治理的市场化实践探索，促进了政府购买农村垃圾治理环境服务的发展与普及。

当前，在我国政府购买农村垃圾治理环境服务实践先行的地区中，S市政府以建设—运营—移交模式购买七子村垃圾焚烧项目，是国内标志性的垃圾发电项目，曾获住建部评定为 AAA 级的垃圾发电厂。先后获得"江苏省园林式单位""国家高新技术企业""国家级 3A 垃圾焚烧厂""中国安装工程优质奖"等荣誉③。2013 年 1 月，光大环保能源 S 有限公司 S 市三期项目建成投运，一、二、三期为目前国内处理规模最大的生活垃圾发电厂，获得中央电视台以"花园式垃圾焚烧发电厂"作专题报道。

以下旨在通过 S 市政府以建设—运营—移交模式购买七子村垃圾焚烧项目为个案，通过展示与分析该项目购买的具体过程，分析与揭示该项目模式的先进经验与主要问题，探索该模式下适应本项目的购买路径，进而提出推动该模式实践的思考。因此，我们以 S 市七子村、S 市七子山垃圾填埋场（S市环境卫生管理处生活固体废弃物处置监管中心）、光大环保能源 S 有限公司为调研对象，于 2016 年 6 月至 9 月进行了一系列的调研。调研主要方法如下。

---

① 赵晓雯：《我国政府购买环境服务监督机制初探》，《现代商业》2017 年第 15 期。

② 李晓婷：《惠州农村垃圾处理市场化》，《广东建设报》2015 年 8 月 6 日。

③ 资料来源：光大环保能源 S 有限公司宣传手册。

一是文献调查方法。文献资料是研究的重要基础。通过文献研究法检索国内外政府购买环境服务相关学术文献、政策文献、地方志、政府公文、新闻媒体报道、统计资料等，进行筛选、整理和贮存，吸收已有成果的研究方法、观点，从中获取相关问题信息，为本案例研究开阔思路。

二是扎根理论方法。通过深入具体案例情境的研究，如深度访谈、参与观察、问卷调查来收集数据和资料，通过对数据间的不断比较，运用定性分析和定量分析相结合的方法，对相关数据如居民满意度进行量化分析，使难于用语言衡量的数据表达出来，加强对所得数据和资料的抽象化和概念化的分析和探讨，在真实可靠的数据中建构理论。

三是深入访谈法。主要对购买服务的购买方、承接方和受益方（村民）进行访谈，其中先后与 S 市七子村、S 市七子山垃圾填埋场（S 市环境卫生管理处生活固体废弃物处置监管中心）、服务承接单位光大环保能源有限公司（S 市分公司）等先后进行过 5 次访谈，对 S 市购买农村垃圾治理服务的具体过程和做法有了充分的了解，为研究提供了真实、客观的资料数据。

二　案例基本情况

江苏省 S 市政府通过购买七子村垃圾处理服务来解决七子村日益严峻的垃圾治理难题，江苏省 S 市政府通过财政分期支付和财政补助方式付费，向光大环保能源 S 有限公司以建设—运营—移交的办法购买农村垃圾处理服务，与"谁使用、谁付费"的绿色能源电力、环保砖等衍生品的收费方式相结合的办法购买环境服务。

（一）背景资料

S 市七子村位于 S 市吴中区木渎镇七子山，七子村在改革开放前就承担着垃圾处理的重任，七子村承担 S 市 5 个市辖区的大部分垃圾处理工作，各个小区垃圾、景点垃圾、道路垃圾等送至 S 市五个区的各个中转站进行压缩处理后，由垃圾运输车运输至焚烧厂进行焚烧最后运至七子村填埋场进行填埋。七子村目前有 665 户人家、1890 名村民，自身的垃圾生产与处理量也很庞大。

计划经济时代，由于化肥没有广泛利用，垃圾和粪便是各生产队争相抢夺的"天然农业化肥"，那时传统的垃圾堆场的弊端尚未显露。1978 年改革开放后，随着市场经济的发展，S 市垃圾产量逐年高速增长，化肥也取代了垃圾和粪便，传统垃圾堆场的方式已经过时，完全不能满足垃圾处理和保护环境的需求，如何处置垃圾成为S市政府头疼的问题。1986年7月，S市决定找一个垃圾堆场，将垃圾进行填埋，最终确定了当时称为百亩桑树地（现为七子山垃圾焚烧厂）的地方建造垃圾堆场。但是垃圾堆场以填埋方式处理垃圾很快就暴露了弊端，一方面垃圾填埋的方式对生态环境造成了严重的破坏，给老百姓的生活带来了许多负面影响。由于S市处在亚热带季风气候区，夏季炎热多雨，S市经常连下大雨，垃圾堆场温度又高，雨水冲刷下，污水满地流，苍蝇满天飞，恶臭气味弥漫整个上空。在此环境下，填埋垃圾产生的液体也会污染地下水和土地，导致无法再转化为农业用地，浪费土地资源。另一方面，垃圾填埋场已经不堪重负，垃圾处理的成效甚低，垃圾处置量远远低于生活垃圾产生量。农村垃圾和周边地区的生活垃圾日益增加，土地资源有限的七子山填埋场不堪重负。

面对垃圾堆场填埋方法无法有效解决垃圾却又带来严重环境问题的尴尬境地，适逢S市城市人口增长，工商业发展，生活垃圾日益增多的情况。自2001年以来，S市及七子村的生活垃圾持续增长，增长率在5%以上，最高达28.8%，年平均增长率为12.4%。伴随着生活垃圾高速增长的是七子村垃圾填埋场的日益饱和。[①] 七子村生活垃圾填埋场不堪重负，同时与垃圾增长相伴的生态恶化与环境污染问题愈加严重，垃圾围城问题急需解决。

经过多方面的考虑和考察后，S市政府意识到S市需要在七子村建设一个大型垃圾处理厂。众所周知，建设一个现代化的大型垃圾处理厂不仅需

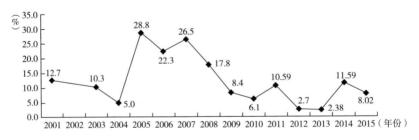

图8-1　S市垃圾量增长示意图

资料来源：S市环境卫生管理处生活固体废弃物处置监管中心提供数据。

---

①　吴旻玥：《大城垃圾何去何从？》，《S州日报》2016年1月7日。

要较大的投资，还需要有专业技术和管理理念，即使政府能够解决资金上的问题，专业化技术和先进管理理念的欠缺也会使得该项目有很大的风险，政府意识到仅仅依靠自身力量是不够的，还需要依赖市场上专业的环保企业的力量，他们有充足的资金、专业的技术、高效的管理理念。另外，还需将选址地七子村村民妥善安置，解决村民"不愿建在我家后院"的邻避思维和抗争情绪。最终，经过多方考察和评估，决定采用政府购买公共服务模式，以政府与专业环保企业合作的方式来实现。

七子山垃圾处理厂由垃圾焚烧场和垃圾填埋场两部分组成，其中填埋场由政府运营，而焚烧场实行企业化运作，采取政府购买公共服务的运营模式。这是一种按照一定的程序和要求，吸引有资质的私人部门参与垃圾焚烧场的项目，双方签订特许经营协议，私人部门负责建设和运营，协议期满后移交给政府的模式。

七子山垃圾焚烧发电厂坐落在 S 市光大国家静脉产业示范园区内，因为环境优美，被誉为花园式垃圾发电项目。2003 年七子山垃圾焚烧场一期动工，并于 2006 年建成投入运行。七子山垃圾焚烧发电厂主要从事七子村及 S 市生活垃圾处理工作，并对衍生副产品综合利用和销售，比如环保砖、绿色电能等。该发电厂总投资超过 18 亿元人民币，设计日处理规模为 3550 吨，年焚烧生活垃圾 150 万吨，上网电量 4 亿千瓦时，是目前国内已经投运的最大的生活垃圾焚烧发电厂之一。该发电厂采用国际先进的机械炉排技术，对关键设备的质量严格把关，设备质量和污染排放指标均采用国际标准。

模式特色	具体内容
购买内容	垃圾焚烧发电
购买主体	市政府
承接主体	光大环保能源 S 有限公司
服务效果	七子村生活垃圾基本实现"全焚烧、零填埋"，实现了绿色发电，改善了七子村人居环境，提高了环境承载能力，有利于更好地实现七子村环境建设和经济可持续发展
合作机制	项目分三期采用政府购买公共服务 BOT 方式建设

图 8-2 七子村垃圾治理服务购买模式图

资料来源：作者整理。

表 8-1 农村环境治理类型比较

	政府治理	政府购买农村环境服务
运行机制	政府单独投资运营	政府支持、社会组织参与、社会协调
执行机构	政府部门及下属环境保护、执法部门	相应社会机构
资金来源	政府投资或者企业投资	政府财政支持、企业投资、民间捐助
专业化程度	高	高
信息获取程度	方便	快捷
社会认可度	低	较高
社会融合度	较高	高

资料来源：作者整理。

S 市七子村以政府购买公共服务模式推进垃圾处理难题，在市政府、承接主体光大环保能源 S 有限公司等多方主体的共同努力下，从 2003 年中国光大国际有限公司与 S 市政府签订《垃圾处理特许经营权协议》，建设第一个垃圾焚烧发电项目以来，经过近十年的努力，以垃圾焚烧发电项目为核心的产业园，目前已有一定规模，并于 2013 年 10 月被正式授予"江苏吴中静脉产业园"称号，成为江苏省首个经省级验收通过的静脉产业园区。产业园规划面积 3 平方公里，区域投资总额超过 40 亿元人民币。目前园内企业相互依存和相互耦合，使 S 市和七子村生活垃圾、工业垃圾等固体废弃物实现了无害化处理和资源化利用。该项目为政府购买农村垃圾处理服务提供了资金来源、监管机制、风险管理、利益分配、评估机制等方面的经验和借鉴。

（二）制度概况

S 市关于政府购买环境治理服务相关政策概况。

《S 市本级 2013 年政府采购目录》中明确了环境类公共服务的采购项目，服务类采购内容包括园林绿化管理服务（绿化养护）、环境服务（包括城市公共卫生间保洁；街巷、道路、新村环境保洁；城市河道保洁管理）等。[①] S 市

---

① 参见《S 市本级 2013 年政府采购目录》，来源于 S 市政府信息公开网，http://www.suzhou. gov.cn/szsrmzf/zfbgswj/201912/32db246214374e17916054aae32ef4a2.shtml，最后访问日期：2017 年 10 月 21 日。

将环境服务纳入政府采购目录，可见 S 市对此类服务的重视程度，也为该市政府购买环境服务的实施提供了依据。

2014 年 9 月，S 市出台《S 市政府向社会购买服务实施意见》，以加快改革和创新政府服务供给机制和购买方式，为创新型社会购买服务模式提供依据和借鉴。并附有 S 市政府向社会购买服务指导目录，包括生态环境类（街巷、道路、新村环境保洁；污染土壤治理修复等）。[①]

2014 年 12 月 17 日，江苏省财政厅发布《江苏省关于推进政府与社会资本合作（PPP）模式有关问题的通知》（苏财金〔2014〕85 号），以推进江苏省 PPP 模式的实践与运用，提高公共产品和服务的供给质量和效率。[②] 该通知的发布为 S 市七子村的生活垃圾创新供给模式提供了参考和依据，增强了 S 市推进此模式的信心。

2015 年 1 月 1 日，S 市正式试行《S 市政府向社会购买服务成本规制试行办法》，规定了成本范围及标准、规制程序及要求等内容[③]，并于 2016 年正式实施。该《办法》的出台与实施为 S 市七子村垃圾处理项目实施提供了重要依据，是项目实施的重要基础和参考。

2015 年 1 月 13 日，S 市政府出台《S 市政府向社会购买服务实施细则（试行）》，以确保 2014 年 9 月《S 市政府向社会购买服务实施意见》的落实，提高该市政府向社会购买服务的规范化，加速推进该市政府向社会购买服务。[④]

2016 年 3 月，S 市财政局、物价局联合公布了《2016 年度 S 市级政府购买服务成本规制目录》，通过目录管理形式对成本规制范围进一步予以明确。该目录是对《S 市政府向社会购买服务成本规制试行办法》的有效补

[①] 参见《S 市政府向社会购买服务实施意见》，来源于 S 市人民政府网，https：//www.caigou2003.com/jdgl/fgzd/2015-03-02/13939.html，最后访问日期：2014 年 10 月 14 日。

[②] 参见《江苏省关于推进政府与社会资本合作（PPP）模式有关问题的通知》，来源于江苏省财政厅官网，http：//czt.jiangsu.gov.cn/art/2014/12/17/art_51172_6687727.html，最后访问日期：2014 年 12 月 17 日。

[③] 参见《S 市政府向社会购买服务成本规制试行办法》及《S 市政府向社会购买服务成本规制办法》，来源于中国政府采购网，http：//www.zfcg.com/c/2015-04-15/630363.shtml，最后访问日期：2015 年 4 月 15 日。

[④] 参见《S 市政府向社会购买服务实施细则（试行）》，来源于政府采购信息网，https：//www.caigou2003.com/shouye/shouyeyaowen/2015-03-01/10314.html，最后访问日期：2015 年 3 月 1 日。

充，有力推动 S 市政府购买服务的实施，使政府购买服务更加科学化、规范化、制度化。

（三）购买者与承接者概况

本案例中的购买方是 S 市政府。S 市下辖 5 个市辖区、代管 4 个县级市，总面积 8488.42 平方公里，总人口 1062.57 万人。2016 年，S 市实现地区生产总值 1.54 万亿元，人均地区生产总值（按常住人口计算）14.5 万元，全年实现一般公共预算收入 1730 亿元，增长 10.8%。2017 年前三季度，S 市农村常住居民人均可支配收入 22631 元，增长 8.1%，是全国较大城市。S 市政府在项目运作过程中扮演着极其关键的角色，不仅是项目的发起者、当事人，还是项目的监管者。

本案例中的承接者是光大环保能源 S 有限公司（以下简称"光大环保"）由中国光大国际有限公司（以下简称"光大国际"）与 S 市政府在 S 市投资成立。光大国际是中国首个全方位、一站式、以环境服务总包为出口，提供设备制造、工程建设、运营管理等服务的合同环境服务商，是香港联合交易所有限公司主板上市公司，是中国环保行业的领军企业。以人才、科技为引领，全面推动旗下环保能源、环保水务、绿色环保及环境科技四大业务板块的发展，培育了一大批行业领先、具有国际水平的项目，包括垃圾发电、水环境治理、生物质综合利用、危废处理、光伏发电、风力发电、环保工程建设、技术研发、环保装备制造、环保产业园的规划及建设等。光大环保是项目的牵头人，在项目中的作用很大，即实际投资者和主要承办者，在法律上不拥有项目，只拥有项目的运营特许权，在法定的运营期间组建公司、运营项目、获取利润。

（四）购买模式

本案例的政府购买农村垃圾治理服务模式为 BOT 模式，BOT 是英文"Build Operate Transfer"的缩写，含义是"建设一经营一转让"，BOT 可以看作是 PPP 模式的一种运行模式，通常以政府招标形式选择承接方，该项目也不例外。在该项目模式下，S 市政府设定融资、绩效等方面的标准，社会企业即光大环保能源 S 有限公司依照实施标准进行七子村垃圾焚烧发电厂的融资与建设。在合同期内，该公司在法律上拥有项目的特许经营权、使用权和收益权，获取利润。S 市政府在此期间对项目拥有监督权。合同期满后，S 市政府有权收回垃圾焚烧发电厂的所有权，可以以转卖、自行经营或租赁等形式对其进行处置。该模式是我国政府购买公共服务中最常见的、运用最多的模式之一，尤其在建设期长、专业性强和评估标准易于量化的公共服务中运用最为广泛。

（五）购买动机

1. 垃圾增长迅速，垃圾处理面临困境

进入 21 世纪以来，S 市经济发展速度越来越快，城市现代化进程也日益加快，生活垃圾产量一直保持较快增长，垃圾填埋虽然处理费用低，方法简单，但容易造成地下水资源的二次污染。七子村垃圾填埋场承担着 S 市大部分垃圾治理的重任，随着城市垃圾量的增加，垃圾填埋地的数量越来越少，政府预计七子山垃圾填埋厂所能容纳的垃圾填埋量到 2020 年就要达到饱和。由背景资料中可见，近年来 S 市及七子村的生活垃圾产量增长速度日益加快。结合图 8-1 和图 8-3 数据可知，从生活垃圾产量来看，2007 年垃圾产量为 110.36 万吨，首次突破百万吨大关，2015 年垃圾产量突破了 200 万吨，垃圾产量比 2007 大约翻了一番。而从垃圾增长趋势来看，S 市垃圾产量增长率一直保持正增长率，2004～2006 年保持高速增长，增长速度保持在 20% 以上，2004 年达到最高增长率 28.8%，2011 年为 2.70%，2012 年为 2.38%，除此之外，其余年份均保持 5%～20% 的增长率，年平均增长达 12.4%。[1] 垃圾量逐年增长，七子村垃圾填埋场不堪重负。

七子村垃圾场还面临着另一难题。随着农村生活水平的提高，垃圾的总量和种类也在逐渐增多，根本无法满足日益增长的垃圾量处理需求，垃圾处理问题已经成为政府面临的突出问题。同时，村民较低的环保意识和文化素质，使得七子村的垃圾治理问题更加突出。为此，市政府急需探索一条垃圾治理的新路子，解决"垃圾围村"的困境。

2. 垃圾填埋弊端显露，政府责任予以推动

对这种"污水满地流、苍蝇满天飞"的情景，老百姓不断地向环境管

---

[1] 吴旻玥：《大城垃圾何去何从?》，《苏州日报》2016 年 1 月 7 日。

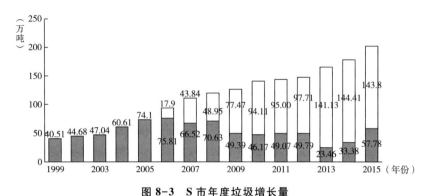

图 8-3　S 市年度垃圾增长量

资料来源：S 市环境卫生管理处生活固体废弃物处置监管中心提供数据。

理处反映，随着垃圾堆场的垃圾越堆越高，建立无害化垃圾处理厂迫在眉睫，这也为后来在七子山建立垃圾焚烧厂奠定了基础。

S 市委、市政府有关负责人表示，当时十分理解公众的心情，也深感政府责任的重大。S 市垃圾产生量日益增多，"垃圾围城"的现象日益突出，建设垃圾焚烧厂是垃圾减量、缓解"垃圾围城"现象的重要举措。鉴于七子山良好的地理优势和由来已久的垃圾处理经历，在七子山建立垃圾焚烧厂的决议是不会更改的。2003 年 S 市政府出资 30 亿元将列入规划区的 665 户人家和经贸水泥厂、沙厂、钢铁厂、水泥制品厂、石灰厂等分批拆迁，为购买垃圾焚烧厂的建设做好准备。对于拆迁户，政府和企业都提供优惠政策，在垃圾焚烧厂招聘时向村民们倾斜。同时针对垃圾车"跑冒滴漏、臭气熏天"也进行了专项治理，使得七子山焚烧发电厂对环境的影响降到最低。政府的改革决心和关注民生的责任感成为购买垃圾焚烧项目的主要推动力。

3. 政府提供环境服务职能的有限性和服务无限性之间的矛盾

随着社会经济的发展，七子村生活垃圾治理量逐年提升，给村民的人居环境带来了严重的破坏。同时，村民的环境意识、环保意识、健康意识等逐渐加强，对于垃圾治理的有效性和环保性的要求也日益提高。但是，当地政府环境治理的能力无法担负越来越重的治理需求，传统的垃圾治理方式面临诸多管理难题：污染河道、产生臭味、污染土地等环境污染问题层出不穷；村民上访的事件和不满的呼声越来越多。

三 政府购买七子村垃圾焚烧服务的具体过程

以下从七子山垃圾焚烧发电项目的运行过程、运行机制、效果等方面分析 S 市政府向光大环保购买垃圾焚烧服务的具体过程与运作机制。

（一）七子山垃圾焚烧发电项目运作过程

垃圾焚烧发电项目的运作过程大致分为以下四个阶段（如图 8-4 所示）：方案确定、项目招标阶段、项目建设运营阶段和项目移交阶段，具体阐述如下：

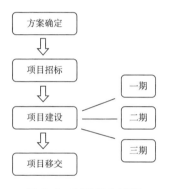

图 8-4 项目运作过程

资料来源：作者整理。

1. 方案确定

目前最主流的垃圾处理法有两种方式，垃圾填埋法和垃圾焚烧法。七子村传统的垃圾填埋法弊端突显，而垃圾焚烧法可有效避免填埋法的弊端，通过高质量、高标准的专业化运作高温氧化生活垃圾，使其在减少污染排放的条件下成为可再利用的残渣或者固体物质。垃圾焚烧法的优点在于减量效果好，减容量为 70% 以上。综合考虑选址和垃圾处理技术等多方面的因素，市政府认为在七子村新建工厂，采用垃圾焚烧法是最佳选择。因此市政府确定了方案：采用招标的方式，招募有相应资金和技术等资质的企业建立垃圾焚烧发电厂。

2. 项目招标阶段

此次招标的项目是 S 市政府第一次向企业购买服务进行基础设施建设，

这是一次大胆的尝试。

第一步：网上招标。2002 年 S 市政府在中国招商网发布信息进行网上招商，有 9 家单位前来竞争。

第二步：专家评审。S 市政府特别邀请了环保专家、企业经理人和相关领导组建专家评审团，他们对竞标单位的方案进行了全方位的考量，通过考察单位的经济实力、技术设备和方案投资等关键要素，最终有 4 家单位入围下一轮。

第三步：二次评审。入围第二轮的企业需要根据 S 市政府之前确定的边界条件对自己的方案进行调整，S 市政府在报价、项目初期投资、引进技术、项目运营和维护等方面给他们提出了更高的要求，这对企业来说是一个不小的挑战。

在这一阶段，情况发生了一些变化。我们从七子山垃圾填埋场工作人员 A 口中了解到："之前投标的时候，因为有些企业对边界条件的理解不一致，我们把边界条件重新发给四家单位，进行第二轮报告。当时发生了一些变化，当时的第二名和第三名变成了一个联合体，第四名的单位用的是炉化硫工艺，其他两家单位用的是炉化卤工艺，市里面最终确定采用炉化卤工艺，所以真正的竞争在前两家。在报价中，两家差距悬殊，几轮谈判过后，第一名报价太高，不愿降低价格，所以我们和联合体单位进行了定向的谈判。2003 年上半年主要和企业谈判，到 2003 年 9 月 1 日，当时的市政公用局（现在的市容市政管理局）代表市政府和企业签订特许经营协议，签了协议之后，企业负责建设和运营，包括今后移交。"工作人员 B 谈道："两家垃圾处置费收取的差距悬殊，因为政府虽然不需要前期投资和运营垃圾焚烧发电厂，但是需要为企业处理的垃圾付费，所以他们的报价是我们在招商时不得不考虑的因素。综合焚烧技术、社会效应、报价、成本与收益等因素，我们进行了分析与考量。"①

第四步：协议签订。从 2003 年上半年开始，S 市政公用局与光大环保就项目资金、技术、监督和风险等因素提出了各自的要求，也做出了相应的让步。经过大概半年的谈判，当年 9 月，S 市政府（由 S 市市政公用局代表）与中标企业（光大环保）签署第一期合作特许经营协议，协议期为

①② 资料来源于 S 市七子山垃圾填埋场现场访谈及记录，访谈日期：2017 年 7 月 28 日。

25.5 年，在该协议期间由光大环保特许经营该项目，由 S 市市政公用局代表市政府负责该项目的各项工作（标准设定、监督管理等）。

"通过前期准备，2004 年 10 月份开始建设，2006 年建成一期工程。2006 年一期建完之后，垃圾产量不断增加，所以当时考虑上二期。实际上是一期建完二期建设同步跟上。二期建设没有进行招标，因为在一期特许经营协议上，明确表示在一期合作过程当中，如果合作情况较好，在同等条件下，优先考虑原合作单位进行二期扩建。从政府层面考虑扩建比新建更简单，以市政工作局、环保局、财政局、物价局为主，和企业进行定向谈判，我们把谈下来的方案上报市政府，市政府审批通过之后，S 市市政公用局以补充协议的形式，代表政府和企业签协议，签完之后进行二期的建设。同样 2009 年进行三期建设，三期建设也是按照二期建设的形式进行，一~三期建设都是由光大环保通过 BOT 的模式进行。"②

3. 项目建设运营阶段

（1）项目总览

表 8-2 七子山垃圾焚烧发电厂项目总览

时间	项目活动
2003 年 12 月 28 日	一期项目举行工程奠基仪式
2004 年 10 月 20 日	一期项目开工建设
2006 年 7 月 18 日	一期项目转入商业运行
2008 年 2 月 20 日	二期项目开工建设
2009 年 5 月 31 日	二期项目转入商业运行
2011 年 9 月 16 日	三期项目开工建设
2013 年 1 月 14 日	三期项目转入商业运行

资料来源：作者整理。

（2）BOT 模式的首推：一期工程建设与运营

按照一期工程合作特许经营协议，2004 年 10 月 20 日，一期项目开始建设，总投资为 5 亿元人民币，建设规模为 3×350 吨/日垃圾焚烧炉+2×9 兆瓦汽轮发电机组。2006 年 7 月 18 日投入商业运营后的一年里，累计安全生产 351 天，处理生活垃圾 37.3 万吨，上网售电 9086 万度，各项生产、环保指标均达到规定要求。运营当年，七子山生活垃圾焚烧发电厂共接待政府代表、国内外同行、中小学生等考察 110 批次、近 2000 人，产生了较大的社会影响。一期工程运营后，S 市生活垃圾以填埋为主、焚烧为辅。

（3）BOT 模式的推进：二期工程建设与运营

近年来，S 市城市生活垃圾产量不断增加，S 市区生活垃圾产量也一直处于较高的增长速度，2006 年全年垃圾总量为 94.06 万吨，2007 年达到 110.36 万吨，首次突破百万吨"大关"。七子山垃圾填埋场每年处理的垃圾数量不断升高，有时甚至无法全部处置。为了避免垃圾处理的超负荷运转，政府决定推进二期项目。二期项目应该也按照一期项目那样进行招标，但在一期项目签订的特许经营协议中有一则条款：在一期合作顺利、成效显著的基础上，为了提高效率，在二期建设的筹备过程中，规定同等条件下，优先考虑原合作单位进行二期扩建。七子山垃圾填埋场工作人员 B 提及："当时决定继续采用 BOT 模式，但并没有更换合作企业，是政府基于简化程序、提高效率等的考虑。"①

2008 年 2 月，垃圾焚烧二期项目开工建设，并于 2009 年 5 月建成投运。该项目建在七子山垃圾焚烧发电厂一期项目预留的地方，包括新建 2 台每天焚烧 1000 多吨城市生活垃圾的"顺推往复型炉排炉"，配置 2 台每小时可生产 42.3 吨的余热锅炉和 1 台 20 兆瓦汽轮发电机组，可年新增上网电量 1 亿千瓦时；并同步建设烟气处理、飞灰处理及炉渣综合利用、贮存和运输系统等公用及辅助设施。

该项目合作模式与一期相同，即采用 BOT 合作方式，总投资 4.5 亿元，合作期限为 25 年。市政府仅提供项目和土地，所有建设费用都由光大环保投资，经营 25 年。垃圾发电厂二期项目建成后全部采用由环卫部门统一收集的生活垃圾作燃料，不得处理除生活垃圾以外的工业废物、医疗废物和危险废物等。日处理城区生活垃圾可达 1000 吨以上，全年约 44 万吨，加上已投入使用的一期项目日焚烧垃圾 1600 吨，焚烧城区生活垃圾每天达到 2600 吨左右，占城区每天生活垃圾总量的 80%。S 市区生活垃圾处理实现了"焚烧为主、填埋为辅"。

---

① 资源来源于 S 市七子山垃圾填埋场现场访谈记录，访谈日期为 2017 年 7 月 28 日。

（4）BOT 模式的继续推进：三期工程建设

S 市经济发展、现代化进程加快，城市及七子村人口日益增加，生活垃圾产量保持高速增长，一期、二期项目的运行压力也日益增加，现有的垃圾处理设施已经不能有效地满足 S 市及七子村生活垃圾处置需求，三期项目的建设呼之欲出。三期项目的建设可以有效缓解七子村垃圾处理的压力，解决现有的困境，并且可推动七子村实现更高水平的农村环境建设和经济可持续发展，加速改善农村村民人居环境。鉴于以上情况，S 市政府做出重要决定，与一期二期合作对象继续开展第三期合作，采用原模式于 2011 年 9 月推进三期工程建设。

该项目位于一期和二期扩建工程南侧，以焚烧处理城市生活垃圾为主，利用垃圾焚烧产生余热发电的环保工程。项目由光大环保建设，中国能源建设集团安徽电力建设第二工程公司承担设备安装，项目建设规模为 3×500 吨/日垃圾焚烧炉+2×15 兆瓦机组。工程总投资 7.5 亿元，并于 2013 年 1 月投入商业运行。三期项目的顺利建成与运营，使得该厂生活垃圾焚烧能力大幅增加，日焚烧量达 3550 吨，衍生效益绿色电能年发电量达 3.5 亿千瓦时，使七子村及 S 市生活垃圾基本实现"全焚烧、零填埋"。

4. 项目移交阶段

根据特许经营协议及其补充协议规定，S 市政府与光大环保合作项目分三期，第一期、第二期项目特许经营期分别为 25.5 年和 25 年，第三期项目协议期至 2032 年，根据协议规定，合同期满后完成项目移交工作。

（二）运行机制

本案例中市政府通过招标分三期以建设—运营—移交的形式，向光大环保购买垃圾焚烧服务，总体而言，这种购买环境服务的内容和过程可以简要地概括为以下方面。

谁购买服务：S 市政府，委托市政公用局，通过政府年度财政预算，每年投入一定的经费，通过补贴等形式，购买垃圾治理环境服务。

向谁购买服务：环保企业——光大环保。

谁提供服务：光大环保建设运营垃圾焚烧厂，通过焚烧技术处理 S 市 5 个直辖区的生活垃圾。

谁监督服务：企业内部监督小组、政府驻场监督员、社会公众、第三方检测机构、环保局及各级环保部门。

服务内容：生活垃圾的焚烧，工业废物、医疗废物和危险废物的处理，垃圾堆放和发酵过程中产生的渗滤液处理，垃圾焚烧产生的炉渣、飞灰处理等。

收益来源：项目利润获取主要由垃圾处置费和绿色能源发电收入两部分构成。

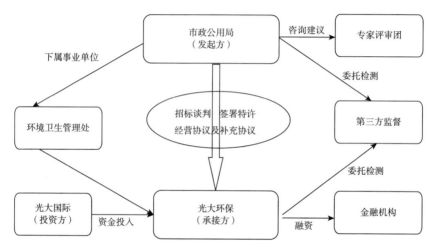

图 8-5　购买七子村环境服务的运行机制

资料来源：作者整理。

（三）监管方式

该项目建立了较为完备的监督体系，企业与政府承担各自的监管责任，并引导公众进行监督，构成严密的监督体系。以下从企业、政府各方的监督方式论述：

内部监督与审查：

公司定期组织员工进行员工安全大检查，并将每一次环境安全活动内容详细记录在案。

外部监管体系：

（1）政府驻场监管员：政府在焚烧厂设立监管办公室，对垃圾焚烧运营实时管控，环保数据通过网络与政府环保部门联网，接受政府的监管。

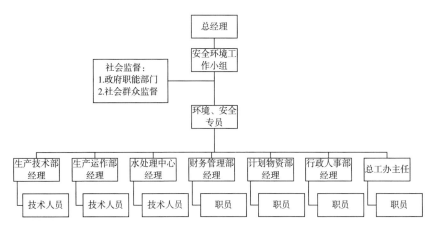

图 8-6　光大环保环境管理体系

资料来源：作者整理。

（2）排放数据实时对外公开。目前，垃圾焚烧厂已将烟气排放指数实时在线公布，并在垃圾焚烧厂醒目位置如焚烧厂门口等处放置电子显示屏，实时公示烟气等相关排放指数，有效提高了焚烧厂污染物排放的透明度，加强了村民对垃圾焚烧厂项目运作的支持和信心。

（3）烟气等废弃物排放优于欧盟 2000 标准。对所有运营中的垃圾焚烧发电项目进行提标改造，全面执行欧盟 2000 标准。

以下表为例：

表 8-3　主要烟气排放数据

污染物	新国家标准 （GB18485-2014）	欧盟 2000 标准	2014 年公司实际 排放值
颗粒物（mg/Nm³）	20	10	5.69
氯化氢（mg/Nm³）	50	10	4.16
二氧化硫（mg/Nm³）	80	50	12.96
氮氧化物（mg/Nm³）	250	200	143.07
二噁英（ngTEQ/m³）	0.1	0.1	0.017

资料来源：作者整理。

（4）第三方机构检测。企业每年定期委托专业的第三方机构对污染物如烟气、固体废弃物、废水等进行各项指标检测，通过定期专业检测监督项目运行状况及实施成效，有效确保了周边村民的权益和利益。

2. 政府部门

（1）监督方式

政府部门主要是环保局及各级环保部门对其进行抽检，抽检主体为市级以上政府环保检测机构，抽检时间为定期（每年两次）和不定期形式。

（2）惩罚机制

S市环境卫生管理处会定期根据检测的结果对七子山垃圾焚烧发电厂进行评分，90分及以上属于合格，少于90分，根据规定罚款。

（四）项目收益来源

项目利润获取主要由两部分构成。

一是垃圾处置费。即垃圾进来的处置费用，企业帮助政府处理垃圾的费用。费用以签订的协议为准（90元/吨），同时为保障承接方权益，每年都会根据江苏省统计局公布的居民消费品价格指数CPI进行调整。① 双方于2006年及之后多次签订补充协议进行调整。现在最新的协定是69元每吨，每月统一结算。

二是上网电价，销售所产生的电量。垃圾焚烧过后产生电，属于新能源发电。光大环保工作人员说，一吨垃圾大约能发电380度，可供一户三口之家使用近两个月，还能减少煤炭的使用及二氧化碳排放量。上网的电价比传统的火力发电高，传统火力发电的电价是0.38元每度，而垃圾焚烧电上网的价格是0.69元每度。

另外，通过将废渣、废水等进行处理，达标后通过"变废为宝"生产环保砖等衍生品产生利润。

（五）效果

1. 环境效益显著，让居民生活更美好

垃圾焚烧项目实现了垃圾的减量化、无害化、资源化，打造了一座花

---

① 《国家发展改革委发布政府和社会资本合作（PPP）典型案例》，《中国工程咨询》2017年第9期。

园似的垃圾焚烧场。与此同时带来了正的外部效应,改善了周边村民的人居环境,一改原先"污水满地流,苍蝇满天飞"的环境。

该项目通过运用专业技术手段实现了垃圾的减量化、无害化、资源化,该手段简单来说就是"一进四出",即进来"生活垃圾",出去"废气、废水、废渣和飞灰"。针对废气,光大环保配备有烟气净化系统,采用"SNCR 脱硝系统+半干法+干法+活性炭+布袋除尘"方法,确保各项烟气排放达到欧盟 2000 标准;针对废水,渗滤液处理厂于 2010 年投入运行并于 2013 年完成扩建工程,采用"预处理+膜处理系统"生产工艺对废水进行处理;针对废渣,炉渣制砖也是垃圾焚烧厂副产品综合利用项目之一,焚烧产生的炉渣经过处理后,制成混凝土砖,实现了废弃物的无害化处理和资源化利用。针对飞灰,经气力输送及螯和固化稳定化处理后,直接进入生活垃圾填埋场无害化填埋。

在这种格局下,垃圾处理的效率提升,基本能处理完每天产生的垃圾量,同时减少垃圾填埋所带来的环境负面影响,实现无害化处理的同时变废为宝,提升垃圾处理的经济效益,可谓是一举两得。

2. 政府职能转变,走向服务型政府

七子山垃圾焚烧发电项目在政府购买服务模式下创新了垃圾处理服务的供给方式,这推动了当地政府职能转变、走向服务型政府。

一方面,政府购买服务模式下,S 市政府与光大环保通过签订特许经营协议展开合作,政府与光大环保平等合作,在特许经营协议中规定了各自的权利和义务,光大环保提供先进的管理经验和专业技术以实现双赢目的,大大改变了以往政府主导的局面,一定程度上放松了政府对垃圾处理服务的垄断,给予企业话语权和自主权,以利于改善传统服务提供模式的缺陷,全面提升项目运行效率和质量,创新管理模式,更好地对村民负责。另一方面,政府作为监管方参与项目运营,在以往政府主导的农村环境治理项目中,政府既是项目的投资者、建设者和运营者,又是项目的监管者,没有独立的监督机构进行监管,监督结果缺乏客观性和公正性,造成内部监管不力,存在监督主体的缺位现象,缺乏受益方——社会公众的监督,因此传统的环境项目经常出现由于信息不透明导致的寻租等问题,项目的实施成效大打折扣,农村垃圾治理往往治标不治本。而七子村政府购买农村垃圾焚烧发电项目中,政府的角色定位准确,避免了传统模式中政府一元主体治理的弊端,通过多元主体共同参与和适度放权市场和公众，保证了各方角色的公正性，有利于实施有效的运营和监管。

3. "垃圾围村"改善，趋向供需平衡

七子村垃圾焚烧项目不仅有效解决了 S 市市区垃圾治理的困境，而且有效改善了七子村生活垃圾"脏、乱、差"的状况，有效改善了七子村的人居环境。

从 S 市垃圾处理结构来看，2006 年之前垃圾以填埋的方式处理，从 2006 年开始采用填埋和焚烧并行的方式，从 2006 年至 2015 年，垃圾填埋量逐渐减少。相对应地，垃圾焚烧量占垃圾产量的比重逐年上升，2009 年焚烧率达到 61.07%，垃圾焚烧量首次超过一半，2013 年焚烧率达到最高比重 85.75%，这说明了 S 市垃圾处理已经形成以焚烧为主、填埋为辅的格局。从 2013 年三期项目投入运营至今，S 市生活垃圾基本实现"全焚烧、零填埋"。

从七子村生活垃圾治理来看，七子村生活垃圾也得到了有效治理，我们走访了多个自然村，发现每一个村庄都干干净净，尤其是村子的周边，难以发现随意丢弃的垃圾，一改原先"垃圾围村"、垃圾随意丢弃等乱象。较好地解决了七子村长期存在的"垃圾围村"现象，"脏乱差"的问题得到解决。

4. 不忘社会责任，社会效益突出

光大环保还履行了身为环保企业的社会责任，在追求经济效益的同时实现了社会效益，不仅积极开展各类环保科普活动，同时接纳社会各界的参观考察。在特许经营期内，光大环保实现垃圾日处理规模高达 3550 吨/天，生活垃圾发电量达 400 千瓦时以上，这不仅避免了垃圾填埋所带来的土地资源浪费，又有效处置了庞大的垃圾山，更满足了社会公众生产生活的用电需求，实现了节能减排，履行了环保企业的社会责任，践行循环经济、低碳经济的发展模式，为 S 市的城市化建设做出了积极的贡献。

同时，光大环保积极开展各类环保科普活动，接纳社会各界的参观考察。加强了与社会公众的交流，赢得了公众的理解，破除了对垃圾发电的误区，消除了垃圾焚烧污染周围社区居民生活环境的偏见，提升了村民的环保意识，实现了垃圾焚烧发电项目经济效益和社会效益并重，创造了一个政府、企业、社会三者和谐相处的美好局面。

5. 关注民生与民声，政府回应性增强

在该案例七子山垃圾焚烧厂的建设实施过程中，主要产生了两类群众抵触问题。一是当地村民普遍认为该工程应该建设，但是又不希望建在自家旁边，滋生出了"不要建在我家后院"的邻避思维和抵抗情绪。二是当地村民为了从中获得更大的利益，往往自导自演抗争运动，通过阻挠项目的实施给政府施压，以获得更多的利益。

以上情况发生后，当地政府及时了解情况、回应村民，主要通过以下方式予以解决。一是保障村民的知情权，充分吸纳公众意见。及时与村民代表沟通，开展项目介绍会，让村民深入了解项目；充分吸纳民意，保障村民参与的权利，平等协商；综合考量各种利益，因势利导，建立利益平衡机制，引导村民寻找个体诉求和公共利益的平衡点。二是坚持补偿原则，建立起一套较为完备的利益补偿机制，包括村民投资通过集体制和股份制获得分红、人人享受医保、社保等基础保障、人人享有"四块地"（口粮田、责任田、自留田、宅基地）的生活保障、人人有权获得拆迁房、相关村民可获得在焚烧厂中工作的机会，等等。不仅为村民解决了当时的生活忧虑，也为村民解决了后顾之忧。当地政府通过以上两个主要措施，安抚了村民的情绪、保障了村民的利益、顺利推进了项目的实施，让当地村民从项目建设中受惠。

6. 建设宜居新农村，宣传引导新理念

村民文化程度偏低、环境意识不强，治理农村垃圾处理要在选择科学的治理方法之外，还需要从根源上提高村民的环保意识，有效引导村民提高参与治理的积极性。当地政府针对七子村的问题，加强了对村民环保理念的宣传和引导，通过多方手段提升村民参与治理的积极性。一是选择接地气的宣传方式，通过在村民集聚的地方开展宣讲活动、挨家挨户走访宣传活动、厂区参观活动等，宣传垃圾分类的好处和乱扔垃圾的危害等内容，促使村民积极参与到垃圾治理的行动中来，自觉维护环境，养成村民主动自觉科学处理垃圾的习惯。二是采用适当的激励手段，如鼓励居民参加废物利用、"变废为宝"的比赛、当地中小学开展废物回收的课外活动等，通过多方共同努力，增强村民参与的主动性和自愿性，增强村民的环境保护意识。

7. 打造共赢局面，企业经济效益提高

政府购买农村垃圾治理服务模式下，垃圾焚烧发电项目在合作过程中存在的主要问题之一是资金问题。光大环保在此项目中必须得到大于成本的利润收益才能维持项目的运作。针对这个关键的问题，S 市政府给予光大环保一定的财政补贴，光大环保也可在衍生品的收益中获得额外收益。政府与企业在该项目中实现顺利合作，随着垃圾焚烧发电项目规模和业务的不断扩展，光大环保的经济效益越来越好。

从访谈中，我们了解到市场上的资本都热衷于投资垃圾焚烧厂，原因是利润高。光大环保的利润来自垃圾处置费、上网电价、政府补贴和衍生品收益，垃圾处置费可收回建设成本和运营成本，上网电价是额外收益的主要来源，如图 8-7 所示，2009 年上网发电量为 1.72 亿千瓦时，2014 年上网发电量为 4.26 亿千瓦时，从垃圾焚烧产生的上网发电量总体呈现增长趋势，特别是 2012 年至 2013 年增长量最大，可见光大环保所获得的利润呈逐年增长的趋势，企业的经济效益稳步提升，这也是该项目可以持续三期并呈稳中向好趋势的主要原因。

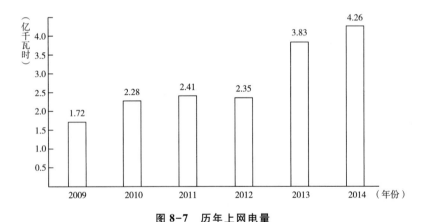

图 8-7　历年上网电量

资料来源：S 市环境卫生管理处生活固体废弃物处置监管中心提供数据。

四　基本经验与存在的问题

（一）经验

1. 创新与社会公众的对话机制，充分吸纳民意

企业与政府都坚持"以人为本"的理念，创新与村民的互动机制，充分吸纳民意，推进项目的实施。首先，在建设、运营过程中，注重倾听周

边居民的声音，在设计、建设、运营、监督过程中都充分吸纳村民的意见、接纳村民的参与。以开放的心态接纳参观考察者，在建设中着力打造花园式的厂房，建设具有 S 市特色的厂房环境，颠覆了百姓对垃圾焚烧发电厂固有的"脏、乱、臭"现象，换来了社会公众的理解与支持。其次，政府在居民上访的事件之中，认真倾听居民的意见，切身体会居民的感受，随后以切实行动解决填埋的负面问题，并出台了一系列政策，如居民搬迁、资金补贴、工作安置等。有效安抚了村民的情绪，有效制止了村民的邻避思维和抵触情绪的扩散蔓延。通过上述与当地村民的有效互动，提高了项目运行透明度和可信度，让村民在与政府的互信互惠中，接受并支持该项目的开展。

2. 创新项目监督体系，推动项目良性发展

该项目成功的重要原因之一在于建立了较为完备的监管体系。有效的监督机制是政府购买环境服务得以持续发展的基石，是"牵一发而动全身"的环节。该项目中企业与政府承担各自的监管责任，并引导公众进行监督，构成严密的监督体系。

企业具有完善的内部监管和以政府职能部门、社会公众为主的外部监管体系。公司内部定期组织员工进行员工安全大检查，对存在的环境不安全因素及时进行整治。外部监督体系主要包括：一是 S 市政府在焚烧厂设立监管办公室，对垃圾焚烧运营实时管控，环保数据通过网络与政府环保部门联网，接受政府的监管；二是在外场主干道口设立大型电子屏幕，将垃圾焚烧处理的主要烟气排放指标实时在线显示，向社会公布，主动接受公众监督；三是执行严格的环境标准，全面执行欧盟 2000 标准；四是企业每年两次委托第三方对环境各项指标检测，确保项目运行中的环境安全。S 市七子山垃圾焚烧发电项目引入第三方 SGS 通用公正技术服务（中国）有限公司等，根据污染物指标对排放物进行动态监督，实时监测，出具月度、年度报告，大大减少了污染物的超量排放行为。

该项目通过激活市场、公众等多方参与机制，政府购买垃圾治理服务的实施成效由多方监督评价，有利于相互制衡与监督。同时可以推动专业的第三方监督机构的发展，催生新的市场，推动监督服务的专业化、专门化。最后，有利于形成购买主体、承接主体、公众和专业监督机构共同监督的综合性监督评价方式，有利于推动服务效率和质量的提升。

3. 创新政府服务管理方式，提升项目运行效率和质量

政府购买服务模式下，S 市政府与光大环保通过签订特许经营协议展开合作。政府与光大环保平等合作，在特许经营协议中规定了各自的权利和义务，光大公司提供先进的管理经验和专业技术，S 市政府主要作为监管方参与项目运营，大大改变了以往政府主导的局面，一定程度上放松了政府对垃圾处理服务的垄断，给予企业话语权和自主权。特许经营公司在追求利润最大化的前提下，将会利用本身的经营管理技术提升项目工程的效率，如新方案的提出，新工艺的引用，管理技术的采用，以确保工程品质及其他施工进度，可提升垃圾处理工程建设的工程品质及日后营运效率。① 比如：案例中光大环保提出的拆旧建新全面提标升级项目，有利于提升垃圾处理的效率，增大垃圾处置量，提升污染物的排放标准，有利于推动焚烧厂与周边环境的和谐发展。有利于改善传统服务提供模式的缺陷，全面提升项目运行效率和质量，创新管理模式，更好地对村民负责。

同时，依据各方能力有效分散项目风险。由于工程全部由投资企业负责兴建及运营，使原来由政府承担的投资风险转移给投资企业。在此案例中，光大环保承担市场风险，企业具有技术条件、资金支持等优势条件，在运营中减轻了政府的投资风险。

4. 创新财政资金使用方式，减轻政府财政压力

传统政府主导的垃圾处理方式下，垃圾处理服务的供给方面，资金保障不到位、资金来源单一、使用效率低、民间资本参与不足。主要资金来源于政府财政资金，并且政策供给不足，财政预算制度不完善。

在政府购买环境服务模式下，改变了以财政投资为主的投资格局和限制民间资本进入的做法，不再单独依赖财政资金实施垃圾治理，而是通过盘活民间资本使投资主体多元化，引入光大国际作为投资主体，大大缓解了财政资金紧张的局面，减轻了 S 市政府负担，破解了当地因资金紧缺而导致的环境服务供给效率低、质量差的困局。

5. 创新投资回报机制，利益共享、风险共担

七子山垃圾焚烧发电项目之所以成效显著，重要原因之一就是该项目建立了多元的投资回报机制和有效的风险分担机制。政府购买服务模式下，

---

① 徐广利：《简析垃圾处理项目 BOT 模式》，《环境卫生工程》2009 年第 10 期。

七子山垃圾焚烧发电项目运用市场竞争机制，根据参与主体的实际能力合理分配风险，降低风险发生的概率，减轻风险带来的损失，弥补单个政策工具风险防控能力的不足，有效吸引社会资本投资垃圾处理领域，与政府部门形成优势互补，共担风险。同时，给予了企业充分的自主权和话语权，通过多元的投资回报机制，提升了其盈利空间，同时节约了政府的成本，实现利益共享。

（二）存在的问题

政府购买农村环境服务总体上还处于起步阶段，无论是政策层面还是实践层面，都有待进一步深入研究和完善。从政府购买七子村垃圾焚烧项目案例中购买者、承接者和受益者来看，主要存在以下几个方面的问题。

1. 购买者

第一，政策供给不足，缺乏制度化的购买程序。政府购买农村环境服务的相关法律、相关政策、指导意见不完善，制度规范滞后于实践，导致实际操作的随意性大或无依据，使得农村环境治理领域的政府购买服务难以规范化。政府购买七子村垃圾处理服务是 S 市第一批购买的农村环境服务，处于实践与摸索过程中，没有完整的预算制度，没有标准的购买服务的价格、数量与服务要求相关的各项质量指标，也没有完备的监督和评估机制。

第二，购买农村环境服务经费没有形成稳定的、制度化的预算安排。环保投入增长的需要与资金保障不到位是目前农村环境保护与治理的焦点问题。

第三，购买方对承接方的治污效果缺乏有力监管。垃圾处理的相关标准如大气污染、粉尘污染等测量难度较大，而当前主要以政府监督和公众监督为主，第三方监测机构只有一家，且相关监督主体之间没有形成长效互动机制，定期检测而非动态长期监督容易造成机会主义、投机主义行为，影响监督的效果。

2. 承接者

第一，承接主体单一，缺乏竞争机制。符合标准的承接企业数量少之又少，环保组织等市场承接主体的独立性和发展动力不足，难以供给有效服务。在七子村垃圾治理项目中，承接方缺乏竞争性，容易出现双边垄断，失去竞争性容易导致垃圾治理效率低下、质量降低。同时，市场体系发育不健全，政府可选择的范围受限，为保证公共服务的供给质量，地方政府多以高标准筛选承接主体，而大多数承接主体缺乏相应的资质而未能达标，比如七子村招标过程中出现的两个主体为达到资质标准而采取合并措施。因此，承接主体的资质、购买环境服务的质量与数量往往无法得到有效保证，成为购买农村环境服务的一大障碍。

第二，村民不信任的现象仍存在。七子村垃圾焚烧项目实施至今，仍存在村民对排放污染物指数不信任的情况，对光大环保垃圾焚烧项目持怀疑、抵触情绪。

3. 受益者

第一，村民监督意识不强。七子村垃圾焚烧项目中村民参与决策和监督的意识较为薄弱，以至于在公众监督环节出现村民缺位现象，公众监督形同虚设。

第二，村民维权意识不强。出现排放污染物超标等危害自身权益的现象时，村民没有维权意识，导致承接方有空可钻，可能做出违反协议的超量排污等行为。

五 讨论与思考

针对当前 S 市政府购买环境服务的困境，比较有效的办法是，S 市政府可以在购买环境服务中较大幅度引入 PPP 模式，促使中国政府购买公共环境服务健康发展。

1. 宏观把握、理清思路、科学发展、创新体系

政府购买环境服务中引入 PPP 模式可以弥补单个环境治理政策工具的不足，实现多重政策目标。PPP 模式为 S 市政府购买环境服务提供了全新的思路，有利于传统的政府购买服务方式实现在资金、管理、监管等方面的创新。相关部门宜从资金、管理、监管等方面入手，以公众、行政机构、市场承接主体和监管机构为主体，理清思路，创新体系。

2. 完善政策、订立法规、规范合同、推进落实

建立政策法规，明确参与主体的权利和义务，为 S 市政府购买环境服务中 PPP 模式的引入与建构提供依据。一是继续完善现有的政策制度体系，制定政府购买环境服务的专门法规文件，建立政府购买环境服务的预算管理制度与财政配套制度，省级政府也应根据实际情况制定相关法规，保证

法规的有效贯彻实施；二是健全完善制度法规的内容，应明确 PPP 模式下参与主体的权利、义务，应对项目的准入制度、运作流程、投融资制度、合同示范文本、风险分担机制及监管评价方式等关键环节做出详细的规定与说明；三是高度重视合同文本的规范与管理，因为"只有不断提高公共服务合同外包管理能力，才能鉴别出适合合同外包的现实条件，才能更好地与有竞争力的承包商进行谈判，才能有效地监督合同承包商，提升外包公共服务的绩效"。① 尤其在 PPP 模式下"风险共担、利益共享"，必须加强对合同的签订、执行情况、修改完善、绩效评估等各方面的动态管理，规范合同的签订与执行。

3. 明确主体、落实责任、政府引导、协调互动

明确参与主体的权利与义务，有效界定职能、落实责任，在政府引导下构建互动体系，促进各主体之间的互动协调。一方面，要明确落实各个参与主体的权利与义务，如：政府需要调查公众的需求，制定《政府购买环境服务指导意见》等相关政策，洞悉市场行情，择优选择市场承接主体；公众需要表达环境服务需求、反馈评价环境治理成效；监督机构需要履行监督职责，保证评价过程的公开、公正、透明，并及时反馈监督评价结果；市场承接主体需要根据合同履行职责，听取其他方的意见，根据实际情况调整方案，不断创新改进，提供高效率高质量的服务。另一方面，在 S 市政府主导下，协调各方之间的关系，化解利益冲突，加强信息流通，建立协调互动的关系，推动伙伴关系的建立。

4. 大力扶持、培育市场、良性竞争、激发活力

我国目前社会组织竞争力不足，在环保服务提供方面表现得尤为明显，促进环保产业与环保市场的发展是我国的当务之急。我国政府应大力扶持环保产业领域的社会组织的发展，使之具备提供专业环境治理服务的能力，推动形成综合性的环保产业市场。"强化政府购买环境服务的保障机制，把培育与扶持环境服务业作为支撑政府采购服务的重要工作。"② 一方面，可以从政策制度、财政支持、教育培训等环节入手，建立良性的竞争制度与

---

① 于东山：《西方国家公共服务合同外包理论研究的新趋势》，《广东行政学院学报》2010 年第 4 期。

② 逯元堂等：《政府购买环境服务市场谁来打开》，《中国环境报》2015 年 1 月 13 日第 9 版。

环境，通过创新、资金等激励手段，设立激励机制，引导社会各方资金、人员、技术向该领域流动，提升环境服务购买市场的活力与竞争力，推动环保产业发展与壮大。另一方面，要推进事业单位改革和转制，推进环保领域的"政事分离"，使行政机关职能更多集中在政策制定、环境规划等领域，实现二者之间的逐步脱钩。[1]

5. 注重监督、自我评估、多方参与、完善体系

完善监督评价制度，注重多方参与。一是加强监督权的独立性，使监督权独立于政府部门，保证监督机构的独立性，提高监管效率，防止腐败、寻租等现象的出现；二是鼓励第三方监督机构的发展，积极引导社会资金、技术进入环境服务领域，给予专业的社会组织监督机构以财政、政策等方面的扶持，推动第三方监督机构发展；三是引进多元评估主体，提高公众参与的有效程度，政府加强自我监督，重视第三方监督机构的作用，建立信息数据库，增强评估结果的客观性与公信力；四是明确科学评估方法与标准，建立合理的评估指标体系；五是制定相关政策，使评估过程公正、透明、公开，避免参与主体利益上的冲突、信息不对称以及政府人员的自利性带来的监管失败。

---

[1] 赵新峰、李春：《政府购买环境治理服务的实践模式与创新路径》，《南京师大学报》（社会科学版）2016年第5期。

第九章 江苏省 SZ 市 WZ 区政府购买农药集中配送服务的案例研究

一 背景介绍

近年来，国家对农村发展战略做出重大调整，要求城市反哺农村、工业反哺农业。为了不断推进我国的社会主义新农村建设，党和中央政府相继出台了数十个涉农一号文件。其中，2015 年 11 月，中共中央办公厅、国务院办公厅印发《深化农村改革综合性实施方案》，明确规定家庭经营在相当长的时期内仍是农业生产的基本力量，要通过周到便利的社会化服务，把农户经营引入现代农业发展的轨道。在财政资金分配上，中央政府不断加大支农资金的一般转移支付和专项转移支付的力度，以推动农村、农业社会化服务体系建设；在市场改革方面，中央政府逐步推进企业改制尤其是涉农企业的改制与转型，主要是将公益性服务提供主体整合为农业综合服务站等机构，并倡导其他事业单位向市场化主体转型，为事业单位自身功能定位和市场化改革明确了新内涵、提供了新机遇；在农业技术方面，国家加强在技术推广、生产社会化、金融服务机制、统防统治等公共服务体系和供给机制建设，以建立现代化、多元化的农业供给机制；在农村服务方面，中央政府提出改进政府提供公共服务方式，加强基层社会管理和服务体系建设，以统筹城乡基础设施建设和社区建设，推进城乡基本公共服务均等化。从当前来看，我国农村的社会关系总体呈现出健康、稳定的状态，但其中也存在发展不均衡的矛盾及难题。通过推进我国社会主义新农村的建设与发展，促进农村产业均衡发展，农民经济收入显著提升，减少农村的社会矛盾与抑制不稳定的发展，最终促进我国社会主义和谐社会的建设与发展。

相比西方发达国家，我国政府购买公共服务发展起步比较晚，与它们还存在着一定差距。在 20 世纪 90 年代中期，上海、广东、浙江等一些经济发展比较好的地区才开始探索政府购买公共服务。WZ 区是典型的东部水乡，这里四季分明，气候宜人，宜农宜林，宜渔宜牧，是有名的"鱼米之乡"。从地理位置来看，WZ 区地处太湖之滨，全境东西长 92.95 公里，南北宽 48.1 公里，陆地面积 745 平方公里，太湖水域面积 1486 平方公里，占太湖全部水域的 61.28%。下辖 1 个国家级太湖旅游度假区、1 个国家级经济技术开发区、1 个国家级农业园区、7 个镇和 6 个街道。全区常住人口 111 万人，户籍人口 60 万人，农业可用耕地面积 17 万亩，农业从业人口 4.73 万人。

进入 21 世纪以来，WZ 区以市场为导向，充分发挥生态资源优势，坚持特色农业、生态农业、高效农业的目标定位，大力发展"一杯茶""一只蟹""一棵菜""一头羊""一株苗""一羽鸡"以及"一粒果"的"6+1"为主导的农业特色产业，着力打造沿太湖 100 平方公里现代农业产业集聚区和生态文化旅游示范区，走出了一条符合 WZ 特色的现代农业发展之路。为了从源头上把好农业投入品质关，有效防范农产品质量安全风险，WZ 区委、区政府从追求绿色发展、建设生态农业、强化农产品质量安全的高度，于 2013 年启动农药集中配送体系建设这一政府实事工程，通过三年多的努力，探索发展了以农药"零差价"、全程"可追溯"、致力"惠百姓"为鲜明特征、具有本地特色的农药集中配送体系，基本实现了"以用药安全保农产品安全、以集中配送让老百姓得益"的预期目标。

二　SZ 市 WZ 区供销社转型的历史沿革

21 世纪初期，根据国务院 1999 年 5 号文件精神，SZ 市五市（县）二区供销社从 1999 年起开展基层供销社改革解困工作，要把全市 159 个基层供销社（含集体商业）改革改制。2002 年 9 月下旬，SZ 市委、市政府《关于加快市属国有（集体）企业产权制度改革的决定》出台后，SZ 市供销社进一步统一思想，提高认识，加快全系统社有企业的改革改制的步伐。按照"四到位一基本"的标准和目标，全方位地推进社有企业的改制进程。为此，市供销社从健全组织机构、规范操作步骤，实行企业资产评估公示和会审制度等方面着手，加强民主管理，维护企业、职工的利益，确保改革的顺利进行和系统的稳定。

　　SZ 市供销社系统按照全国供销总社提出的"四项改造"要求①，在实践中不断创新合作经济理论，创新供销社的经营体制和机制。SZ 市供销社坚持为农服务的办社宗旨，将"立足三农、综合服务；创新机制、激化活力；整合业态、重组网络；开放办社、提高效益"确立为供销社的工作定位，努力抓好省供销社提出的为农服务六件实事项目，积极推进以参与农业产业化、商品经营连锁化、引导农民提高组织化，大力兴办为农综合服务社、专业合作社为主要内容的"三化两社"建设工作，建立健全农村社区服务体系，帮助农民解决生活、生产的问题，助农增收、扶农致富，提高农民进入市场的组织化程度，并促进供销社事业的向前发展。

　　在市党委、政府的统一领导下，WZ 区供销社全系统进行了社有企业的改革改制工作，WZ 区供销社按照"全面、彻底、规范"的原则，通过系统内公开招投标、公开拍卖等形式，实施企业整体改制，供销社、物资局、商业局合并为贸易局，但仍然保留供销社这个部门，企业改制采取国有（集体）产权转让和清算撤销两种方式，具体的产权转让可根据实际情况，选择公开转让、协议转让、内部转让等方式进行（具体见表 9-1）。

表 9-1　企业改制转让形式

产权转让形式	受让企业对象	采取方式
公开转让	符合改制要求正常营业的企业单位	制定招标、拍卖、挂牌等方案，公开发布公告，通过市场行为进行转让
协议转让	符合改制要求正常营业的企业单位	主管部门与企业法人约谈，达成协议，确定企业改制转让的价格与条件
内部转让	符合改制要求正常营业的企业单位	按照相关政策要求对企业进行资产审计和评估，通过上级有权部门批准，将企业的国有净资产余额部分，出售给原企业单位的经营者及员工
清算撤销	因亏损严重、不能正常运转、已经停止生产经营活动的企业单位	通过清算债权债务——申请销号——实行解体——按政策分流安置人员的流程与方式

资料来源：作者整理。

---

①　"四项改造"要求即指以参与农业产业化经营改造基层社，以产权多元化改造社有企业，以开放办社和社企分开改造联合社，以现代流通方式改造传统经营网络等四个方面。

对于涉及的公务人员，主要分为离退休公务人员、提前退休公务人员①、2005 年底前退休的公务人员以及其他公务人员四大类受理，采取"定性留制"的方式，均参照《关于苏州市市区事业单位转制中有关人事劳动和社会保障问题的处理意见》（苏府办〔2001〕40 号）妥善安排职工（具体见表 9-2）。

表 9-2　企业改制中职工处置情况

公务人员	处置办法	社会保险待遇情况
离退休公务人员	原有的退休待遇标准不变，《实施意见》施行后，退休费统一按企业基本养老金的有关规定执行	享受的待遇不变，医疗保障费用按照人均 7.5 万元标准计算
提前退休公务人员	办理提前退休手续的公务人员，按照原所在事业单位退休费的计发办法计发退休费	单位和个人须按规定缴纳基本养老、医疗等各项社会保险补偿金，剩余部分由转企改制后的单位按照相关规定一次性缴清，职工的基本医疗保险待遇按退休人员规定执行
2005 年底前退休的公务人员	按企业计发职工的基本养老金，另外给予每月补贴的形式②，所需的费用从基本养老保险基金中支付	按规定核发的每月补贴与按企业办法计发的基本养老金的总和，不得超过本人按照原退休费用计算的退休费
其他公务人员	对公务人员进行身份转换，实行劳动力市场化	

资料来源：作者整理。

截至 2006 年，WZ 区供销社通过采取国退民进、整体转制、全员分流等多种形式，绝大部分企业已完成了改革改制的前期工作，进入了实施阶段，年内能够全部结束。另外，WZ 区供销社实施改制工作联络员制度，每

① 提前退休公务人员：这里指 2001 年 12 月 31 日止工作年限满 30 年，或 2005 年 12 月 31 日前达到国家法定退休年龄、且 2001 年 12 月 31 日止工作年限满 20 年的职工。
② 每月补贴具体数额：补贴的基数，统一按 2001 年 12 月原事业单位退休费计发办法确定的本人退休费，减去 2001 年 12 月市区企业退休人员月人均养老金计算。核发给退休人员的补贴逐年递减，2002 年至 2005 年底退休的，补贴基数分别为 2002 年 90%、2003 年 70%、2004 年 50%、2005 年 30%。

个机关干部都落实了分工任务，在置换产权身份的前提下，采取整体转制、留壳转制等方法。

2010 年，鉴于供销社对于农村农业发展的重要性，市委区委决定，把供销社从贸易局单独划分出来，专门设立供销合作社系统，乡镇供销社的人、财、物归属于当地乡镇政府，而供销社则属于参公事业单位，其下的农资公司，改制为私人有限责任公司。WZ 区供销社不断推进供销合作社的改革与发展，坚持全面贯彻统筹城乡经济社会一体化发展的方略，坚持为农业服务的宗旨，加快建设高效、功能齐全的农村现代化经营服务体系，同时兼顾城乡和地区平等重视工贸，努力成为农业社会化服务的中坚力量，全力构建和完善农村物流服务体系，建设现代化的农业生产体系，以推动城乡一体化的发展。

三 SZ 市 WZ 区供销社购买农药集中配送服务的建设工作

随着 WZ 区供销社改革工作的推进，WZ 区的农村正面临着一场新变革，农业生产方式日新月异，经营形式也在加速转型。通过发挥供销社组织、分拣资源的优势，与广大农民保持密切联系，切实了解农业发展现状与农民的真实需求，开发农村市场，完善农村现代物流体系建设。因此，为促进城乡整体社会经济的一体化发展，支持农产品批发市场的升级改造，提高 WZ 供销社的仓储运输和冷链物流能力，努力建设一批现代农产品批发市场等现代化农业服务体系显得尤为必要。WZ 区政府从科学可持续发展有特色的绿色生态农业出发，着力解决农村农药质量参差不齐、农药发放配送困难等难题，结合本区具体情况，逐渐探索出适合本区农村科学发展的新路径，并把这项工程列入政府实事项目中。这条新路径即是以农药"零差价"、全程"可追溯"、致力"惠百姓"为特征的农药集中配送体系建设。

（一）WZ 区农药集中配送体系建设工作的前期概况

1. 农药产业链有待规范

农药是农业生产活动中的必需品，农业产业链的完善程度直接关系到农业生产与农产品的安全质量，更加关乎农民的切身利益以及全社会的健康问题，影响社会的稳定与发展。WZ 区在未实行农药集中配送体系工作之前，该区的农药产业链缺少政府的监管与调控，在很大程度上遵循市场的规则自行调节，导致农药行业存在着诸多乱象与问题。

第一，农药行业落后，区域分布不均衡。改革开放之后，我国社会发展的重心一直集中在工业和服务业上，以农业为代表的第一产业一直处于落后的状态，农药产业发展也相对滞后。在国家宏观调控不明确的情况下，农药行业的市场竞争尚不规范，农药企业发展缓慢，创新力、创造力低下，农药资源配置缺乏，农药市场准入标准不明确，造成农药产业中农药效力不佳、农业资源浪费严重、农业环境污染、食品质量安全不能保证等种种乱象的产生。

第二，农民用药水平低，缺乏科学性。在对 WZ 区农业生产情况的实地调研中，我们了解到农民在购买农药时主要有以下三个方面的表现。首先，农民普遍存在农药安全意识淡薄的情况，在他们看来，只要有防治效果，只要能灭虫，见效快就是好农药，不考虑农药的毒性及危害性。其次，农民购买农药行为的盲目性，农民在购买农药前，一般不清楚自己需要购买什么农药，购买的需求和信息大部分来自他人的推荐，而这个推荐人更多情况下是卖药人。在这个过程中往往出现片面相信卖药者推荐购买的农药，农药不对症的情况经常发生，破坏农业经济与生产。最后，多数农民购买农药追求廉价。在农药市场上，由于高质量的农药一般销售价格都偏高，更多农民倾向于购买低价的农药，使得劣质低价农药盛行，农药防治效果差。

2. WZ 区政府自上而下推动建设美丽乡村、发展现代农业的政策推动

WZ 区地处太湖之滨，自古以来便是鱼米之乡，这里农业类别多样、产品众多、产量丰富，有着"月月有花、季季有果、天天有鱼虾"的美誉。近年来，WZ 区充分发挥地理优势，合理调整本区农业产业结构，推动发展现代农业与生态农业。第一，WZ 区大力开展村庄环境整治和农村环境连片整治，全面完成 1000 余个自然村庄的整治，包括沿太湖 9 个镇（街道）全部开展农村环境连片整治，重点对生活污水、绿化、公厕、河道、停车位等村庄整体风貌进行整治。第二，规范农民农业生产行为。在农业生产中，农民随意丢弃农业垃圾（包括农药废弃物、包装袋、包装瓶等）的现象常有发生，污染村庄生态环境。通过加强对新型农业生产方式的宣传，引导农民转变旧观念，规范农民生产行为，促进实施废弃农药包装物统一回收与无害化处理的方式，推动生态农业、美丽乡村的建设与发展。第三，大

力推广农药集中配送体系建设工作。通过规范流程，建构完善的物流配送体系，第三方监管的手段加强农药集中配送体系建设。

（二）WZ 区政府购买实施农药集中配送体系建设的具体实践

农药集中配送体系建设是创新 WZ 区农业生产活动的核心内容，该项工作力争从源头上杜绝高毒残留和假冒农药产品流入市场，规范农业生产，构建完善的物流配送体系，落实农药"零差价"、全程"可追溯"、致力"惠百姓"的价值追求，保证农产品质量与安全，切实做到惠农利农。主要开展的工作有。

1. 修建统一储藏派送仓库，完善农村农业基础设施

随着中央对"三农"问题及农产品流通问题的重视，供销社物流配送问题重回我们的视野。为有效整合 WZ 区现有农业资源，加入现代信息技术，提升农业资源储存和流通的效率，WZ 区通过改变部分土地用途，修建了该区统一调配流通的农药仓库用地。该仓库由 WZ 区供销社牵头，政府全额出款，通过政府购买的方式，引进东吴农业生产资料有限责任公司（以下简称"东吴农资公司"）承接修建，于 2013 年竣工。该仓库总投资 2500万元，建成并投入使用的区农药集中配送（仓储）中心一期工程，工程占地 12 亩，建筑面积 4700 平方米，其中仓储面积 3000 平方米。据统计，每年平均储备农药 400 余万元，有效确保了全区农民正常农药用药需求。同时，为了确保 WZ 区农药集中配送工作正常运行，区政府还从财政资金中拨付专项经费作为农药生产与销售的补贴，其补贴的数额为总销售金额的28%，其中，东吴农资公司占 9 个百分点，各乡村的农药配送点、配送站占18 个百分点，剩余部分用于农技的推广与服务。仓储库的主要工作有以下两方面：一是农产品的分类，农产品和农产品加工存放运输，以缩短农民获取农业信息和日用品的需求时间；二是建立现代信息系统的农业流通环节，科学追踪记录农资产品的流通与分配情况，仓库物流中心、基层供销社（配送点）、农户、农资产品购买端及销售端等数据都被该信息系统记录。

同时，WZ 区还建立了相对高效的仓储物流系统。通过坚持统一设计、标识编号、柜台摆放、技术服务、规章制度、经营管理等"六个统一"标准，科学设置各镇（街道）、村配送点。截至目前，WZ 区已建成 52 个农

（放）渔药站，其中农药投药站40个，药点12个，大型配电站15个。效果显著，同时还配套建设了"农作物医院"。初步建成以区农药（仓储）为引导，以城镇（街道）、农村配送网点为主的农药集中配送体系，推动建设"农民不出门便能够买到零差价的高档农药，享受高效的农业技术服务"，努力实现农药集中配送服务到镇、服务到村、服务到各小组。

2. 完善农药集中配送体系，配送渠道流程化、网络化、规范化

区委、区政府针对本区实际情况，成立领导小组，由区政府分管领导任组长，区政府办、财政局、农业局、供销合作社为副组长单位，区委宣传部、农办、区发改局、监察局、城管局、卫生局、审计局、环保局、粮食局、工商局、公安分局、质监局、气象局以及各农业示范园区管委会为成员单位，定期召开联席会议，研究分析和解决在配送工作中出现的新问题、新情况，确保配送工作顺利推进。充分发挥区、镇（区、街道）两级管理职能，建成"六统一"（即：统一采购、统一标识、统一配送、统一价格、统一补贴、统一管理）的全区农药集中配送体系（具体见图9-1），农药集中配送基本达到全覆盖。WZ区通过建立相对完善的农药集中配送体系，规范农药供应秩序，使得农产品质量安全得到有效保障。

第一，明确一个经营主体。以具备农药批发资质和仓储配送条件的S市东吴农业生产资料有限责任公司（以下简称"东吴农资公司"）为全区农药集中配送的经营主体，负责全区农药集中配送的布点、采购、调拨、结算等工作。各镇（街道）、村经营网点的设置，由东吴农资公司会同各镇（街道），按照"科学、便捷"的原则，整合现有符合条件的农资经营部门，采用直营、加盟等连锁经营方式，进行科学合理设置。所有经营网点要按照统一设计、标识编号、柜台摆放、技术服务、规章制度、经营管理的标

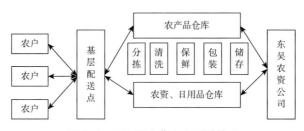

图 9-1　WZ 区农药集中配送体系

准进行建设。东吴农资公司及连锁网点作为全区农药配送的经营主体，充分发挥主渠道作用，在满足市场供应、稳定市场物价、规范市场秩序、保障农药质量安全、维护农民利益、提供优质服务等方面发挥重要作用。

第二，建立一个新的经营体系。一是统一采购，规范采购流程。区农业局于每年年初根据上级部门主推技术的实施意见和本区防治工作的需要，提出全年农药采购总目录以及禁用农药目录。WZ 区供销合作社会同东吴农资公司根据每个生产季节所需的主要农药品种，面向在本区备案或登记的农药生产企业，对其进行政府购买或公开招标购买的方式，协定农药生产与农药销售价格。在此基础上，东吴农资公司与中标的农药生产商签订供货合同协议，并根据统一的农药采购目录以及全区的农药用药情况，落实农药货源，准备充足农药留以储备，做好前期储备工作。如果当年遇到突发性事件或者是严重虫源危害等特殊情况，供销社与东吴农资投资有限公司随即备案，临时调集或新增农药品种。在实行临时议标采购的过程中，区供销社严控农药采购程序，严格药企准入门槛，促进临时议标工作的顺利进行。二是统一标识。在农药统一配送的物流体系中，配送的农药包装上加贴全区统一配送本区农药标识，便于在流通和使用过程中进行检查监督。三是统一配送。由东吴农资公司负责将农药配送到各镇（街道）、村的经营网点。对经营面积大、经济实力强、农药用量多的种养殖大户、合作社基地、农业示范园区可由东吴农资公司直接送货上门。四是统一价格，推行"零差价"销售。集中配送农药统一按招标或议标价格实行"零差价"销售。东吴农资公司与各配送点签订相应的协议，并组织相关的知识培训与业务培训，提供电子信息管理系统、监控系统的支持与服务。各基层配送点也实行"零差价"方式供应销售，以构建统一完善高效的销售网络体系，农户购买的集中配送药，政府以专项资金的方式补贴给各基层配送点。通过实施统一农药配送工作，集中配送农药销售额呈现爆发式增长，例如，2013 年的配送农药销售额为 570 余万元，2015 年蹿升到将近 2500 万元。五是统一补贴。WZ 区政府为了保证农药经销网络的正常运转，区政府专门从区财政中抽出专项资金，用以对农药销售差率实行财政补贴。补贴标准一年一定，实施第一年综合差率补贴暂定为 20%，由东吴农资公司制定内部考核办法进行逐级分配。年末由审计部门进行农药专项审计后，视实际情况再作适当调整，其具体的差率补贴列入区财政预算。六是统一管理。除了构建线下统一的农药集中配送体系外，WZ区供销社还建立了相对完善的农药配送电子管理系统。由区供销合作社统一制作农药优惠供应卡，农户凭卡购买零差价农药。各连锁网点通过终端销售管理系统，完成对各类农户基础数据查验和零差率农药销售，实现农药规范化管理。监管部门也可以通过该系统，实现对东吴农资公司及各连锁网点销售情况的实时监控。

第三，组建一个新的信息平台。农业的生产活动，其收成是否丰足，与时节息息相关。科学把握农业时节，用以指导农业生产，对提升农业生产收成非常有帮助。鉴于农时的重要性，WZ区供销社积极与区气象局加强合作，以气象局信息交互平台为技术支持，通过手机群发、电子显示屏等多种形式，将与当地农业生产密切相关的农时信息有效及时地推送给农户人员。同时，通过这个信息交互平台，可以将农药的商品信息、使用方法和防治知识等农技指导信息，及时、快捷地传送给农户，指导农民科学用药、合理用药。

第四，构建一个新的监管机制。农药统一集中配送体系建设服务既是政府实事工程，也属于政府购买农村服务，其实施项目的效果，配送体系建设成效必然需要绩效评估与考核。与其他政府购买行为监管考核形式不同的是，WZ区供销社根据农业生产以及统一配送的国家统一标准与行业要求，借助本区农业部门以及其他相关部门的检验设备，对农药的生产、销售、投放、回收等环节进行科学检查与考核，尤其是加强对农药生产与销售环节的抽样随机检查，有效开展农村整治活动。对生产伪劣农药产品、违规销售等行为进行有效打击，为全区农药的生产、销售以及集中配送创造良好的生态环境。同时，还出台《WZ区农药经营专项整治活动方案》，将规范农药生产、销售、集中配送作为常规整治工作，严格监管农药经营生产的各个环节，实现生产"质量关"、销售"零差价关"、使用"规范关"、回收"环保关"的规范化生态农业。

3. 废弃农药包装物统一回收与处理，推进生态农业立体化

WZ区在推行废弃农药包装统一回收工作之前，农民使用过后的农药包装物，一般都自行处置。大部分农民要么选择焚烧、要么选择随意丢弃，很少有农户选择回收处理，即使回收也没有与之相应的处理渠道。这种任意处置的方式，一直是农业生产活动的一个盲点，对农业生产的水源、土壤、空气等生态环境以及公共安全都有着极大的破坏。为了全面推进农业

环境治理，防控土壤污染和水源污染，提升农村生态环境水平，促进美丽乡村建设，有效解决废弃农药包装物造成农业面源污染的问题，消除对农业、农村生态环境乃至公共安全潜在的隐患，WZ 区供销社配送体系率先建立起了一套有偿的废弃农药包装物回收处置机制，即"定点回收——分类整理（瓶和袋）——集中转运——专库储存——无害化处理"。废弃农药包装物回收机制的实施，效果立竿见影，现在田间地头、池塘沟渠里已经很难再看到这些废弃包装物，有效实现了 WZ 区域废弃农药包装物全面回收，保障水源、土壤、空气等生态环境质量，保护青山绿水良田，为建设"强富美高"新 WZ 营造良好生态环境。[①]

根据区政府领导批示，区供销社制定了《关于实施全区废弃农药包装物统一回收集中处理的实施方案》，经区政府区长常务会议审定后，区政府办转发了《WZ 区废弃农药包装物统一回收集中处理实施意见》，并于 2015年 12 月正式启动废弃农药包装物回收处理工作。

首先，加大前期宣传，营造良好氛围。废弃农药包装物回收是助推现代农业发展，保护自然生态环境，予民实惠的一项重要举措。区供销社通过发放宣传材料、张贴公告、利用广告牌等多种形式，加大废弃农药包装物乱丢乱弃危害性和安全处置重要性的宣传力度，提高全区人民对保护环境、爱护家园、共建生态农业的认识，引导推广使用高效低毒低残留农药，广泛开展农业环保知识，帮助农民树立农药包装物回收的责任意识，提升农民参与回收工作的积极性和有效性，引导全民参与到生态农村建设的行动中来。

其次，WZ 区供销社制定了统一回收价格。根据全区实际农药销售情况，实行分类回收、确定回收价格标准，按件计价。区集中配送的农药废弃包装物（瓶/袋）回收的价格标准为：瓶装按每件 0.30 元回收；袋装按每件 0.10 元回收。配送站点以往销售的和非集中配送门点所销售的农药废弃包装物（无标识贴），统一按 0.05 元/瓶或袋回收。

再次，确立统一回收区域。就本区内的废弃农药包装物由各配送站按规定价格进行全面回收（原瓶原盖，拧紧瓶盖）。责任主体要严格把关，防止区外流入。不得回收非农药包装物和 WZ 区外的农药废弃包装物，如出现区外流入、超范围回收农药包装物的现象，将暂停回收。

---

① 参见《吴中区废弃农药包装物统一回收集中处理实施意见》2015 年版。

然后，施行统一财政补贴。废弃农药包装物的回收处置是一项公益事业，由区政府每年安排专项资金，对各环节所需资金给予财政补贴。财政补贴的范围为：①废弃农药包装物回收费用。②回收标贴和分类整理包装、防护用品等费用。③对负责回收、运输、整理、储存、集中处置等工作的东吴农资公司和各回收点给予的补贴费，其中，负责废弃农药包装物回收的各配送站按实际回收数量给予 0.04 元/袋（瓶）补贴；负责转运、整理、存储、集中处置等工作的东吴农资公司按实际回收数量给予 0.06 元/袋（瓶）补贴。④危化品运输费及焚烧处理费。⑤年度考核奖励费。⑥储存仓库建设、专用车辆、电子平台软件费等费用。废弃农药包装物回收费用和回收补贴资金采取审核预拨和清算相结合的办法，与农药集中配送财政补贴资金的核拨流程一致，结算同步进行。

最后，实行统一集中处理。由区环保局就近确定有危化品处理资质的单位，并商定危化品处理的费用标准，定期或达一定库存量时进行集中处理，确保废弃农药包装物回收处置工作的规范化、科学化。自 2015 年 12 月启动农药包装物统一回收、集中处理工作以来，经过不断探索，形成了较为成熟的回收机制。据统计，2016 年共回收废弃农药包装物 193 万件，回收率初具成效，达到 30%，无害化处理率 100%。截至 2017 年，已回收废弃农药包装物 500 万件，回收率超过 70%，回收效率明显，将有力推动 WZ 区农村生态环境特别是环太湖沿线生态敏感区环境持续改善，促进农民生产、生活观念绿色转型。

4. 化肥农药减量经济环保，实施测土配方施肥

WZ 区供销社依据自己耕地总体情况，以实现"十三五"生态环境保护目标，紧紧落实《"两减六治三提升"① 专项行动方案》精神，积极推进测土配方施肥技术进村、入户、到田的工作，以保障粮食生产安全，实现农业增产增收、节本增效的目标。化肥农药减量，通过"限量供应、总量控制"的方式，坚持"增产施肥、经济施肥、环保施肥"的施肥理念，把深入开展测土配方施肥普及行动作为粮食生产稳定发展的重要举措，突出配

---

① "两减六治三提升"具体含义指："两减"即减少煤炭消费总量，减少落后化工产能；"六治"即治理太湖水环境、治理生活垃圾、治理黑臭水体、治理畜禽养殖污染、治理挥发性有机物污染、治理环境隐患；"三提升"即提升生态保护水平、提升环境经济政策调控水平、提升环境执法监管水平。

方肥推广和施肥方式转变这个重心，切实加强宣传引导，强化技术服务，全面提高农民科学施肥水平。第一，确立施肥原则。根据本区粮食主产区地力现状及测土配方施肥专家系统推荐方案，结合实际生产情况，按照水稻"控氮、稳磷、补钾"，小麦"控氮、补磷、稳钾"的施肥原则，确定适宜本区稻、麦配方肥 N（氮）P（磷）K（钾）比例为：水稻 16∶12∶17、小麦（油菜）17∶15∶13。稻麦不同品种、土壤不同类型、田块不同肥料之间的差异，根据生产实际需要在基肥和中后期追肥用量上加以调整，以满足农作物生长需要。第二，区供销社负责引进政府购买服务。WZ 区供销社牵头，委托东吴农资公司通过相关网站发布公告，采取公开招标的方式［每年水稻、小麦（油菜）分别招标一次］，选择产品优质、服务优良、价格优惠的企业，作为稻、麦（油菜）专用配方肥生产企业，在配方肥料外包装上印刷"吴中区水稻、小麦（油菜）测土配方肥"标识。中标生产企业与东吴农资公司签订供销合同，将配方肥按指定时间送达指定地点，由东吴农资公司直接配送至有关镇（街道）配方肥供应站点。而受托的农药集中配送企业（东吴农资公司）和各配送站点为经营主体，农资配送中心（东吴农资公司）为测土配方肥采购、储存、配送中心，配送站点为测土配方肥供应网点。第三，财政专项补贴，"倒差价"供应。WZ 区供销社通过财政专项资金，按中标价格销售配方肥，财政给予购买配方肥的农户补贴300 元/吨，也就是用低于成本价 10%~30% 的价格出售给农户。补贴款先由东吴农资公司在农户购买时直接扣除，再由区财政在当季肥料供应结束后将差价拨付给东吴农资公司。WZ 区通过推广测土配方施肥，推动化肥农药污染持续降低，实现 WZ 生态农业的可持续发展。

四　SZ 市 WZ 区政府购买农药集中配送服务的成效

自 2013 年 WZ 区供销社购买农药集中配送服务推行农药集中配送体系建设以来，效果显著，不仅从源头上有效杜绝了伪劣农药，还积极实施开展废弃农药包装物有偿回收与处置工作，极大程度上规范了全区农药经营市场，提升农产品的收成以及质量，切实提升了农民利益，为今后构建一条适合本区特色的生态农业建设开发道路提供建设性的参考与借鉴。

1. 规范农药生产与销售流程，切实保障农民利益

WZ 区供销社是本区农药集中配送体系建设的主导部门，从源头上的农

药生产以及农药的销售，都由区供销社牵头指导。一是在农药的生产及采购环节，政府部门就严格把控，严格规范农药企业的准入门槛，杜绝假药、劣质农药的出现。二是在农药的配送及销售环节，逐渐取缔无牌无证的小商小贩以及个体经营户，有效降低了农药市场上的不正当行为。同时，为了推广农药统一集中配送体系服务，区级层面出台《WZ 区农（渔）集中配送财政补贴资金管理办法》，从区级政府财政资金里面拨出专项资金对农药集中配送经营主体东吴农资公司及各配送站点实行财政补贴，推行"零差价"销售，给予农药经营主体市场化的补贴。在优化建设农村农药物流体系的同时，积极保障农药经营者的正当利益，达到惠民利民的价值目标。自苏州开展农药统一集中配送工作以来，截至 2016 年，苏州全市共有农药配送中心 13 个，配送网点近 600 个，配送农药 283 种，其中基本农药 281种。全市农药配送率达 95%，基本上实现了农药的"安全+降本+生态"三重效应。

2. 规范农民农业生产行为，提升农民科学用药意识

集中配送体系下的农药，都是享受"零差价"补贴的农药，直接供应给各生产农户。一是降低农民购买农药的成本，进一步减轻农民的负担；二是杜绝市场中伪劣农药的流通与出现，扰乱农业生产活动，危害农业生态环境；三是针对性地专业指导农户安全用药，增加农药用量的有效性与科学性，减少农药重复使用、过度使用以及滥用的现象；四是便于推广生态农业新型有机肥，促进现代生态科技农业的普及。据调查，WZ 区由于农药集中配送体系工作的开展，高毒农药已被完全剔除，低毒高效农药和生物农药被全面选用，生产性中毒现象实现近年最低，也杜绝了农药坑农害农现象的发生。

3. 农药集中配送体系促进现代农业与生态农业的发展

首先，农药集中配送体系建设，完善了广大农村地区的基础设施建设，建立起了相对高效的物流储存体系；其次，农药集中配送体系的建设，离不开现代电子信息技术的支持，依托现代化的电子平台，建立农药配送电子管理系统，对中标的配送主体及基层配送网点实行实时查验和动态监管，严查严处虚报补贴、采购农药异地销售等行为，违规或考评不合格的配送网点将被淘汰，使得整体农药经营行为更加科学，更加准确；再次，农药配送服务中政府设立的专项补贴，对废弃农药包装物实行统一回收和无害

化处理，避免农村生态环境"二次污染"；最后，以规范农业生产活动为目的的农药配送服务，推荐（优先）使用低毒低残留农药产品，可以极大程度上促进农业生态环境保护。

五　讨论与思考

WZ 区自开展政府购买农药集中配送服务工作以来，积极按照"政府采购、统一配送、零差价销售、财政专项补贴、信息化管理"的原则，在保障农资产品安全有效以及完善农村物流体系建设方面发挥了重要作用。一方面，建立起了相对完善的农药集中配送体系，树立了农资产品的品牌优势和价格优势；另一方面，通过净化市场，既保障了农产品的质量与安全，又减轻了老百姓的负担。本课题组通过实地调研、深度访谈等方式，通过整理 WZ 区零差价农药统一集中配送政策实施情况以及供销社的具体实践，总结其工作成效及成功经验，分析其不足，并提出建设性意见，希冀为零差价农药集中配送体系政策的制定、实施以及体系建设提供借鉴和参考。

1. 农业生产活动，基础在农业，源头在农产品，关键在农药

近年来在乡村振兴的建设过程中，存在农药生产不规范，农药销售不正当竞争，化肥、农药、地膜等化学品的过量使用等现象，导致农业发展与资源环境承载力之间的矛盾日益突出。地方政府要从政策、技术、资金上发力，给予财政补助与专项资金支持，整治农业环境污染，积极发展绿色生态农业。推广农药集中配送服务，推广低毒、无残留农药，加大科技培训力度，大力推广病虫害综合防治技术、配方施肥技术等方面将成为生态农业建设的重要内容。

2. 政府规划为农业生产提供顶层设计和实施路径

农村民生工程的建设，政府规划是龙头，是促进农业发展的主旋律。首先，农村基础设施的建设与完善需要巨额的资金投入，这些民生工程，其直接收益与投入成本不成正比，极难吸引到商业企业的投资与建设，缺少政府财政资金的投入是很难开展的；其次，政府是农业建设与开发的主导者与规划者，其可以科学制定乡村发展规划，统筹建设农业生产，并根据农业产业布局规划情况，整合财政资金，推动农田水利建设、农业资源开发；再次，通过政府"有形之手"的介入，依托政府补贴，"零差价"销售优质高效农药，规范农业经营市场，杜绝农业市场中的市场失灵行为，

推动农药经营市场的稳定健康发展；复次，农业的发展，不仅需要农业部门牵头，也需要其他相关部门的支持。农药集中配送体系建设，从采购到经销，均由区农业局、监察局、供销社等部门全过程监管，确保程序公开、流程透明，从源头上保障农药质量；最后，农药统一集中配送体系的建设，通过规范农药的源头生产、农药销售、农药使用、农药废弃物的回收与处理等工作，力争把农药残留减少到最小限度，积极推动农业生产活动的健康有序发展。

3. 农业生产的科学可持续发展，离不开现代信息技术的有力支持

我国农业正处于由传统农业向现代化农业转型的关键时期，提高土地的产出率，提高农产品的产量，以及优化农业资源的利用率等农业生产活动，实现农业的高产、优质、生态、环保，都离不开现代科学技术的支持。此外，依托现代信息技术建设的信息交互平台，能高效及时地将与农业生产相关的农时资讯、政府宣传、新型农业生产技术推广等信息传递给农户，便于他们开展农业活动，提升农业咨询服务。

经过这几年的发展和改进，WZ 区农药集中配送体系建设不断完善，补贴标准和配送覆盖率不断提高，成效显著。在实际开展工作中也存在一些问题，值得思考和反思，主要有以下几方面。

第一，渔业作物、经济作物和绿化作物物流配送体系建设相对缓慢。虽然 WZ 区农药集中配送工作已经开展 4 年有余，也取得了较大成效，但是配送体系还是主要集中在农副产品及水产品方面，在渔业、经济作物、绿化作物方面覆盖相对不足。一方面，WZ 区水稻、小麦以及蔬菜农药集中配送已基本上实现了全覆盖，但是涉及的果蔬以及绿化作物并没有享受到该政策待遇；另一方面，渔业、经济作物、绿化作物在配送体系中的比例与水稻、小麦等农作物相比，占比相对较低。

第二，农户间的信息更新还有待完善。从课题组调研的情况了解得知，目前 WZ 区的农户信息还存在不少遗漏、错登的现象。虽然区供销社以及基层政府经过不断调查与更新，完善农户资料与信息，以求最大限度地降低信息的缺失程度，但是由于地理位置相对偏远、交通相对不便、农户之间相对分散等原因，农户信息的登记还不够完整。

第三，测土配方肥试用及推广比较困难。一方面，基层供销社推广体系不健全。一是基层工作站的测土配方肥技术人员工作主动性不强，混岗

现象比较严重，在一定程度上制约了测土配方肥技术的及时更新以及测土配方肥的推广；二是基层农技工作人员存在素质不高、责任心不强的情况，测土配方肥推广的有效性不高。另一方面，农户用药习惯与意识相对固定，对测土配方肥的认识不足，存在排斥推广测土配方肥的行为。由于农民受教育程度低，对测土配方肥的优点缺乏认知，加之宣传方式与宣传手段单一，很少有与农民生活习惯、知识水平、接受能力相适应的宣传工具和方法，致使较多农户对测土配方肥持有误解，严重阻碍了测土配方施肥的推广进程。

第十章　江苏省 RG 市政府购买农村法律援助服务的案例研究

一　背景介绍

NT 市①法律援助工作一直走在全国前列。1996 年，NT 市成为全国首批开展法律援助试点工作的城市之一。在法律援助机构成立之初，农民工法律援助案件数量并不多。因此，最早的法律援助机构一般只有一个工作人员，部分县（市、区）甚至没有专职的工作人员，通常由其他科室的人员兼任。近年来，随着 NT 市区位优势不断凸显，经济发展迅速，在 NT 市工作和生活的农民工数量急剧上升。2012 年末，NT 市农民工已超过 120 万人。这一群体成为 NT 市经济发展和城市建设的重要力量。2006 年，江苏省政府颁布了《关于解决农民工问题的实施意见》。此后，NT 市正式将农民工列为法律援助的重点对象。

近年来，相关法律援助案件逐年增多，全年农民工法律援助案件占全部法律援助案件的 60%。自 2010 年以来，NT 市政府已将法律援助列为民生实事工程。2015 年 9 月，NT 市政府发布《NT 市人民政府关于进一步加强为农民工服务工作的实施意见》，要求到 2020 年全市农村劳动力转移就业比例达到 80% 以上，工资基本无拖欠并稳定增长，并提出要进一步完善和落实促进农民工就业创业的政策落地，为农民工提供政策咨询、职业指导等公共就业服务。其中，特别强调农民工劳动用工的规范化管理，由NT 市人力资源、社会保障局会同市建设局、工商局、总工会指导和监督用人单位依法与农民工签订并履行劳动合同，清理规范工程建设领域存在的违法发包、分包等行为，做好劳动用工备案、就业失业登记、社会

---

① NT 市为地级市，RG 市为其所辖的县级市。

保险登记等工作，进一步加强对企业使用农民工的动态管理服务，全面治理拖欠农民工工资问题，完善农民工工资支付保障长效机制，保障农民工工资报酬权益。

二　案例基本情况

（一）RG 市政府购买法律服务现状

RG 市人口约 145 万人，农村人口占 70%。该市司法局创新性使用《法律援助案件质量评估指南》。以标准促规范，以标准化工作引领业务工作的提质增效，应用成效初步显现。自 2012 年以来，共为在押人员举办法制讲座 77 场，接受在押人员法律咨询 1082 人次，受理 347 名在押人员的法律援助申请，受理在押人员家属法律援助申请 7 件。2015～2017 年数据显示，农民工讨薪占比达到 78%。2017 年全年，RG 市法律援助办案数达到 1716 件，受援人满意率达 94.6%。

此外，据了解，2014 年 9 月，RG 市正式启动公共法律服务中心。该中心整合法治宣传、人民调解、法律服务等力量，为群众提供一站式法律服务。截至目前，辖区内 14 个镇（区、街道）公共法律服务中心均已实体化运作，345 个村（社区）司法行政服务站覆盖城乡。此外，公共法律服务便民站点也已经在法院诉讼服务中心、信访局接待大厅、大型企业、宗教场所等重点区域实现全覆盖，为附近群众提供公共法律服务。自 2017 年以来，各级服务中心和站点共办理各类法律服务事项 7537 件（其中法律援助 852 件，公证 3570 件，调解 3115 件），共接待一万余名群众。

受制于种种客观条件，法律援助服务很难由政府主体独立推进，必须依靠社会、公众等多元主体参与，进而推动政府购买法律公共服务的有效"落地"。为此，我们于 2018 年 3 月启动了针对 RG 市购买法律援助服务工作的实证调研。调研主要分为两个部分：一是对 RG 市购买法律援助服务的相关人员进行访谈。二是选取 RG 市 BJ 镇作为具体案例并对 BJ 镇司法所工作人员进行访谈。通过对 RG 市政府购买法律援助服务实践情况的掌握，总结其购买的经验和存在的种种问题。

1. 购买者

根据有关规定，政府购买服务的主体为根据政府有关部门的实际情况采取购买服务的方式为社会公众提供公共服务的各级行政机关，以及参照公务员法管理并且具备行政管理职能的相关事业单位。除此之外，部分被依法纳入行政编制管理并且由财政部门提供各类经费的群团组织也会采取购买服务的方式来提供部分公共服务。

可见，政府购买法律援助服务的购买主体应为各级司法行政部门或参照公务员法管理、具有独立法人资格和独立核算的法律援助机构。本案例中的购买方是 NT 市 RG 市司法局。RG 市司法局着力构建维权网络，并将公共法律服务纳入 RG 市法治惠民实事项目，打造法律援助 12348 惠民品牌。启动"法律援助镇村行"工程，组织"社区参与式法律需求评估"。近三年来，共处理案件 4080 起，援助老、弱、病、残、穷等社会困难群体 3 万余人。此外，RG 市司法局每年定期组织"法惠民生"百场文艺演出、"法治创和谐"文艺调演，形成政府搭建平台、社会有序运作、全民积极学法的良好局面。

该市深入推进"一镇一品"创建工作，发掘具有辖区特色的经验和做法，努力培育"拳头项目"，打造各具特色的司法所"行政名片"。例如，该市 RC 镇司法所进一步完善"四所共建"制度，贯彻推进大型司法所建设要求，打造全市法治教育体验馆。BJ 镇司法所打造德法宣传品牌，提高人民群众的道德素质和法治意识，成功创建 2 个全国民主法治示范村（社区）和 19 个省级民主法治示范村（社区）。该市 CJ 镇推广"特色民调五老工作法"，打造"歇歇脚、消消气、评评理"的人民调解"三步工作法"。JA 镇实施"金钥匙"工程，推广"百姓议事堂"品牌建设，积极化解疑难和纠纷。WY 镇打造"老舅妈"调解工作品牌，针对家庭矛盾、赡养纠纷、婚姻纠纷、妇女儿童权益保护等方面矛盾纠纷，注重打造家庭弱势人群的"娘家工作室"。

2. 承接者

政府购买服务的承接主体通常是指经由民政部门依法登记注册成立或由国务院批准免予登记的社会组织。此外，还包括在工商管理或行业主管部门依法登记的相关企业机构等社会力量。

根据 NT 市法律援助工作相关办法，农村法律援助服务的承接主体必须依法独立设立且具备独立承担民事责任能力。此外，县级政府购买法律援助服务的承接主体，包括依法设立的、拥有不少于 5 名专职从业人员的律师事务所或基层法律服务所，以及依法在当地民政部门注册登记，具有承接能力的社会团体、民办非企业单位和基金会。

RG 市为了解决群众"打不起官司"的现实难题，进一步完善法律援助网络，积极建立示范化窗口、便民化法律援助联系点和标准化法律援助工作站。全市为构建"农村半小时法律援助服务圈"，共建立法律援助联系点 348 家，选聘联络员 982 名，招募了 1728 名法律援助志愿者。

（1）政府培育法律援助律师服务团

一方面，RG 市司法局定期组织名优律师开展窗口咨询和案件办理等工作。以 2017 年为例，RG 市司法局在全市甄选 10 名律师组建"法律援助名优律师团"，该团共接待来访咨询 1440 次，共受理法律援助案件 311 件。此外，对全市办理的法律援助案件按季度进行质量检查和评估，以此来确保案件处理的质量。

值得注意的是，为进一步扩大"法律援助名优律师团"的示范效应，RG 市司法局组织律师实施"名优律师一带一工程"。RG 市司法局积极发挥律师团成员的专业优势，定期邀请名优律师从阅卷、调查取证、庭审、提交代理（辩护）意见等环节为年轻律师办理重大、特大法律援助案件提供全程指导，传授案件处理经验，并帮助其审查代理辩护意见。与此同时，邀请名优律师对年轻律师办理的法律援助案件进行质量检查和同行评议，培养法律援助青年骨干力量，为 RG 市法律援助队伍建设巩固基础。

另一方面，RG 市市委统战部、司法局和律师协会联合成立 RG 市"同心·律师服务团"。根据服务团工作章程，"同心·律师服务团"由 19 名律师组成。RG 市定期组织党外律师到"双联双助村"和挂钩共建村庄等地开展法律咨询和宣传等活动。对于受理的一般法律咨询实行免费服务，其他法律服务事项则以《律师服务收费标准》为基础，享受 70% 的费用折扣。此外，对暂无支付能力的案件当事人，律师服务团提供缓、减、免收费服务。

（2）法律援助志愿者服务队

2011 年 12 月，RG 市正式启动"法律援助星火计划"，并在 RG 市高等师范学校成立法律援助志愿者服务队。与此同时，在全市招募 1200 名法律援助志愿者，建立了一支稳定的青年法律援助志愿者服务队，以大学生村官和 RG 高等师范学校学生为骨干，经过教育培训后，他们深入社区、村庄和企事业单位开展基础性数据调研和法制宣传，帮助符合援助条件的困难群众申请法律援助。RG 市以法律援助志愿者服务队作为依托，开展法律进社区、进企业、进农户等系列活动，让优质法律服务惠及更多群众。

此外，为进一步扩大法律援助覆盖范围，RG 市司法局与市总工会在职工法律援助中心正常运作的基础上，共同组建了工会法律援助志愿者服务队。在这支志愿者服务队伍中，既有大学教师、专业律师、法律工作者、职业心理咨询师和高校法律专业学生等，也有工会干部和司法系统的专家、骨干。

3. 使用者

法律援助的对象主要是由于经济困难或特殊情况而无法支付法律服务费用的当事人。包括妇女、残疾人、在押人员、涉诉人员等四类特殊群体。法律援助对象在最初以残疾人、老年人、未成年人、妇女、农民工等经济困难群体为主的基础上，增加了看守所在押人员及近亲属、军人军属等特殊人群（具体援助对象范围见表 10-1）。

表 10-1　法律援助对象范围一览表

法律援助的范围			
1	请求国家赔偿的	2	请求给予社会保险待遇或者最低生活保障待遇的
3	请求给付赡养费、抚养费、扶养费的	4	请求支付劳动报酬或者因劳动关系请求经济补偿、赔偿的
5	因遭受家庭暴力、虐待或者遗弃要求变更或者解除收养、监护关系的	6	因遭受家庭暴力、虐待、遗弃、对方重婚或者有配偶者与他人同居的受害方要求离婚的
7	请求发给抚恤金、救济金的	8	因身体遭受严重损害请求赔偿的
9	国家和省规定的其他事项		

资料来源：作者整理。

获得法律援助的条件：

①有合理的请求及事实依据；

②请求事项属于法律援助范围；

③经济困难，无法承担法律服务费用，或者被告人是盲、聋、哑或者未成年人，未指定辩护人，人民法院为其指定辩护的；被告人可能被判处死刑，未指定辩护人，人民法院为其指定辩护的；主张因见义勇为或保护公共利益而产生民事权益的。

（二）农村法律援助服务的主要内容

政府购买服务的内容主要包括便于市场化供应、由各类社会组织承担的具有显著公益性以及公共性的公众所需的各项基本服务。一般地，服务项目内容不仅涵盖了养老、医疗、教育等基本公共服务领域，同时也包含适合社会力量承担的特殊的非基本公共服务。

农村法律援助的服务形式则更加多元。农村法律援助服务的内容主要包括法律咨询、信访接待、法律援助、代理申诉等（详见表 10-2）。

表 10-2　农村法律援助服务项目一览表

法律援助服务项目清单			
服务项目	服务标准	保障方式	提供服务主体
村（社区）法律顾问	村（社区）法律顾问覆盖率达 100%，法律顾问每个月到村（社区）服务 1 天（累计不少于 8 小时）每半年到村举办一次法治讲座，对可能影响社会和谐稳定或涉及群众重大利益的事情，法律顾问应及时提供法律意见	市、县、乡政府负责	各级司法行政机关及律师、法律服务工作者
在线法律咨询服务	通过 12348 法律服务电话热线，免费为咨询者提供 7 天×24 小时在线法律咨询、法律指引等服务，电话接通率为 90% 以上	政府购买	各级司法行政机关及律师
信访接待服务	律师依据相关规定，在各级政府以及公安、法院、检察院等单位信访场所对信访当事人提供免费法律咨询服务和其他法律事务服务	政府购买以及律师公益提供	各级司法行政机关及律师
来访咨询服务	法律援助机构设立法律援助接待窗口，为来访者提供面对面的法律咨询服务；对涉及隐私的，提供专门的接待室	市、县（市、区）政府负责，省财政适当补助	各地法律援助机构

法律援助服务项目清单			
服务项目	服务标准	保障方式	提供服务主体
民事、行政案件法律援助服务	县级以上法律援助机构受理法律援助申请，在7个工作日内做出决定；对经济困难且符合民事、行政法律援助事项范围的，指派律师或法律工作者为受援人提供免费民事、行政代理法律服务；开展名优律师办案与联系点援助相结合，由专业律师提供免费法律服务	市、县（市、区）政府负责，省财政适当补助	各地法律援助机构
代理申诉案件法律援助服务	法律援助机构引导不服司法机关生效判决但因经济困难聘不起律师的申诉人通过法律援助代理申诉；开展名优律师办案与联系点援助相结合，由专业律师提供免费法律服务	市、县（市、区）政府负责，省财政适当补助	各地法律援助机构
刑事案件法律援助服务	在收到通知辩护或者做出法律援助决定之日起3个工作日内指派3年以上执业经验的律师为受援人提供无偿刑事辩护和代理等法律服务	市、县（市、区）政府负责，省财政适当补助	各地法律援助机构

资料来源：作者整理。

（三）资金投入情况

一方面，中央财政继续增加转移支付，自 2011 年起从中央专项彩票公益金中安排法律援助项目资金 1 亿元。此外，2013 年以来，中央财政将补助地方法律援助办案专款上调至 3 亿元。另一方面，根据国务院新闻办公室 2017 年 12 月发表的《中国人权法治化保障的新进展》白皮书，2013 年至 2016 年间我国法律援助经费总额达到 73 亿元，共办理法律援助案件 500 余万件，受援群众超过 557 万人，提供法律咨询超过 2800 万人次。时隔两年之后，2019 年 12 月，司法部公共法律服务管理局联合中国政法大学国家法律援助研究院、社会科学文献出版社在北京举办发布会，共同宣告中国法律援助蓝皮书系列第一辑《中国法律援助制度发展报告 No.1（2019）》的面世。根据该报告中的数据，2018 年司法部公共法律服务管理局共批准办理案件 145 万余件，相比去年增长 11.2%；法律援助经费总额为 265107.08 万元，比 2017 年增长 12.65%。

与此同时，地方政府各级财政拨款也在不断增加。据统计，全国已有

91.4%的地区将法律援助业务经费纳入预算。作为配套举措，2018年以来NT市在财政保障方面设立150万元的法律援助专项资金。根据规定，律师在一起行政诉讼法律援助案件中可以获得1500元的补贴。另外，办案律师的交通补助等也均由市财政统一支出，利用该专项资金来保障办案经费。

自2008年起，RG市委、市政府便已将法律援助列入民生实事工程清单，并且每年市财政拨款专项经费均达到50万元。近年来，RG市一直专注于构建维权网络，创建法律援助"12348"惠民品牌。此外，RG市启动"法律援助镇村行"活动，在村（社区）累计建立348个法律援助联系点。据统计，截至2018年，RG市累计办案8731件，援助老、弱、病、残、穷等社会困难群体5万余人，被授予全国法律援助工作先进集体。如表10-3所示，RG市近年来每年确定固定财政预算10万元用于法律援助。此外，RG市政府每年拨款20万元，通过集中采购方式购买法律援助服务。

表 10-3　RG 市司法局一般公共预算支出预算表

单位：万元

功能科目编码	功能科目名称	2016 年	2017 年	2018 年
204	公共安全支出	1016.08	1151.68	1071.7
20406	司法	1016.08	1151.68	1071.7
2040601	行政运行	842.08	989.08	906.64
2040605	普法宣传	42.6	42.6	42.6
2040607	法律援助	10	10	10
2040610	社区矫正	15	15	15
2040699	其他司法支出	106.4	95	97.46
合计		1016.08	1151.68	1071.7

资料来源：作者整理。

三　RG 市政府购买农村法律援助服务的过程

（一）购买动机

1. 农村公共法律服务资源短缺

江苏省RG市总面积1477平方公里，辖14个镇（区、街道）。目前全市

14 个基层司法所共配置政法专编岗位 60 个，聘用人员超过 100 名。近年来，RG 市经济稳步增长，2019 年 RG 市居民人均可支配收入达 35495 元，其中农村居民人均可支配收入 21900 元，同比增长 8.6%。与此同时，农村居民对法律援助服务的需求不断增加。尽管法律服务力量逐年有所增长，但与爆发式增长的法律服务需求相比，法律服务供给总量仍呈现出严重匮乏的局面。

2. 政府社会责任予以推动

自 2014 年以来，国务院、省、市各级政府部门均将法律援助纳入政府采购项目。2015 年 9 月，江苏省颁布《江苏省省级政府购买服务目录》，首次将法律援助纳入省级政府购买服务目录，具体包括为弱势群体提供法律服务、为未成年人提供法律援助服务以及其他法律援助服务。此后，RG 市开始大力推进政府购买法律服务机制建设，建立市镇公共法律服务中心、村（社区）司法行政服务站，推进"12348"公共法律服务平台建设，实现一站式便民服务。

（二）具体的运行机制

根据《中华人民共和国政府采购法》的有关规定，RG 市政府按照公开、公平、公正的原则，采取竞争、择优方式选择法律援助服务的承接主体。同时，RG 市严格遵守《NT 市法律援助案件办理程序规范（试行）》的有关规定，进一步规范法律援助案件办理流程。如图 10-1 所示，RG 市购买农村法律援助服务运行机制包括：购买主体确定购买项目、选择承接主体、政府公共财政支付、法律援助服务承接主体组织实施等程序。

以 RG 市 BJ 镇法律援助工作站的运作流程为例。BJ 镇于 2009 年率先成立了首家镇级"法律援助工作站"，服务范围覆盖 178 平方公里，服务总人口达 14.6 万人，服务网络涵盖辖区内 35 个村（社区）和 76 家企业。工作站秉持"应援尽援"原则，进一步加强法律援助机构建设，致力于维护群众合法权益。以扶助社会弱势群体作为出发点，为辖区内贫困群众提供法律援助的同时也为维护社会稳定提供了有力的法律保障。

此外，BJ 镇法律援助工作站建立了村（社区）法律援助联系点，开通"镇—村'法律援助'信息互联网"，大力推行"全镇建网、村居有格、格中定人、人尽其责"的网格化法律援助信息排查机制，构建"横向到边、纵向到底"的法律援助格局，实现法律援助信息"无缝传递"，并不断规范法律援助工作机制。如图 10-2 所示。

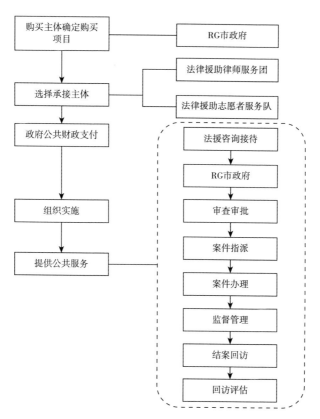

图 10-1　RG 市政府购买农村法律援助服务运作机制
资料来源：作者整理。

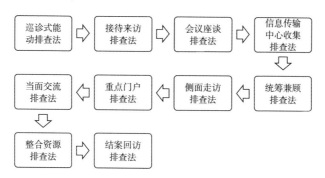

图 10-2　RG 市法律援助联系点网格式排查流程
资料来源：作者整理。

案例：1977 年 7 月的一天，原常青镇李某与陈某玩耍时，李某的头部不慎被陈某用镰刀所伤，后由村医做简单处理。一个月后，李某旧病复发，不省人事。当时，由于经济困难李某未能得到及时、有效的医治。此后，李某病情进一步恶化，多次癫痫发作。2001 年 7 月 6 日，李某发病住院期间，李某的法定监护人与陈某签订协议一份，协议约定由陈某一次性赔偿李某人民币 5000 元整，并约定李某的监护人必须监护好李某，不得侵害陈某及其家庭成员。协议签订后，李某的病情间歇性发作，且发作越来越频繁，李某每天都要借助药物控制病情。在法庭上，RG 市 BJ 镇法律服务所主任刘碧晴以事实、法律、情理相互交织，终于取得圆满结果。依照李某的伤残证据，陈某再次全额赔偿了李某的全部费用，一起历经 36 年的历史性疑难纠纷，在法律服务所工作人员的法律援助下，被公平、公正、公开、合理地彻底解决。2015 年 10 月中旬，中央电视台采访并报道了刘碧晴"深入基层、心系百姓"的事迹。2016 年 1 月 16 日，央视 12 频道"社会与法·小区大事"栏目播出了来自 RG 市 BJ 镇基层法律援助工作者的新闻故事。

据统计，BJ 镇"法律援助工作站"成立以来，共受理法律援助案件 863 件，在 2978 名受援人中，有 1900 多名"弱势群体"受援人，为"弱势群体"受援人挽回经济损失达 3845 万元之多。

（三）政府购买农村法律援助服务的具体过程

1. 购买主体的分工

正如图 10-3 所示，在政府购买农村法律援助服务过程中，RG 市财政部门主要负责完善政府购买服务体系，研究制定政府采购服务的指导目录。与此同时还要审核并公布同级人民政府每年购买的服务项目，依法监督、指导购买主体具体工作的开展；RG 市民政部门负责指导和管理社会组织承接服务，同时将社会组织承接行为纳入评估和执法监督体系；RG 市机构编制部门负责编制政府职能转移事项等工作；购买主体负责确定具体服务项目的采购要求、标准和准入条件等，公开购买服务的相关信息，监督承接主体根据合同规定提供服务，并全程跟踪监管、验收考核；RG 市价格主管

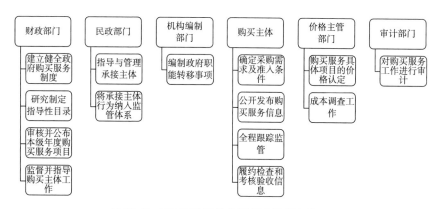

图 10-3　RG 市政府公共部门购买服务分工

资料来源：作者整理。

部门主要负责购买服务项目的价格认定和成本调查等工作；RG 市审计部门则负责审计采购服务。

2. 承接主体的甄选

为进一步推进 RG 市农村法律援助服务水平的整体提升，不断提高农民的社会幸福感与公平感，RG 市政府根据农村司法环境恶劣、农民法制观念淡薄等实际情况，以财政资金投入作为保障，启动"法律援助名优律师团"工程和"法律援助星火计划"。此后，RG 市政府有关部门广泛招募名优律师进村开展法律援助工作，形成驻村法律援助联系点，并且与青年法律志愿者、乡镇法律援助工作站共同构成"铁三角"工作模式。此外，RG 市打造"12348"法律援助文化品牌和"爱伴法援"品牌，为农民提供优质法律援助服务。

法律援助名优律师团是 RG 市推进农村法律援助工作的重要组成部分。市司法局对招募的律师制定明确且严格的标准：曾任各级人大代表和政协委员；受过省市表彰；具备法学理论基础，法律实务经验丰富，热心公益事业并在民事、刑事等专业领域有特长和一定知名度。

同时，RG 市司法局明确规定，法律援助志愿者必须具备以下条件：年龄在 18 周岁以上、身体健康，具有完全民事行为能力；具备法律专业知识、热心法律援助事业；具有较高思想政治素养。

此外，针对法律援助志愿者队伍流动性高、招募难等实际情况，RG 市司法局积极扩大宣传，招聘大学生作为法律援助志愿者主体，并由司法系统专家、律师、高校法学专业教师等协助，以此来构建起相对稳定的志愿者队伍，开展相关法律援助活动。

3. 具体服务的开展

实地调研后发现，目前 RG 市法律援助服务的承接主体主要分为志愿者队伍和律师服务团两部分。

提供法律援助服务的法律援助志愿者必须得到法律援助机构的批准，并且受当地法律援助机构的指导和监督。主要开展以下几方面的工作：普法宣传、法律咨询、开展基础性数据调研、引导符合条件的当事人申请法律援助、办理非诉讼法律援助案件等。

据了解，RG 市司法局组织以高校大学生为主要力量的青年法律服务志愿者队伍，深入农村，定期开展法律服务志愿者专项活动。一方面，采取设立宣传点、咨询点的方式，现场向农民发放法律宣传手册、法律明白纸等普法宣传资料，并安排专业律师现场答疑解惑。另一方面，志愿者们实施"大走访"活动，走进农民家中普及法律法规基本常识，宣传政府法律援助政策，引导农民学法懂法、依法理性维权。

此外，针对律师服务团，在收到有关司法机关的工作指派后，依照相关管理规章和工作要求，根据对联系点村庄的实际情况，主要开展以下工作：帮助符合援助条件的困难群众申请法律援助、代拟法律文书、指导年轻律师案件办理、定期驻村值班、诉讼案件受理等。例如，每年 12 月，律师服务团均会开展"法润雉水 情系民工"讨薪专项行动，加大农民工维权帮扶力度。2017 年，律师服务团共计为 1229 名农民工讨薪 1157 万元，为营造全市知法、学法、懂法、用法法治氛围，维护广大农村弱势群体合法权益奠定了坚实的基础。

四 RG 市政府购买农村法律援助服务的效果

(一) 购买服务整体满意度提升

RG 市司法局紧密围绕法律服务工作，持续发力"走帮服"，逐步形成"你追我赶"的局面，赢得人民群众的认可，群众对于政府购买法律援助服务的知晓率、满意度不断提升。为了转变普法理念，RG 市将常态化开展的

"法律六进"升级为以"三里四中"为内容的"法律六在"专项行动，切实提高重点人员依法解决问题的能力。以 2017 年上半年的数据为例，RG 市法治建设满意度同比上升 3%。

RG 市司法局注重问题导向、实用导向，以标准化建设为契机，引进第三方参与政府购买法律援助服务项目中群众满意度的相关调查。与此同时，利用"局协同办公网"分别在案前、案中和案后向法律援助案件受援人发送服务短信，告知权利，征询受援当事人的反馈意见，强化法律援助过程监督。以 2017 年数据为例，在当年受理的 1716 件案件处理满意度测评中，受理、办理阶段的满意度测评达到 94.6%，结案阶段满意度达到 92.7%。

（二）创新农村法律援助服务模式

RG 市探索并建立了政府、社会和家庭三位一体的教育和支持体系，并与 YC 市监狱、YX 市监狱建立了"回归加油站"。按照"帮扶跟着需要走"的工作思路，为农村服刑人员提供社会救助与就业援助，对有特殊困难的刑满释放人员采取上门走访慰问等形式展开帮扶。与此同时，RG 市积极推进远程视频会面，加强与监狱的沟通和联系，让服刑人员的亲属"足不出户"便可与服刑人员"见面"。

此外，RG 市司法局不断探索创新宣传模式。近年来，市司法局丰富宣传载体，创作《RG 法律援助之歌》、法律援助小品等一系列文化作品，开展"法律援助乡村行"活动。在农村地区，先后推出了法律援助墙体广告、公交站点漫画等法律援助公益广告，并定期组织志愿者深入农村发放普法手册，基本实现法律援助"从陌生向知晓"的转变。

（三）有序推进农村法律援助标准化

RG 市结合江苏省质量和标准化研究院的标准化体系建设的规范内容，学习 HZ 市信息化平台建设、WX 市法律援助中心公共服务标准以及 TZ 市法律援助人员服务规范指导等法律援助标准化工作的特点，在全市范围内所有乡镇法律援助工作站设立村（社区）法律援助联络点，并进一步推进农村法律援助联系点的规范化建设与管理。

此外，RG 市创新性地提出法律援助联系点网格式排查法，进一步推进法律援助工作网络信息化管理软件平台建设的立项，以"流程重组、节点控制"的八步工作法为抓手,实现申请、审批、指派、受理等八步工作法的线上全流程,并且着力打造"通用基础标准化、服务保证标准化、服务提供标准化、服务评估标准化"四大体系。

五　基本经验和存在问题

(一) 主要经验

1. 政社协同运作,合力提升农村法律援助服务质量

据调研,RG 市政府颁布并实施《RG 市村(社区)法律顾问工作考核办法》,明确提出"十有"标准,力争实现"村有法律顾问、组有法律参谋、户有法律明白人"的目标。同时,法律援助墙体广告实现镇、村全覆盖,并为全市所有农户发放法律援助和公证便民服务卡,方便群众及时获得法律援助服务。

与此同时,RG 市司法局组织法律顾问深入农村开展村规民约专项梳理活动,以指导村民自治章程和村庄规章制度的完善。截至目前,RG 市已建成 2 个国家级"民主法治示范村"和 149 个省级"民主法治示范村(社区)"。

针对农民工外出务工后密切关心的土地问题、婚姻问题、老人赡养以及子女教育等问题,RG 市依托农民工维权领导小组组建"四所帮扶"志愿服务队,走进学校为留守儿童送去关爱,定期前往乡镇敬老院耐心解答老人们关于法律方面的疑惑,针对老年人遗嘱、遗赠抚养协议等法律知识展开宣传。此外,RG 市大胆创新,依靠律师事务所设立民工法律诊所,为民工涉法问题及时解疑释惑,提供法律支持。在这一背景下,RG 市开展了"法润雉水　情系民工"专项行动,引导、鼓励法律服务工作者深入企业、工地和在外务工人员家庭,号召派出所民警、司法干警、律师和法律工作者积极参与民工权益保护工作,确保民工劳动报酬不打折扣、按时到位。据了解,自专项行动开展以来,RG 市积极宣传"一次就好"惠民举措,开通法律援助"绿色通道",最大程度方便当事人,节约农民工办事时间,为130 名农民工追回薪资、赔偿 126 万元。

2. 借力社会化运作,助推法律援助服务标准化

(1) 锚定特殊群体个性化需求。根据 2014 年至 2017 年连续四年的参与

式法律需求评估结论，RG 市司法局改变传统的宣传模式，开始由大众式宣传向精准式宣传转变。与此同时，根据人群类型的不同特点，分别就不同人群开展特定的宣传方式，推出刑事法律宣传动漫、为残疾人推出盲文版法律援助宣传手册。一方面，为充分保障特殊群体的合法权益，保障部分犯罪嫌疑人克服语言交流的障碍，RG 市司法局针对残疾人提出法律服务要增加手语翻译的现实需求，从市特殊教育学校专门聘请手语老师在案件的侦查、审查起诉以及审判阶段实行全程翻译，极大地提升了当地法律援助服务的专业程度。另一方面，RG 市司法局和 RG 边防检查站联合开展"法律援助润警营"活动，组织法律援助值班律师到市边防检查站就涉军法律援助热点问题开展宣传、咨询。RG 市司法局就 NT 市司法局《完善法律援助制度的实施办法》在边防检查站开展意见征询，组织律师开展法律服务需求调查，未来 RG 市司法局将结合边检官兵的日常法律需求，就婚姻家庭、民间借贷等热点问题开展专题宣传。

（2）扩充服务内容标准化。据了解，RG 市司法局及时确定标准化工作的专职和兼职联系人，并且定期组织法律援助工作人员开展标准化工作培训。此外，RG 市司法局定期邀请行业内相关专家开展标准化研讨会，力争参与标准工作人员的标准化知识普及率达到 100%。

3. 虚实结合，推动法律服务网络向基层延伸

据了解，RG 市司法局着力探索建设法治惠民项目平台，构建维权网络，将公共法律服务列入全市法治惠民实事项目，打造法律援助"12348"惠民品牌，启动"法律援助镇村行"工程，组织"社区参与式法律需求评估"，近三年累计办案超过 4000 件，援助老、弱、病、残、穷等社会困难群体 3 万余人，被表彰为全国法律援助先进集体。此外，RG 市司法局还每年组织"法惠民生"百场文艺演出、"法治创和谐"文艺巡演调演，形成政府搭台、社会运作、全民学法的良好局面。

（1）推进公共法律服务实体平台建设。2014 年 9 月，RG 市公共法律服务中心面世，14 个镇（区、街道）公共法律服务中心开始进入实体化运行阶段，345 个村（居）司法行政服务站实现城乡覆盖。公共法律服务中心配备自助式电脑和触摸屏等硬件，整合人民调解、法治宣传、法律服务等力量，为人民群众提供一站式的法律服务。公共法律服务便民站覆盖法院诉讼服务中心、信访局接待大厅、大型企业等重点区域，为人民群众提供公

共法律服务。2017 年以来，各级服务中心、站点共办理各类法律服务事项 7537 件（法援 852 件，公证 3570 件，调解 3115 件），接待群众 1 万多人次。此外，自 2015 年 10 月开始，RG 市法律援助中心借助看守所智慧监管平台，为在押人员开通腕带申请法律援助，经由市看守所汇总申请信息后转交给看守所法律援助工作站，工作站进行初步审查后报市法律援助中心审批，市法律援助中心审批后即指派律师介入承办。据了解，自 2015 年以来 RG 市看守所已经有 192 名在押人员通过平台申请法律援助。

（2）着力推进"12348"网络平台建设。RG 市司法局推进以"12348"为龙头的一体化综合智能平台建设，搭建 DLP 无缝拼接大屏幕"12348"协调指挥中心。具体来说，RG 市司法局以建设"12348"协调指挥中心为契机，实现平台流转业务和指挥、电子地图显示、特殊人群 GPS 定位管理和视频会议系统等功能的综合应用。与此同时，搭建"三微"服务平台，结合群众身边的典型案例，以案释法开展法治宣传，充分利用微博、微信公众号等新媒体优势，为群众提供在线法律咨询、普法宣传并通过微博、微信、户外 LED 屏等载体向公众推广"12348"。为了提高群众知晓度，举办"公共服务在我身边"网友体验日活动，推出"12348"动漫宣传片等一系列举措。

（3）协调联动，强化维权实效。针对劳动关系日趋复杂，劳资争议日益凸显等新形势，RG 市调处中心整合资源，在春节、"两会""五一"等重要时间节点部署开展专项排查活动，妥善调处劳资纠纷、平息劳资争端。2018 年以来，受理调处劳动争议纠纷超过 100 件，调处成功率达 99.24%。①小事就地内部化解。根据企业类型，分别建立内聚式、分列式、联动式、外包式企业调解组织，在企业内部开展日常排查，及时化解各类事宜。同时，在服装、纺织等劳动密集型企业建立行业性劳动纠纷调解工作站。在商会（协会）增设劳动人事争议调解职能，协助企业将一般性矛盾化解在基层。目前，全市共有企业调解组织 78 个。②镇村平台守好中场。建立镇、村劳动争议化解平台，及时介入企业调解组织难以解决的问题，妥善做好服务和业务指导等工作。与此同时，确定各镇（区、街道）社保专职人员及一名村级平台服务人员作为镇级专职劳动关系协调员，专职处理辖区内劳动争议，并在全市各行政村（社区）组建劳动人事争议调解站，由村协管员担任调解员，负责处理本村（社区）的劳动争议，力争将各类问题纠纷就地化解。③急事难事对接及时。RG 市调处中心与人社局工伤科对接，对矛盾隐患及时研判，开通速调通道；建立成员单位联调联动机制，针对劳动争议案件涉及事项，充分发挥司法、仲裁部门的人才优势，发改委、工商联的职能优势，工会和调处中心、法律援助中心的人脉优势，整合调解资源、实现优势互补、提高调解效能。

4. 多平台展示，扩大法律援助覆盖范围

RG 市司法局联合派出所、律师事务所和法律服务所成立农民工维权领导小组，到车站、人才市场、企业工地，积极围绕民工权益保障问题，专项开展法治宣传教育工作。自 2017 年 12 月以来，共接受民工法律咨询 527 次，走访企业工地 37 次，开展民工权益法律讲座 16 次，发放 731 张服务联系卡。

与此同时，RG 公证处以法律认同提升维权意识，在全市年度法治宣传教育规划中，RG 公证处明确全市 165 家农民工重点用工单位公证法律服务的宣传内容，要求农民工用工与公证普法宣传"双同步"，指导农民工"遇事找法、学法用法"。此外，紧扣公证主题，RG 公证处利用农民工节假日返乡、送法进企业、工地等节点时机，深入宣传与农民工讨薪、维权密切相关的公证法律法规。

此外，RG 市司法局为进一步提升农村青少年学法、用法、守法意识，开阔思路、创新举措，以"德法同行"送法进校园活动为载体，着力在青少年法律素质的养成上下功夫。以"333"工作法（建立三支队伍、落实三个重点、创新三种形式）创新青少年普法新模式，为全市普法工作开创了新局面。一是"法律进学校"，深入各学校开展《中华人民共和国宪法》《中华人民共和国未成年人保护法》《预防未成年人犯罪法》、交通安全法规等知识宣传活动；二是组建法律志愿者队伍，由市法律服务团、律师事务所、法律服务所及村居法律顾问组成，主要负责基层青少年法律知识的宣传。三是建立法律援助队伍，由公检法系统的团干部和团员青年组成，主要负责重点青少年和结对单位的法律宣教工作。

5. 建立科学的评估机制，保障政府购买服务质量

（1）注重工作效能建设，强调督查执行力。首先，以工作实绩为导向，围绕上级部门的考核体系，进一步完善岗位目标绩效考评制度，制定司法所考核细则，推进考核工作的科学化建设，强化执法执纪执业监督，促进

考核制度得到更好落实。其次，开展作风效能建设督查月活动，落实局领导带班巡察，及时发现问题、纠正问题、通报情况、曝光典型，加强有关人员的服务意识和责任心，切实提升工作效率。最后，实行卷宗定期巡查和外部巡查制度，邀请行业专家及相关领导巡查卷宗，发现存在的问题，第一时间予以补救，督查工作人员办理质量。

（2）建立健全回访制度，确保案件质量。RG市法律援助中心加大了对法律援助案件质量的审查力度，以服务态度为依据，对案件进行三次回访，进一步规范法律援助办案人员行为。首先，RG市法律援助中心的短信回访。利用"局协同办公网"在案前、案中和案后向法律援助受援人发送服务短信。告知权利，征询受援人的反馈意见，加强对法律援助过程的监督，提高法律援助群众满意度；其次，根据法律援助卷宗归档办法，评估组对结案的卷宗进行电话抽查回访评估；最后，委托第三方公司对法律援助案件承办人员的准备情况、调查取证、出庭情况、有无收受财物、有无接受吃请、有无私自收取费用等9项内容进行回访，了解受援人的满意度。

此外，RG市司法局针对社区矫正对象开展法律需求评估工作，通过了解特定群体对法律援助的需求及为特定群体提供法律援助的现状、效果和存在的问题，为推进完善法律援助机制提供建议。与此同时，在评估结束后，根据收集到的信息再进行分析整理，撰写评估报告，根据评估及时进行成果转化，建立社区服刑人员法律援助工作站。

（二）存在的问题

1. 法律援助服务经费短缺

作为政府为民办实事的重要项目，法律援助往往需要财政经费作为保障。值得注意的是，随着社会不断发展，法律援助服务经费分担机制建设的滞后导致我国法律援助制度构建以及政府购买法律援助服务中的问题日益凸显。[1] 据调研，目前RG市农村的实际情况是法律援助需求日益增加，政府财政转移支付却很有限，难以有效推进法律援助工作的深入开展。

就RG案例而言，尽管法律援助服务被列入政府采购清单，并列入政府

① 胡铭、王廷婷：《法律援助的中国模式及其改革》，《浙江大学学报》（人文社科版）2017年第2期。

财政预算，但财政拨款相对较低。而且，经常会被同级司法行政部门占用。法律援助经费得不到合理使用，难以保证专款专用，进而影响案件受理的质量与效率。据调查，政府的财政拨款、社会捐赠以及执业律师公益奉献是法律援助经费的三个主要来源。在现有县级财政状况下，RG 市法律援助经费以财政拨款为主，而社会团体组织和个人的捐赠很少，这显然难以满足法律援助需求。

2. 资源分布不均，公共法律服务缺乏均等性

随着我国当前社会主要矛盾的转变，社会公众对于法律援助的需求显著上升。在经费支持方面，农村地区的法律援助经费短缺问题已然成为法律援助事业发展的重要阻碍。农村地区的财政相较于城市普遍吃紧，虽然在数额上二者的差异在逐渐缩小，但是农村地区将财政拨款更多地用于解决农民基本生活问题以及其他基础设施建设上，能够用于法律援助的经费十分有限。法律援助资金并不能满足农村地区日益增长的法律援助需求，进而导致农村弱势群体很难享受到高质量的法律援助服务。[①]

此外，在法律援助人员支持方面，RG 市大部分现有律师集中在市区，农村法律服务主要靠基层法律服务所提供。在全市 14 个乡镇中，绝大多数乡镇一般只有 1 个法律服务所和 2～3 名基层法律服务工作者。无论是从机构人员的分布情况，还是从人均拥有法律服务资源的比例来看，农村跟城区的差距都很大。农村地区法律服务保障缺少重视和规划，法律服务资源相对匮乏，农民在法律问题上难以获得有效的法律服务，难以享受优质、便利、高效的法律服务。

3. 案件当事人法律素养较低，对法律援助依赖性过高

一方面，受援案件当事人法律素养低，对法律援助了解甚少。在调研过程中我们发现，在农村，虽然 RG 市司法局以及各级法律服务所定期开展法律援助宣传活动，但是很多农民受教育程度有限，对法律援助的许多条例、办法知之甚少，缺乏基本的法律援助常识，法制意识淡薄。因此，在对法律援助相关条例不了解的情况下往往难以有效保障自身合法权益。

另一方面，受援案件当事人对法律援助过于依赖。国务院颁布的《法

---

① 司法部法律援助中心：《〈法律援助条例〉贯彻实施中存在的问题及对策建议》，《中国司法》2004 年第 9 期。

律援助条例》明确规定了法律援助的范围，但一些当事人缺乏法律知识，或受利益的驱动，既想打赢官司又不想花钱，要求法律援助中心提供无偿服务，这极大地给法援工作带来额外的负担和干扰。

4. 相关法律制度建设薄弱

一方面，在法律援助服务范畴，我国现行的法律法规尚未对农村弱势群体给予足够重视。根据我国现行《法律援助条例》中的有关规定，法律援助适用范围仅立足于具体事项，没有对其中涉及的对象予以界定和解释。

另一方面，有关政府购买农村法律援助服务的法律法规和政策文件并未对经济困难的具体适用标准做出详细规定。例如在《办理法律援助案件程序规定》中，经济困难的公民提交相关手续即可申请法律援助，但是针对在何种情形下可以被认定为经济困难缺少清晰界定。据了解，在实践中，农村地区大多是以居民最低生活保障基准或者该基准的法定比例作为认定"经济困难"的标准。过于简单、直白的规定虽然有利于政府开展法律援助审查工作①，但却容易损害申请主体的合法权益。与此同时，就本案例来看，在法律制度建设层面，关于基层政府购买法律援助服务的服务范围、购买流程、评估监督、部门职责和购买途径等问题仍然需要做出更为明确的界定，并且需要根据国家相关法律要求因地制宜，出台更为完善的政策规定。

六　讨论与思考

农村法律服务关系着农民最基本利益的协调与保护。政府购买农村法律服务对于基层人民普法、懂法、用法、信法起着重要作用，对推进乡村振兴和法治乡村建设具有重要意义。为建立乡村法律服务体系的长效机制，提出以下几点建议。

1. 加强政府购买法律化，程序明确化

政府购买法律服务作为新型社会治理的手段，其法律法规的建构还处于摸索阶段，其运行中的合理性和规范性主要以文件规定为主。为健全购买程序，完善购买流程，保证其购买法律服务的质量，必须构建完整的法律体系。一方面，要加快《中华人民共和国政府采购法》的修订和完善，

---

① 孙平凡：《法律援助经济困难标准辨析》，《中国司法》2012 年第 5 期。

设立明确的购买服务范围、购买程序和承担购买服务的条件。同时，国家应积极把购买服务的基本要求纳入相关的法律中，保证购买服务的法律化。另一方面，不同种类的政府购买服务，如政府购买农村法律服务，对于基层所需购买法律项目的前期调查，被购买方的律师机构、律师从业人员、机构设施、和组织专业化条件、需承担责任等都需进行明确规定，用规范化文件保证购买服务质量。

2. 实现法律资源均衡化，人才专业化

实现法律资源的配比率均衡，一方面要保证农村公共服务平台的全覆盖。乡村经济实力不同，人口总量不一的现状要求政府必须在新时代网络条件下，构建平台、热线、实体机构的有机统一。利用线上线下双重模式，传统与现代相结合，确保法律宣传到位，服务覆盖全体。另一方面，实行"固定+移动"的动态式服务模式。政府购买法律服务的分配过程中，既要确保每村持有固定分配的律师工作人员，也要在律师服务中心保留动态工作者，以满足不同时间内各村服务量突增的情况。为提高政府购买农村法律服务的质量，更好地服务于人民，律师人才也要不断提高其专业化水平。对于律师机构来说，要积极鼓励工作人员考取专业资格证书，并给予激励措施。因此，机构要定期展开专业能力培训，使工作人员及时了解服务现状。对于政府部门来说，要积极引进户籍为本地区的法律人才，鼓励回家就业，增加其津贴补助，积极培育属于乡村本土的法律服务团队。同时，大力开展农村"法律明白人"培养工程，对选拔出的人民调解员、村网格员、致富能手进行培训，帮助他们成为"法律明白人骨干"，努力培育一批属于本地区的乡村本土法律服务团队，以便促进乡村法治建设。此外，政府要积极出台相关政策，鼓励大中城市律师机构下沉到乡村，为法治乡村建设贡献力量。

3. 加强监督机制体系化，评估机制化

建立健全监督评估机制是提高农村法律服务的质量保障。政府首先要完善监督机制体系化，要做到全方位、全过程动态化监管。从政府购买法律服务的招标到法律服务最终的实行，从律师机构的服务到群众对服务的反馈中建立自上而下、自始至终的具体监督方案。以保障此方案公平公正、奖优惩劣。此外，各村的农村法律服务建设体系要纳入政府年度考核中，以保证农村法律服务的质量，从而加大监督力度。另一方面，政府要加强评估体系机制化。为避免评估效果以领导人意志为主，政府要积极构建"法律服务机构自评+服务者反馈+政府评估"的评估体系。同时，在此基础上引进第三方评估，从而避免"熟人社会""单位自评"和"领导为主"的现象，保证评估效果的专业和公正。此外，对于评估结果，政府要保证信息公开，对于评估结果优秀的机构，给予奖励，反之进行批评，严重者，直接取消购买资格。在中期评估结束后，政府部门要积极与法律机构进行沟通，保证农村法律服务准确、有效的实施。

4. 拓展法律服务个性化，资金常态化

随着人们日益丰富的生活需要，法律服务也不能只满足于法律知识宣传、基本法律服务等项目。政府在购买法律服务项目时，要深入调查，加大法律援助力度，积极拓展法律个性化服务。对于农民工来说，法律服务主要涉及工资、赔偿、签订合同、合约解约等。对于老年人来说，赡养、贫困、预防网络诈骗成为其主要服务项目。此外，面向未成年人、留守儿童、退役军人、残疾人等各类型主体的服务项目要求不同，法律服务要根据不同情形、不同主体进行个性化、分类别的服务，以便及时给予法律援助。此外，法律服务所特有的持续性（案件审理过程）特点，要求政府必须保持购买服务的资金常态化，避免中途因财政问题导致法律服务暂停或停止。此外，政府部门还要做好预算，以法律服务需求的变动，不断调整法律服务的预算资金。以江苏省RG市为例，2018年、2019年、2020年购买法律服务的采购预算都不过区区几十万元，对于日益增长的人民法律需求，未能积极做好法律服务预算，导致基层法律服务短缺，这就要求政府必须加强与财政部门的沟通协作，加大上级政府对于法律服务的补贴力度，保证政府购买农村法律服务，推动乡村振兴的持续性。

第十一章　农村社区内生性社会组织的
培育、购买、成长的过程

——以 SZ 市 QC 组织为例

一　背景介绍

(一) SZ 市社会组织建设的情况介绍

作为全国创新提出"政社互动"的城市,近年来,SZ 市的实践探索逐步深入,基本形成政府职能转移购买服务、社会组织承接服务、社区减负增效、专业社工人才队伍建设等制度框架。普遍建立"一委一居一站一办"新型社区服务管理体制和覆盖村(社区)、片区、村(居)民小组、楼道的服务管理网络。伴随着社会组织直接登记、政社脱钩、职能转移等系列改革扎实推进(见表 11-1),SZ 市建成各类孵化基地 71 家,累计投入 1 亿元,持续实施"公益创投""公益采购"、创新"公益伙伴",并支持 500 余家社会组织实施近 900 个民生类社区公益服务项目,受益市民超百万人。①

表 11-1　"十二五"SZ 民政事业发展指标完成情况

"十二五"发展目标		2010 年末	2015 年末
指标	登记社会组织/万人(户籍)拥有数	3525 家/5.6 家	8096 家/12.3 家
	社会组织孵化基地	市级、GS 区分别建成 1 家	建成 71 家,实现市、县(区)、镇(街)、社区四级全覆盖

资料来源:作者整理,余同。

---

① 2016 年《SZ 市国民经济和社会发展第十三个五年规划纲要》。

SZ 市的社会组织发展并非独立于政府、社会之外，而是被镶嵌在"政府—社会"的制度框架内，既作为被服务的客体，又作为参与的主体，在推动社会服务中发挥着重要作用。为推动社会组织的发展，2012 年 SZ 市制定了《SZ 市城乡社区服务体系建设"十二五"规划》，旨在从全局出发，统筹各项服务资源，推进城乡社区服务体系的建立。2014 年 SZ 市出台《政府向社会购买服务实施意见》，将提升社会组织公共服务能力作为开展政府购买服务的基础性工作，支持和引导社会组织健康有序发展，充分发挥社会组织在承接政府购买服务中的主体作用。2016 年 SZ 市制定《SZ 市城乡社区治理和服务"十三五"规划》，配套出台《关于加强城乡社区协商的实施意见》《SZ 市第五届"社工宣传周"活动方案》，着重强调城乡社区治理中社团、社会组织、社区服务中心的突出地位，并通过一系列的政策、资金的支持，整合多方主体，借此发挥其在城乡社区治理中的重要作用。

（二）社会组织购买服务内容及流程

2015 年 SZ 市出台了《SZ 市政府向社会购买服务成本规制试行办法》《SZ 市社区党组织为民服务专项经费使用管理办法》（以下简称"专项经费"），明确提出了政府向社会购买服务的具体实施方案、财政性资金使用等问题，其中第二份办法更是给予了配套性资金，通过支持社区党组织、社会组织参与提供社区服务，以此强化社区党组织政治属性和服务功能。[①] 该专项经费每年以社区为单位，配套足量的资金，[②] 在 2016~2017 年 SZ 市社会组织培育、成长中发挥了极为重要的作用，且本案例 QC 组织在结束孵化后，主要依赖"专项经费"的购买性资金得以生存和发展。因此，本案例中提及的政府向社会组织购买服务内容主要以该专项经费为背景。

"专项经费"支持项目的类型、购买服务的流程、经费使用的原则、配套出台的举措内容[③]具体如下：

基于专项经费设立宗旨，专项经费首先面向社区党员和居民，解决党

---

① 2015 年《SZ 市社区党组织为民服务专项经费使用管理办法》。
② "专项经费"使用办法规定：从 2016 年起，按每个社区每年 20 万元标准，设立"社区党组织为民服务专项经费"，按现行财政体制，分别纳入各级财政预算（原有社区工作经费保持不变）。GS 区由市、区两级财政按 1:1 比例分担。
③ 2015 年《SZ 市社区党组织为民服务专项经费使用管理办法》。

员群众最关心、最迫切、最直接的实际需求。主要包括以下 4 大类：党建工作类，主要用于社区党组织开展工作和活动，如开展党的组织生活、党员教育培训、关心关爱老党员等；公共服务类，主要用于增强社区服务功能、开展社区惠民公益活动、开展群众性文体活动等；自治管理类，主要用于推动社区协商、居民自治，培育社区社会组织、专业社工队伍建设，如完善民情信箱、议事恳谈、无物业小区自助服务等；其他类，主要用于社区党员群众迫切需要解决的其他服务事项。专项服务经费的设立并非基于培育社会组织的宗旨，但它的设立和运用确实推动了 SZ 市社团、社区社会组织的建立和发展。

专项经费十分注重党小组、居民小组、党员群众、驻区党代表、居民群众等多方的参与和协商，其详细完备的使用流程能够确保资金的合理、有效使用。"专项经费"的使用流程包括了解需求、确定项目、审核备案、经费核拨、组织实施、支出报销、上报公示等七个环节，具体流程内容见图 11-1。

专项经费在购买服务的流程上环环相扣，规定明确，能够在具体实践中发挥积极的指导作用。而在专项经费使用上，SZ 市制定的专项经费四点原则（见图 11-2）以及列举出经费不能支出的事项清单（见表 11-2）更是做到详略得当，总体和细节兼顾，能够有效规范之后承接方的具体经费使用。

表 11-2　SZ 市社区党组织为民服务专项经费不能支出的事项清单

序号	不得支出的范围
1	应由办公经费开支的相关费用
2	工资、津补贴、奖金、加班费等社区工作人员经费
3	办公场所建设、维修及办公条件改善等
4	集体资产经营性生产投入，偿还债务
5	按照物业服务合同由物业公司提供的服务项目，如对房屋及配套设施设备和相关场地的维修、养护、管理，对物业管理区域内环境卫生和相关秩序的维护等
6	应由居民自行承担的服务项目，如供水、供电、供气、通信、有线电视、卫生清洁等
7	已有财政资金安排的服务项目

步骤1
· 了解需求
· 在社区"两委"组织下，以党小组、居民小组为单位，采用入户走访、召开座谈会、填写意见征集表、设立意见征集信箱（电子邮箱）等形式，广泛了解党员群众需求，并听取驻社区党代表、人大代表、政协委员以及辖区机关企事业单位党组织的意见建议。

步骤2
· 确定项目
· 在综合各方建议的基础上，社区党组织召开党员大会或党员代表会议提出服务项目初步方案，与街道（镇）党（工）委沟通后，提交社区居民代表会议研究讨论并票决，经半数以上代表同意后形成正式方案，并公示7天。

步骤3
· 审核备案
· 确定服务项目后，社区党组织填写《sz市社区党组织为民服务专项经费使用备案表》，一般于上年度11月底前报送所在街道（镇）党（工）委审核把关；街道（镇）审批同意后，报各县级市（区）组织、民政和财政部门备案。

步骤4
· 经费核拨
· 每年年初，市、县级市（区）财政部门将当年专项经费按备案表金额拨付到各街道（镇）。

步骤5
· 组织实施
· 对审核备案的项目，社区"两委"要严格依照政府采购或相关规定，签订项目合同，约定服务时间、服务内容、服务费支付和接受方式以及服务的质量标准与评估考核办法，鼓励社会组织承接为民服务项目。

步骤6
· 支出报销
· 项目支出由社区党组织按照财务审批程序和相关规定手续，凭发票到街道（镇）报销。项目或经费额度因特殊原因需要变更的，应报经各县级市（区）组织、民政和财政部门同意。当年度未使用完的专项经费，可结转下一年继续使用。

步骤7
· 上报公示
· 每年年底前，社区党组织将项目实施过程和经费使用情况向街道（镇）党（工）委报告，并报各县级市（区）组织、民政和财政部门备案。同时，在社区内书面公示7天，接受群众监督。

图 11-1 SZ 市社区党组织为民服务专项经费使用流程

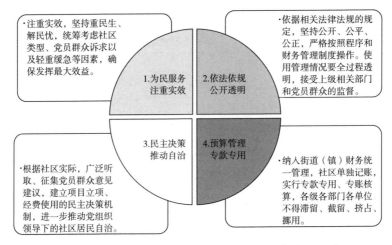

·注重实效，坚持重民生、解民忧，统筹考虑社区类型、党员群众诉求以及轻重缓急等因素，确保发挥最大效益。

·依据相关法律法规的规定，坚持公开、公平、公正，严格按照程序和财务管理制度操作。使用管理情况要全过程透明，接受上级相关部门和党员群众的监督。

1.为民服务注重实效　2.依法依规公开透明　3.民主决策推动自治　4.预算管理专款专用

·根据社区实际，广泛听取、征集党员群众意见建议，建立项目立项、经费使用的民主决策机制，进一步推动党组织领导下的社区居民自治。

·纳入街道（镇）财务统一管理，社区单独记账，实行专款专用、专账核算，各级各部门各单位不得滞留、截留、挤占、挪用。

图 11-2 SZ 市社区党组织为民服务专项经费使用原则

　　除了制定了细致的专项经费使用流程、原则以外，专项经费还制定了权责说明、监督管理、考核评价等的配套措施。第一，明确职责分工。具体而言，专项经费要在各级党委和政府的领导下实施。由组织部门牵头抓总，其他相关部门组织配合好专项经费的使用管理。民政部门负责项目申报组织和汇总梳理。财政部门负责专项经费预算、拨付和监管，建立项目绩效评估机制。纪检、监察部门负责专项经费使用管理的监督。审计部门负责专项经费使用管理的审计。街道（镇）负责项目的指导、审核和经费的安排、监督管理。社区党组织负责项目的具体实施和经费的规范有效使用。第二，强化监督管理。组织民政、财政等部门每年定期对街道（镇）开展专项督查，对项目经费使用过程中发现问题的，予以追究相应的责任，并严肃处理。对发现问题未及时整改的，核减或停止拨付专项经费。对利用虚假材料和凭证骗取专项经费、擅自改变专项经费用途，挤占、截留或挪用专项经费的，追究当事人和有关领导责任，情节严重的追究其法律责任。社区居务监督委员会吸纳与项目关联度较高的党员群众代表，对项目实施情况进行全过程监督。第三，加强考核评价。为民服务项目的实施情况将作为评选各级先进基层党组织、和谐社区建设示范单位的重要依据，专项经费使用情况将被列入基层党建"三级联述联评联考"重要内容，以确保项目及资金层层落实到位。此外，社区党组织要把专项经费使用情况作为年度履职报告评议的重要内容，接受上级党组织的考核和党员群众的评议。对专项经费年度使用情况，街道（镇）党（工）委开展满意度测评，各县级市（区）组织、民政和财政部门进行绩效评价，并将评价报告报市相关部门。

　　近年来，SZ 市政府并非单一的推动社会组织的发展，而是将社会组织的发展纳入"政府—社会"互动的框架下，通过城乡社区治理和服务一体化的建设，联动政府、社区、社会组织、基层党组织、居民等多方主体，共同参与 SZ 市的社会建设，并推动社会文明的发展。良好的宏观制度框架还须具体实践的检验和打磨，具体在末端的社会实践中有哪些经验、阻碍、困难，下文通过 SZ 市 QC 组织的案例，进一步剖析。

二　案例的典型性及研究问题

　　在推动社会组织发展上 SZ 市结合了自身优势，采取了独特的管理方法。它的主要经验做法是将社会组织发展纳入"政府—社会"互动的制度框架内,从宏观层面创立制度,形成良好的制度环境;从中观层面制定政策,提供政策保障;从微观层面引入支持型组织,实现社会组织落地。案例中 QC 组织实际上回应了 SZ 市"政府—社会"互动的顶层设计,从无到有、从有到专业化的经历,即 QC 组织在 SZ 市社会组织"生态系统"里培育、产生、发展的过程。本案例研究详细叙述了 QC 组织大半的"生命周期",尝试说明内生性社会组织建立、生存、发展所需要的"生态系统"要素,以及社区社会组织角色定位等问题。同时,由于案例产生于农村社区,对于农村社区社会组织的建立和培育也具有一定借鉴意义。

(一)案例的典型性

一是农村社区的公共服务,农村社区因其较为稀缺的资源和薄弱的基础,往往是公共服务供给的较为空白地带。与农村社区大量的居民需求相比,农村公共服务供给不足的问题更为突显。本案例中 QC 组织产生于农村社区,持续、扎根为农村社区提供公共文化服务,并取得了一定的成效。

二是内生性社会组织。QC 组织并非自然而然产生的,而是经由区域内第三方支持型组织的发掘、培训、支持后,从无到有产生、发展的结果。此外,QC 组织的培育、产生和发展存在于 SZ 市社会组织"生态系统"之内。除了关注内生性社会组织培育、建立、发展的过程外,我们还需要进一步探究其所产生和存在的"生态系统"。

(二)研究的问题

1. 农村社区社会组织培育、成长和发展问题

目前,我国农村公共服务供给明显存在短缺,而社会组织正是弥补这一短缺的重要方式。就我国社会组织发展水平而言,社会组织自发性产生、成长和发展的可能性较低。因此,在农村社区公共服务供给不足情况下,如何通过对社会组织正向引导、外界支持,最终使其补缺农村社区公共服务值得我们去思考和研究。

2. 社会组织"生态系统"问题

社会组织产生、成长和发展是基于一定的外在环境,即社会组织"生态系统"。本案例 SZ 市为社会组织"生态系统"的构建提供了宝贵的经验,

同时，我们还可以通过 QC 组织的"生命周期"去进一步了解其"生态系统"的构成要件。

3. 政社互动的基层实践问题

"政府—社会"互动并非流于表层，而是具体贯穿于整个社会实践过程。在本案例中，政府、社会、社会组织持续性、深层次的互动，为其他地区处理政府、社会、社会组织三者关系提供了宝贵的经验。

三　案例的基本情况

2016 年，QC 组织作为 SZ 市 XT 街道第二期孵化组织，接受了为期 1 年的 XT 街道第三方支持和培育。2017 年初，QC 组织正式注册成立，并在当年承接了两个街道、一个社工委共六个"党建为民服务项目"，实现了组织自负盈亏，确保了组织的后续发展。然而，QC 组织培育、成长与独立的过程并非一帆风顺，当然其结果却也没有预想中的那么糟糕。今天的 QC 组织，已经确立了自己的使命和愿景，明确了自己的服务范围，完善了组织管理，沉淀了自己既有的经验，能够在未来的专业化组织竞争中占有一席之地。

（一）QC 组织的建立与培育

第一步，发现核心行动者。最开始，QC 组织负责人 H 只是早期对社会组织有所了解，但从未想过要成立组织、参与社区服务。"我对社会组织只是了解，可能是做公益慈善之类的事情，并不知道它具体是要干什么"，H 说。①因为 SZ 市 XT 街道第三方支持组织与 H 个人关系的原因，知道 H 一直参与 SZ 市其他公益活动，因此在一次偶然的机会中，才邀请 H 参与 SZ 市 XT 街道举办的"第二期社会组织孵化"。当然，第三方支持组织说服 H 花费了一定的时间精力。首先向 H 科普了社会组织的概念，让 H 从总体上了解社会组织。其次，说明入选"第二期社会组织孵化"的优势，即能够获得资金和场地，以及第三方支持组织的各种技能培训的支持。最后，要帮助 H 依托个人优势资源制定相应的组织规划。经过前期多次的沟通和鼓励，H 开始准备"第二期社会组织孵化"评审会。经过 XT 街道领导、第三方支持型组织的评审，QC 组织以其完备的方案、优越的资源、以及负责人 H 的组织能

① 访谈 1，对 QC 组织负责人 H 的访谈，2018 年 1 月 16 日。

力，于 2016 年 6 月正式成为 XT 街道"第二期社会组织孵化"的壳内组织。[1] 第二期孵化社会组织依据评审会得分将被划分为壳内组织、壳外组织、未入选组织三类，并给予不同资金、场地等资源的支持（见表 11-3）。

表 11-3　孵化类型不同的社会组织获得资源情况表

资源情况	壳内孵化	壳外孵化	未入选组织
孵化资金（元/月）	1000	500	—
活动场地（是/否）	是	是	—
技能培训（是/否）	是	是	—
外出参访（是/否）	是	是	—
财务管理（是/否）	是	是	—
相关咨询（是/否）	是	是	是

第二步，提供实践的机会。QC 组织成为第二期壳内孵化组织后，在获得每月 1000 元资金支持同时，对应也需要在 XT 街道范围内任意一家社区每月举行至少一场服务。同样，1000 元的资金支持是通过报销形式支付的，资金被限定使用在物资、人员及办公用品等名目上。因此，H 为了尽快使组织运作起来，凭借第三方支持组织对接的一家社区，并尝试开展活动，提供社区服务。处在起步阶段的 QC 组织，一开始并不知道怎样为社区提供服务。在多次跟社区主任沟通交流后，QC 组织根据社区要求，举办了一次"社区健康日"活动，即为社区居民提供测量血压的服务。活动按预期完成，并给社区提供了具体实在的服务，也获得了社区居民的肯定。然而，活动的顺利举行仅仅是 QC 组织运转中的一个环节，还有后续诸多事宜需要解决，例如：服务人员签到、志愿者费用签收、活动记录、活动通讯、活动物资发票、志愿者劳务发票等，其复杂程度远超过活动本身，曾给 H 带来极大困扰。

第三步，经过正规的培训。在入驻 XT 街道孵化的早期，QC 组织负责人在组织运作的各方面困难重重。第三方支持型组织在各个孵化组织成长过程

---

[1] 街道领导、第三方专家将对各个组织负责人汇报进行打分，打分标准包括组织规划、已有资源及优势、组织负责人能力等内容。根据得分高低将申请及汇报的组织划分成壳内组织、壳外组织、未入选组织三类，XT 街道将给予不同资金及资源的支持。

中，扮演了一个"创业导师"的角色。它支付孵化社会组织资金、协助提供场地、方便对接各类资源、定期检查组织台账、帮助理顺组织服务范围以及组织使命愿景，几乎涵盖孵化组织运作的整个流程。当然，第三方支持型组织紧紧围绕孵化资金供给这一主线，把组织运作管理的技能穿插在孵化资金的流动过程内（见图11-3）。因此，孵化组织能够较为认真地执行第三方支持型组织的各项规范要求，并在这个过程中逐步规范和成长。

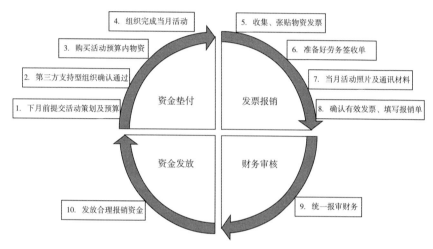

图 11-3　第三方支持型组织以资金主线参与管理孵化组织的流程

经过多次反复实践后，孵化组织有所规范与成熟。不仅仅提供实践的机会，第三方支持型组织还创造了一系列交流、学习的机会。例如：月度例会、年度总结大会、组织技能培训、参访活动、公益周系列活动（见表11-4）。孵化组织不仅有了落地实践的平台，还有了开阔眼界的机会，孵化一年的社会组织逐步走向完善与成熟。

表 11-4　第三方支持型社会组织孵化内容介绍

序号	课程/例会情况	活动频次	内容
1	月度例会	1次/月	交流分享本月活动情况，询问、交流其中的困难及不足
2	年度总结大会	1次/年	以茶话汇报会的形式开展，总结过去一年的成绩，展望未来

续表

序号	课程/例会情况	活动频次	内容
3	组织技能培训	1次/月	技能培训内容涵盖财务报销、机构设置、组织人员管理、归档制度等多个方面
4	参访活动	1次/半年	主要是带领本区域社会组织向其他地区（省内外）规范的社会组织学习和交流，以开拓本区域社会组织的视野和思路
5	公益周系列活动	1次/年	在XT街道内开展一次统一的志愿服务大型活动，各社会组织都可获得相应的场地支持。借此机会，街道领导、各社区负责人、社区居民均可享受服务，社会组织以此展示自己的风采

第四步，组织的正式成立。QC组织在孵化的第8个月开始考虑孵化后的发展问题，决定正式注册成为一家民办非企业单位。在第二期孵化期满后，QC组织将不再获得资金、场地、资源对接的帮助，要以独立的身份参与到未来社会组织竞争中。在孵化期的QC组织并非严格意义上的"组织"，它仅仅只是一个在XT街道备案的社团，并没有独立法人资格。这就意味着QC组织没有独立的法人资格、独立的账户，因而不能够与政府、企业以及其他社会组织开展业务活动。从某种意义上说，如果QC组织不正式注册成立，就意味着它将在孵化后无法生存、甚至就此消失。

早期，QC组织负责人H缺乏对社会组织的认知，因而一开始报以十分谨慎的态度，但在他深入了解SZ市对民办非企业的优惠政策后，他的态度发生了较大的转变，开始表现为积极主动。"我自己对组织成立流程一无所知，也不知道具体去哪儿登记注册，幸亏有他们的帮助，我才鼓起勇气进行注册，且街道注册资金要求仅500元，条件十分宽松，以至于我愿意注册一家社会组织。"① 从2016年11月份开始，H开始筹备组织注册事宜。XT街道第三方支持型组织给予H"社区社会组织注册流程"（见图11-4）以及"社区社会组织注册材料模板"（见表11-5），极大减轻了H的工作量。

---

① 访谈2，对QC组织负责人H的访谈，2018年1月16日。

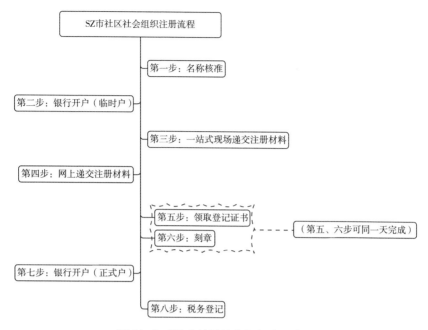

图 11-4　SZ 市社区社会组织注册流程

表 11-5　SZ 市社区社会组织注册材料模板

材料	名称	份数
1	社会组织名称核准申请表	2 份
2	社会组织法人登记表套表	2 份
3	向 SZ 市行政审批局申请设立的批准文件	2 份
4	向 XT 街道申请登记的申请书	4 份
5	SZ 组织民办非企业单位章程文本	2 份
6	租房协议	2 份
7	产权证明	4 份

当然，注册组织并非一帆风顺，而是一个相对漫长的过程。从开始网上申请、准备文字材料、提交至行政审批局进行审核，以及等待网上的确

认通过，所有事项都是串联的，需要一步一步进行。2017 年恰逢社会组织"三证合一"的出台，社会组织的注册流程得以优化，因而也简便了社会组织的注册工作。然而，社会组织完成注册只是第一步，后续还需经过税务登记，企业银行账户等流程设置。此外，QC 组织还在银行开户上遇到了障碍，一方面社会组织不愿支付高额的银行管理费用，选择管理费用尽量低的银行，其选择的空间就极为有限。同时，大部分银行也不愿意给这种小额度的"民非"开户，因为这类组织"存活率低"、管理费额度也低，对多数银行来说仅仅是增加了工作量，而非营业额。在历时 2 个月后，QC 组织于 2017 年 1 月正式注册成立。

（二）QC 组织参与购买服务

自 QC 组织正式成立后，QC 组织作为独立的法人才可以正式参与 SZ 市的"党建为民服务项目"的承接过程。刚刚起步的 QC 组织从未参与过类似项目的申报、评审，因而在早期"党建为民服务项目"的承接过程中屡屡碰壁。因 SZ 市各个街道都有"党建为民服务项目"，对 QC 组织来说，大胆的尝试总会有所收获。最终的结果比预期的要好，但其过程比想象的要难。

因 SZ 市 HX 社工委党组织为民服务项目（见表 11-6）招募最早，QC 组织着手准备申报其党建为民服务项目。首先根据社区公布的需求清单和预算表，对 17 个社区的需求进行筛选，遴选出匹配 QC 组织服务范围和内容的社区。出于慎重起见，QC 组织负责人对 5 个目标社区进行了电话咨询，确认该需求清单具体的要求及内容，并为后续的申报做积极准备。在早期的联系过程中，逐步发现了其中的一些问题和无法逾越的障碍。例如：某些需求项只针对本社区内部社会组织、社团招募；另外就是已经预定了往年承接或较成熟的社会组织。发布出去的只是公布，其中"关系户""老友"情况颇多。通过前期的沟通，QC 组织进一步了解到，组织的竞争不仅在于组织专业的优劣，还在于关系网络的强弱。沟通下来，5 个目标社区中仅有 2 个社区是可以进一步参与竞争的。QC 组织负责人依旧饱含激情，积极准备着接下来的评审会。

表 11-6　QC 组织参与承接 HX 社工委区党组织为民服务项目流程

时间	流程
2017 年 1 月 9 日	园区社创官网发布《SZ 市 HX 社工委 2017 年社区党组织为民服务项目承接招募公告》
2017 年 1 月 20 日	项目申请递交截止日期
2017 年 1 月 23 日	举行 "HX 社工委党组织为民服务项目申报说明会"
2017 年 2 月 3 日~3 月 2 日	评审会按照社会组织路演、专家评审提问和居民代表举手投票三个环节进行
2017 年 3 月 2 日	HX17 个社区的党组织为民服务项目评审会全部结束

评审会从 2017 年 2 月份一直持续到 3 月初，这期间 QC 组织参与了 2 个社区的评审会。其中 1 个社区，QC 组织虽然获得了居民投票第一名，最终却以落选告终。事后才知晓其中缘由，这次评审里 QC 组织只是扮演了一个让赛道热闹起来的"陪跑者"角色，其结果早已落定。另外一个社区，在与 3 家专业的社会组织竞争中，QC 组织以其认真的态度和详细的方案成功拿下了第一个项目。负责人 H 受此鼓舞，在之后的项目承接中再接再厉，好运也接踵而至。

其实，作为街道一级的 QC 社会组织是不能够跨街道承接项目的，除非获得本街道的许可。然而，在 HX 社工委发布的党建为民服务项目中，QC 组织作为街道一级的身份并没有受到排斥并顺利签约。但在其他区域，党建为民服务项目都有此限定，即仅限本地区的社团、社会组织以及更高一级注册的社会组织承接项目。同样，在 XT 街道对外进行招募党组织为民服务项目时，虽然通知中对注册地有限制，但在执行过程中并没有严格执行。XT 街道辖区多半是农村社区，其内部的社团和社会组织数量相对有限，往往出现不能匹配社区需求的情况。因此，XT 街道对注册在其他区域的社会组织申报限制就会降低。QC 组织在第二期社会组织孵化过程中，已经跟 XT 街道的几家社区有过合作。在第三方支持型组织的推荐下，QC 组织申报了 2 个社区的 2 个项目。各种机缘巧合，最终，QC 组织拿下了 3 个社区的 4 个项目。从此，QC 组织开始正式化运作起来（见表 11-7）。

表 11-7　QC 项目分布区域、获得资金、服务次数及获得方式说明

项目名称	所属区域	项目资金（元）	项目活动次数（次）
《"您好，邻好"：社区营造促进项目—斜塘街道 CF 社区党组织为民服务专项经费项目》	XT 街道	50000	43
《"最美车居"文化品牌打造项目—斜塘街道 CF 社区党组织为民服务专项经费项目》	XT 街道	50000	49
《"乐业文荟"居民就业能力提升项目》	XT 街道	40000	16
《"星"楼道文化建设项目》	XT 街道	30000	14
《"爱的二次方"—社区未成年人关爱项目》	HX 社工委	37000	26
《医护天使—社区慢性病关爱行动》	JC 街道	15000	22

（三）QC 组织独立的过程

QC 组织初期项目申请结果十分喜人，但在项目执行的过程中，QC 组织遇到了更复杂的情况。其中就包括如何处理"组织—社区"之间的关系。项目承接后，社会组织最频繁接触的就是社区，社区既是早期项目的评审方、确定方，又是项目执行过程的对接人和监督方。因此，社区在社会组织提供服务过程中扮演了极为重要的角色。

在"社区—社会组织"互动过程中，可划分为"社区主导型、合作型、社区被动型"三类（见表 11-8）。社区意见超出项目规定范围，且能影响社会组织执行的情形，即为"社区主导型"；社区意见超出项目规定范围，但受制于社会组织意见表达，以项目内容统一为结果的情形，即为"合作型"；社会组织意见超出项目规定内容，且不受社区干预的情形，即为"社区被动型"。因 QC 组织对政府采购项目缺乏经验，且实力较弱，因而执行了很多超出项目书之外的内容。直到第三方项目评估阶段，QC 组织才清楚发现此类行为造成的不良结果，并给其自身带来极大的困扰。

表 11-8　"社区—社会组织"角色互动关系情况

互动类型	社区意见干预	项目规定执行	社会组织意见表达
社区主导型	强	弱	弱
合作型	强	强	强
社区被动型	弱	弱	强

伴随 QC 组织的成长和规范，QC 组织与社区关系慢慢从"社区主导型、QC 被动型"转向"合作型"。因为执行诸多不符合规范的内容，只能给 QC 组织及社区带来极为负面的结果。当 QC 组织以"专业"替代"讨好"作为合作基础时，QC 组织才正式走向组织的独立。

四 QC 组织培育、购买、成长的过程分析

回顾 QC 组织培育、产生、成长的过程，其中有诸多值得我们思考的地方。首先，本案例 QC 组织产生并服务于 SZ 市 XT 街道农村社区。其次，本案例 QC 组织并非自发产生，而是依托于 XT 街道第三方支持型组织的发掘和孵化。此外，QC 组织参与政府购买服务是其能够独立发展的重要支点。最后，QC 组织实际参与、服务其所在的 XT 街道，并最终有益于所在区域内的社区居民。

（一）发现社会组织核心行动者

核心行动者的概念是相较于"外围行动者"提出的，它旨在强调作为既定制度体系内当然的"当事人"[1]，能够较为积极主动地参与、推动各项事情的发展，且有能力具备系统要素和掌握最为优质的行动资源。[2] 本案例中，不同层面存在不同的核心行动者。在 SZ 市 XT 街道社会组织孵化、培育、支持上，第三方支持型组织充当了核心行动者的角色，而在 QC 组织建立、运作、独立过程中负责人 H 则扮演了核心行动者的角色。

首先，核心行动者基于理性人假设，具有明显利益偏好，这也是其采取行动的前提与内在机理。[3] XT 街道第三方支持型组织在寻找入驻孵化过程中，显然对组织负责人进行了一定的筛选，例如：是否为 XT 街道居民、是否有一定的工作经验、是否有公益行为、是否有一定的空余时间等。只有最合适的组织负责人，才能够最终完成其孵化社会组织的目标。

---

① 金太军、沈承诚：《政府生态治理、地方政府核心行动者与政治锦标赛》，《南京社会科学》2012 年第 6 期。

② 程岩、钟文圣：《核心行动者与当前我国公共理性、政治公共空间的构建》，《内蒙古农业大学学报》（社会科学版）2012 年第 6 期。

③ 沈荣华、王扩建：《制度变迁中地方核心行动者的行动空间拓展与行为异化》，《南京师大学报》（社会科学版）2011 年第 1 期。

显然，XT 街道第三方支持型组织选择 QC 组织负责人 H 是正确的，尽管孵化过程中还需持续投入相应的时间、精力、资源等，但最终的结果是可以接受的。

当然，行动者在行动的过程中还需综合考量自己所需要掌握的行动资源及行动能力。因为在缺少行动资源的情况下，即使理解，也不能使实践发生改变。① XT 街道第三方支持型组织依托 SZ 市给予的"孵化社会组织"政策，能够在社会组织发展初期提供其相应的资金、技术支持，并提供一系列学习、交流、实践的机会。这些都是 QC 组织负责人 H 可以依赖的有效资源，一定程度上减轻了 H 准备进入社会组织这一新领域的忧虑。当然，H 具备一定的工作能力和经验，这为其在之后项目评审、组织运作、财务管理等环节中提供了保障。在核心行动者理论中，核心行动者运用行动资源实现自己目的的能力十分关键。在其他条件不变的情况下，掌握行动资源越多，他的行动能力越强，达到预期目的的可能性就越大。②

（二）政府的正向引导与支持

SZ 市在推动社会组织发展过程中，并未将其独立于政府、社会之外，而是把它纳入"政府—社会"互动的制度框架内，既作为被服务的客体，又作为参与的主体，在参与和提供社会服务过程中发展壮大。经过多年的实践，SZ 市实际上构建了一个社会组织"生态系统"。

首先是降低注册资金的门槛。SZ 市社会组织注册资金门槛是多层次的，组织负责人可依据自己的实际情况注册不同级别的社会组织。早在 2012 年 10 月，SZ 市在《关于大力发展社会组织的指导意见》中就明确提出要降低社区社会组织注册门槛，引导社区社会组织注册有效登记。③

---

① Fritz W. Scharpf, Games real actors play: actor-centered institutionalism in policy research. Boulder, Colo: westview press, 1997, pp. 421-424.

② 沈荣华、王扩建：《制度变迁中地方核心行动者的行动空间拓展与行为异化》，《南京师大学报》（社会科学版）2011 年第 1 期。

③ 2012 年 SZ 市民政局关于印发《关于大力发展社会组织的指导意见》的通知中要求"已备案 2 年以上且运作较规范的社区社会组织，凡具备 20 个以上成员、2000 元开办资金和相对固定的活动场所等基本条件，在提交了《筹备申请书》《章程》、所在街道办事处（镇政府）核准的资金证明和活动场所证明、负责人的基本情况和成员名册等必要文件，民政部门可直接受理，准于其注册登记"。

2015 年 8 月，SZ 市工业园区依据区域实际情况，经过批示后，将注册资金门槛降至 500 元。① 注册资金的降低，让许多"隐形"的社团纷纷浮出水面，并被纳入民办非企业的管理之中。同时，也给予了民非负责人更多的选择。

其次是提供务实的社会组织孵化。案例中 QC 组织的创立、成长、发展都与 XT 街道第三方支持型组织息息相关。XT 街道第三方支持型组织贯穿 QC 组织发展的各个过程中，并通过其自身的资源和专业技术水平，帮助和指导 QC 组织发展。可以说，务实有效的社会组织孵化器构成了初期社会组织的锻炼场，让他们能够熟悉、了解社会组织这一领域，并为之后的发展奠定基础。

再次是配套相应的社会组织服务项目。注册成为街道一级的社会组织相对容易。然而，其注册级别也限制了社会组织的发展。因为在街道一级的社会组织不能跨级别、跨区域承接政府购买服务项目。因此，注册街道一级的社会组织只能在本街道寻求相应的资源，这就为其承接项目，获取生存资源设置了障碍。全市"党组织为民服务项目"一直落实到社区层面，极大地丰富了街道一级社区社会组织资金获取的渠道。街道一级社区社会组织可以凭借自身能力，为社区提供相应服务，并获得组织运作资金。

最后是营造良性的社会组织竞争环境。"党组织为民服务项目"的评审代表包括党组织代表、社区工作人员、第三方组织、党员、居民等。整个项目过程中，社区社会组织需公开竞争，有效落实项目计划。项目的获取遵照"公开透明、多方参与、优胜劣汰"的原则，这不仅有效营造了良好的竞争环境，也促进了多方主体的参与。

（三）第三方支持型社会组织的角色与定位

随着社会建设进程的推进，近年来，支持型社会组织作为一种新的社会组织形态在我国出现并逐渐发展成为社会组织领域的一支新兴力量。与具体提供服务的社会组织不同，支持型社会组织是指"不直接服务于目标人群，而是以提供活动经费、公益需求信息、能力培训、政策咨询等方式

---

① 2015 年《SZ 工业园区社区社会组织管理暂行办法》规定："申请成立社区民办非企业单位登记的注册资金不低于 500 元人民币，其中符合《江苏省四类社会组织直接登记管理暂行办法》规定的社区服务类社区民办非企业单位，对注册资金不作要求，但行（事）业规定有最低限额的除外。"

服务于另一些中小型社会组织、草根社会组织的一类组织"。① 在本案例中，SZ 市 XT 街道第三方支持型组织就是这一类组织，以发掘、培育、支持中小型社会组织为目标，并在社区社会组织发展过程中扮演了支持平台、部门桥梁及行业引领三种角色，促进了社区社会组织与政府、企业及自身之间的合作，引领和规范了社会组织行业的发展。②

首先，支持型组织在社区社会组织发展过程中充当了支持平台的作用。具体表现为物资场地提供者、注册帮助者、信息供给者、能力建设者四个方面。③案例中，XT 街道第三方支持型组织在 QC 组织入驻孵化早期扮演了"物资和场地提供者""能力建设者"角色。在给予 QC 组织实践场地和资金的同时，还举办品牌宣传、财务管理、志愿者管理等能力培训会，以帮助 QC 组织成长。当孵化进入尾声，QC 组织需要另谋未来时，支持型组织再次帮助它完成了组织注册，并指导它申报适合的政府采购服务项目。在 QC 组织创立、成长、独立过程中，支持型组织真正起到了推动和支持作用。

其次，支持型组织在社区社会组织与其他部门、组织互动中起到了桥梁作用。支持型社会组织大多由公益行业的资深从业人员成立，具有一定的经济基础和政府背景，因而具有较为广泛的社会资源及社会关系网络。中小型社会组织的发展往往可以依赖支持型组织所拥有的资源，实现自身的长效发展。案例中 QC 组织在孵化期间与社区的对接就是由第三方支持型组织促成的。在组织能力培训期间，QC 组织进一步接触了行业内的专业人员，不仅学习到了专业技能，也获得了相应交流、合作的机会。此外，入驻孵化期间的各种例会、参访等活动，也增加了同一层级社会组织之间的互动。"使原本没有业务关系的各类社会组织找到了相互交流合作的平台，并帮助社会组织不断积累社会资本和社会关系，降低机构的运作成本。"④

最后，支持型社会组织在社区社会组织发展中充当了行业引领者的角色。相对于中小型社会组织，支持型社会组织运作管理相对专业，其社会资源和关系网络相对有优势。在社会组织发展过程中，可以起到倡导和推

---

① 周秀平、刘求实：《以社管社：创新社会组织管理制度》，《中国非营利评论》2011 年第 1 期。

②③ 祝建兵：《支持型社会组织在社会治理中的角色定位》，《中共福建省委党校学报》2016 年第 2 期。

④ 彭善民：《枢纽型社会组织建设与社会自主管理创新》，《江苏行政学院学报》2012 年第 1 期。

动行业规范、行业互律的作用，具体表现为支持型社会组织在行业中提供行业认证及行业评估业务。在 QC 组织孵化期间，XT 街道第三方支持型组织对其具体运作管理进行初步的指导。在后期"党组织为民服务项目"执行过程中，支持型组织严格要求，对 QC 组织项目的运作和执行予以审查评估，极大地规范了 QC 组织的项目运作流程。

（四）社区、QC 组织、居民间的持续互动

社区社会组织是推进社区协调发展的微观基础，其职能具体表现在与政府、企业、社区其他组织以及社区居民的互动关系中。[①] 厘清社区内存在的关系网络，有利于社会组织在社区中的参与及作用发挥。

社区可以当作社会的微观单元，其中具体包含了八大主体，且功能各异（见表 11-9）。在社会组织加入社区微观单元时，需要处理好其中的关系以及明确自己的角色定位。当然，就其主体及功能来说并不能看出社区社会组织与其他各主体间存在的互动关系。然而，社区社会组织与其他主体间确实存在持续互动的必要（见图 11-5）。

表 11-9　社区构成成分及其功能作用

序号	主体	功能/宗旨
1	党组织	开展党建工作，引领带头作用，发挥党员模范
2	社区居委会	执行政府条线事务，落实社区微观管理
3	业主委员会	居民自治组织，维护业主利益
4	物业	商业机构，维护社区环境治安工作
5	居民	社区主要构成主体，是社区核心群体
6	兴趣团体	居民自发的团体，以互益性为主
7	社会组织	参与某项议题，提供相关服务
8	商户	社区内商业机构，以盈利为目的

---

① 陈喜强、张培胜：《社区组织建设与社会协调发展——浅论社区组织在基层社会协调发展中的作用》，《广西社会科学》2006 年第 2 期。

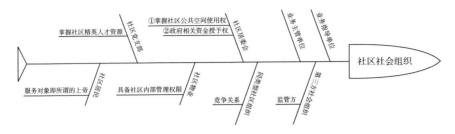

图 11-5　社区各主体的权限及资源情况

社区社会组织如果要在社区中提供服务、发挥作用，就必须跟多方进行互动协商。例如：向社区居委会借用社区公共空间使用许可、获得物业对举办活动的认可、得到党组织精英人才及社区居民的支持等。其中，社区社会组织必须认清自己的角色定位，以避免和其他社会组织、兴趣团体、商户、居民可能的冲突。不然，冲突的结果将深刻影响社区社会组织在本区域的立足和发展。同样，在与其他各主体的持续合作过程中，可以建立社区社会组织在社区中的人际关系网络，为之后的运作打下良好的基础。QC 组织最早是跟社区居委会、党组织建立的联系。在其牵线之下，QC 组织顺利与社区物业、社区居民、商户建立了良好的关系，以至于后期举办活动过程中得到了多方支持和协助。QC 组织通过一次次活动，进一步巩固了社区关系网络，最终形成了较好的社区基础，为 QC 组织参与和提供社区服务提供了便捷。

（五）政府购买服务与组织规范化运作

社会组织运作在政府购买服务的项目监管、评估过程中将得到规范。[①]目前，我国社会组织专业化水平相对较低，具体执行政府购买服务项目的能力也十分有限。然而，社会组织经过项目化运作及评估后，再次执行项目时多数社会组织会表现出运行管理的规范化。本案例 QC 组织负责人并非专业社工出身，因而对社会工作的诸多内容不甚了解，例如社区初步调查、社区个案、小组讨论、材料归档等内容。在承接了街道的党组织为民服务项目后，第三方支持型组织会事先对社会组织进行财务、档案、志愿者管

---

① 马庆钰、谢菊：《政府购买社会组织服务的规范化》，《理论探讨》2012 年第 6 期。

理等事宜进行培训,以确保各社会组织能够有序执行该项目计划书,最终能够顺利通过项目评估。在第一次项目执行过程中,QC 组织为诸多材料所困扰,例如活动策划、项目预算、活动签到表、志愿者劳务签收表、活动记录表、活动通讯录等。经过几次训练和适应后,QC 组织建立起了自己的材料归档制度,并能够顺利有序的执行。事实证明,过程中厘清材料能够减轻最终项目评估的负担。

当然,通过项目化的实践能够让社会组织在项目运作能力上有所提升,但要实现组织规范化运作,还须通过完善内部法人治理结构、提升信息公开与诚信自律、加强人才队伍建设三个方面来实现。① 具体而言,首先,要规范组织内部治理结构与运行机制,提升组织治理能力。其次,要通过信息公开和自我约束倒逼组织不断完善和进步,进而提升组织透明度和公信力,以便增强组织资源获取能力。最后,要通过加强内部人员管理,引入优质和专业人才,提升组织专业服务能力。只有不断加强组织能力建设,提高组织的规范化、透明化和专业化水平,才能实现组织的长效发展。

社会组织的发展不可能一蹴而就。在发展早期,社会组织可以通过政府购买服务项目的形式,以项目运作、管理和评估促进组织内部各部分的规范化。在不断完善的过程中,社会组织可以从"打补丁"式的组织优化转变成"系统性"的整改,最终实现组织服务能力提升以及运作管理专业化。

(六) 内生性社会组织的资源优势

区域内生性社会组织的成立、成长、发展都与本地区的人、事、物息息相关,且能够有效回应本地区的需求及问题。类比查尔斯(Charles)对社区基金会的认知:"本地资助者;本地问题回应者;社区议题倡导者;慈善资源管理者;跨界合作推动者"②,内生性社会组织可以说是"本地需求回应者、社区议题参与者、慈善资源配置者、多方互动联结者"。案例中的

---

① 王智、杨莹莹:《治理现代化进程中的新社会组织能力建设》,《社会主义研究》2017 年第 5 期。

② Charles Stewart Mott Foundation. "Community foundations: rooted locally, growing globally", https://www.mott.org/news/publications/2012-annual-report-community-foundations-rooted-locally-growing-globally,最后访问日期:2013 年 12 月 20 日。

QC 组织并非自然产生，而是产生于支持型社会组织的发掘，并依靠本地区资源、实践得以发展。在 QC 组织孵化期结束后，其所承接的 6 个党建为民服务项目中有 4 个来自 XT 街道，在之后一年中成功的服务了本区域内的居民。

产生于本地区的社会组织，其对于本地区事物最为熟知，且资源调度最为容易。同样，也最为了解本区域的实际情况及需求，因而最能够回应本地区的需求。如果本区域内的社区组织和社团能够参与本地区的建设，就能最为便捷、有效调动多方人力、物力、财力资源。当然，社会组织发展需要依靠自身的专业化能力以及公信力，但对于社区社会组织而言，他们能够以微观的视角长期、持续、有效地回应本地区的需求。甚至在其活动过程中，社会组织通过熟人网络带动更多居民的参与。

当然，内生性社会组织因其自身"熟人"关系，可能阻碍组织自身专业化的发展。然而，自从项目化开始，不同区域、层级的社会组织都能够跨地区跨区域承接政府购买服务项目，与本地区内生性组织形成竞争，迫使内生性组织也必须提升自己的服务能力和水平，以应对其潜在的竞争对手。①

五 基本经验与存在问题

(一) 基本经验

1. 社会组织生态系统的建立

区域内社会组织并非独立存在，而是作为社会组织生态链中的一环，受到诸多环境要素的影响。社会组织的产生、成长、发展往往基于一定的社会组织生态系统，即制度环境、政策文件、市场竞争、服务对象等（见图 11-6）。本案例中 SZ 市实际上构建了贯穿社会组织"生命历程"的生态系统。早期，政府与支持型社会组织合作，对区域范围内的居民、社团、社会组织进行孵化与支持。在注册政策上，政府降低其注册资金的门槛，并提供有效的支持政策。在注册流程上，政府以其高效率、高质量的

---

① 闫月玲：《资源依赖视角下内生性社会组织的发展现状研究》，硕士学位论文，中国社会科学院研究生院，2013，第 21~25 页。

服务能力和水平，确保了社会组织成立的通道顺畅。在社会组织购买服务上，政府针对不同层级的社会组织购买不同体量的服务项目，以此扶持不同规模社会组织的发展。合理的制度安排、良好的政策支持能够作为构成生态系统的核心骨架，保障社会组织的基本运行。然而，一个完整的"生态系统"的构成不局限于此，营造社会组织的"生态系统"，还需要鼓励不同类型和不同功能取向的合法社会组织共同发展，并在此基础上形成社会组织间的合理分工、相互服务、相互支持的新型合作发展格局。① 本案例中，在"党组织为民服务项目"对外招募、评审过程中，实际上形成了"公开透明招标、合理公平竞争、引入多方主体评审、及时明确公示"的新局面。同样，第三方支持型社会组织结合 SZ 市颁布的相关政策，具体制定了"党组织为民服务项目"经费使用、项目管理、材料提交等要求，通过项目化形式来规范社会组织运作流程及提升社会组织项目化运作能力。

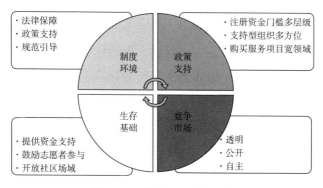

图 11-6　社会组织生态系统

社会组织在运作和落地的过程中都离不开既有的生活空间，也脱离不了固有的生存土壤。在本案例中 QC 组织实践的具体场域为社区，其服务的对象为党员及社区居民。当然，党员和社区居民往往也是活动参与的主体，可以充当活动组织者、活动志愿者以及服务人员的角色。这里的参与感即表现为"社区的事，居民也有话语权"。② 社会组织的生存和发展绝非特立独行，而是被纳入一个更大的"生态系统"，在其中它可以良好的运作、参

---

① 黄晓春：《重视社会组织"生态系统"的建设》，《文汇报》2010 年 7 月 3 日第 5 版。
② 王海潮：《社区的事居民也有话语权》，《威海日报》2017 年 4 月 6 日第 6 版。

与竞争、甚至是参与制度的构建。

2. 多元主体自主参与意识的调动

社区组织在参与和提供社区服务过程中，会与社区内外不同主体产生交流、互动。从利益相关方的视角出发，社会组织参与和提供服务的过程就是利益互动的过程。其中社区利益相关者是指与社区需求存在直接或间接利益关联的个人和组织的总称，它具体包括政府组织、党组织、社区组织、社会中介组织、驻社区单位和居民等。[①] 本案例中 QC 组织提供服务实践过程中，会依靠社区党委、居委会的公信力获取居民的信任感，借此得以顺利开展相关活动。同样，因为项目资金的目的在于服务党组织、居民，因此居民对该项目资金就具有审议权和监督权，因而他们会十分关注项目资金的去向问题。QC 组织的财务不仅需要接受第三方评估机构的审查，还需要每月向社区居委会提供预决算表，以审查 QC 组织经费使用情况。

通过"党组织为民服务项目"，不仅调动了社区党委、党组织、居委会、居民的参与，此外还联系了社区物业、驻区单位、甚至是周边商铺。在社会组织参与服务过程中，利益的相关主体都可以得到正向激励，提升了社区主体的参与意识和自我发展能力。[②] 当然，无论是社区主体的动员，还是这些主体的参与行为，整个过程都不是盲目的。多方主体的有序参与需要正向激励的引导，需要做好全面细致的准备工作，需要建立和完善相关的制度和机制。只有调动多元主体的参与意识、增强多元主体的自我发展能力、调动主体参与社区事务的管理过程，才能为社区及其主体"增能"和"赋权"，从而助益社区、社会组织的发展前景。

3. 发现核心行动者

在推动社会组织发展过程中，寻找到组织的"核心行动者"是极为关键的一步。通过确立核心行动者来推动社会组织的发展是极为有效的手段。核心行动者作为社会组织的基点，能够支撑起社会组织的整个结构。第三方支持型组织作为政府推动社区社会组织发展的代理人，在推动 XT 街道社区社会组织发展事件中充当了核心行动者角色。在该事件中，政府也制定

---

① 陈伟东、李雪萍：《社区治理主体：利益相关者》，《当代世界与社会主义》2004 年第 2 期。
② 魏智慧、杨敏：《社区主体意识的复苏及其参与行动的培育——社会互构论视野下的社区建设考察》，《学习与实践》2015 年第 6 期。

了相应的政策，提供了购买服务项目，以支持该事件中核心行动者的实践。在 QC 组织的建立、成长、独立过程中，QC 负责人 H 又作为其核心行动者，实现了 QC 组织的建立与成长。当然，其中离不开 XT 街道第三方支持型组织的帮助，以及政府政策的支持。

进一步探讨，我们可以挖掘出"核心行动者"隐含了对制度、行动与空间关系的一种新认识。[①] 首先，行动者的行动能力受限于社会的制度规范，其行动是在一定的制度空间基础之上的。其次，核心行动者不完全掌握全部的系统要素及行动资源，往往需要通过与制度内其他主体的互动交换，形成最优的行动路径。最后，行动的公共空间基于一定的空间场域，其行动必然会触及其中的关系网络，甚至被迫参与社会规则的博弈，即会受到一些人为设计、塑造互动关系的约束。[②] 因而核心行动者不仅需要具备一定行动能力、资金和行动资源，还需要依赖一定的制度基础，借助区域内的关系网络。

（二）存在的问题

1. 社区社会组织的角色定位问题

社区社会组织存在于社区这一场域，其行为往往受到诸多主体、关系、资源的限制。在社区社会组织进入、参与社区服务过程中，不可避免地存在"社区—社会组织"相互影响的关系。"社区—社会组织"互动关系主要表现为社区主导型、合作型、社区被动型三种。在社区主导型的关系中，社区凭借其官方背景强势介入或影响社区社会组织的相关项目及活动，甚至让社区社会组织成为其下属的业务部门，承担超出其业务范围的事务。在社区被动型的关系中，社区往往以社会组织为其减负为由，不管不问其中应当承担的相关事务，致使社会组织"单兵作战""孤立无援"。[③] 合作型关系是一种较为理想的情形，是社区与社会组织作为"合作伙伴"和"平等主体"的一种体现。在 QC 组织承接 JC 街道社区服务项目中，就表现为"社区主导型"的关系。社区会提出项目计划书以外的其他要求。为维

---

① 程岩、钟文圣：《核心行动者与当前我国公共理性、政治公共空间的构建》，《内蒙古农业大学学报》（社会科学版）2012 年第 6 期。

② 道格拉斯·C. 诺思：《制度、制度变迁与经济绩效》，韦森译，上海三联书店，2008。

③ 陆继锋：《社区社会组织发展：当前困境与对策分析》，《社科纵横》2017 年第 1 期。

系与社区良好的关系，QC 组织在一年的项目实施过程中多次充当了社区下属业务职能部门的角色，完成了诸多业务事宜。在另外的社区里，QC 组织与社区关系又成为一种"社区被动型"的关系，在项目执行的前期准备、人员招募、场地联系、后期材料整理等的过程中，全程缺席社区工作人员的身影。在缺少社区支持的情形下，QC 组织难以组织和调动社区居民。

在社区社会组织角色定位问题上，不仅需要社区社会组织自我定位，还需要与相关的利益主体达成共识。否则，其后果必然影响社区社会组织的正常运作，甚至出现社区社会组织"官办、官管、官运作"现象。①

2. 社区社会组织的专业问题

社区社会组织的专业问题与其组织发展定位紧密关联。社区社会组织因种类繁多、规模相对较小、且节约成本能力低，即便是登记、备案改革制度也难以从根本上改变其自我发展能力弱的局面。② 一方面，社区社会组织的成立可能产生于一些互益性的社团，他们组织的成立只是为了能够承接一定的政府项目，并没有较为长远的规划和动力，因而其走向专业化的动力不足。另一方面，社区社会组织能够承接的服务项目资金体量普遍较低，不足以维系一个组织正常的运作，因而多数社区社会组织人员为兼职人员，没有专职，致使组织不可能从人才队伍上得到改善。因此，其组织专业程度也难以提高。案例中，QC 组织早期资源匮乏、专业能力较弱，在资金竞争中就处于劣势地位，因而难以有较大的组织改进和专业化发展。然而，QC 组织负责人经过多方尝试，主要是依靠组织内生于 XT 街道的优势，获取了一定的项目，并为其发展注入了动力。在社区社会组织早期，组织内部明确的定位、良好的规划，外部制度支持、政策保障显得极为重要。

六　讨论与思考

早在改革开放之初就涌现出来的大量社会组织，在推动个人参与、实现社会价值、拓展公共领域等方面形成了日益丰富的社会舞台，成为中国社会转型中毋庸置疑的事实。③ 目前，我国社会组织得到了初步的发展，其

---

① 龚维斌：《在社会体制改革中发展社会组织》，《文汇报》2013 年 5 月 5 日第 10 版。
② 耿云：《我国城市社区社会组织的发展困境及其对策》，《云南行政学院学报》2013 年第 6 期。
③ 王名、孙伟林：《我国社会组织发展的趋势和特点》，《中国非营利评论》2010 年第 1 期。

内部治理及运作方式都已发生较大的改变，然而，这对于社会组织自身及其外部制度环境都提出了更高的要求。社会分工精细化程度的加深，致使更多社会组织进入社会微观单元——社区，以其自身的资源和能力参与社区事务管理以及提供相关的公共服务。然而，社区社会组织在内生或介入社区过程中如何进行角色定位、如何进行有效评估、如何实现信息公开等问题依然值得我们思索和探讨。

（一）社区社会组织的角色定位

社区作为社区社会组织活动的场域，其内部存在着多元主体和社会网络，因而，不论是内生性还是介入性的社会组织在参与社区建设中都必须厘清其中的复杂关系，并寻找到适合自己的角色定位。社区社会组织的角色定位主要包括两个方面，一方面是区域内其他主体对社会组织角色的认识，另一方面是社会组织自己对角色的领悟。[①]

在社区相对狭小的空间、资源内，社会组织如何有效地镶嵌其中并发挥作用值得探讨。正如乔纳森·特纳所言，任何组织之所以能够生成与发展，都因其承担了一定的社会角色期待。进一步说，社会组织的角色最终是由处于各种不同地位和期望的社会网络所构成。[②] 一般而言，社区内建设主要分为社区管理和公共服务两方面内容。社会组织作为社区内的重要主体之一，它的功能具体表现为扩展社区服务，增加公共产品供给；参与社区管理，推进社区建设。[③] 在正式组织缺失的情况下，作为社会组织形式雏形的社团同样可以以非正式组织的身份履行正式组织的功能。[④] 当社区内不同主体间发生冲突，例如业主间、业主与物业等出现矛盾时，社会组织还可以起到缓冲作用，缓和主体间的矛盾，避免矛盾的进一步升级。[⑤] 以上是社区社会组织在参与社区管理、提供社区服务过程中常常发挥的作用，当然社会组织的功能不仅限于此。

[①] 罗峰：《城市社区建设中社会组织的角色定位——基于国家与社会的视角》，《理论导刊》2014 年第 3 期。
[②] 乔纳森·特纳：《社会学理论的结构》，浙江人民出版社，1987，第 45 页。
[③] 罗峰：《城市社区建设中社会组织的角色定位——基于国家与社会的视角》，《理论导刊》2014 年第 3 期。
[④] 孙秀林：《华南的村治与宗族——一个功能主义的分析路径》，《社会学研究》2011 年第 1 期。
[⑤] 马长山：《NGO 的民间治理与转型时期的法治秩序》，《法学研究》2005 年第 4 期。

目前，我国社区社会组织参与社区管理、提供社区服务的资金主要来源于政府，且主要依靠政府向社会组织购买服务。① 因此，社区社会组织参与社区过程中往往难以独立于社区之外，而是紧紧联系着社区居民、居委会等主体，它们既是服务对象也是参与资金使用的决策主体。一方面有助于社会组织、社区居委会、居民之间利益关系的捆绑，另一方面也在一定程度上影响了社会组织的独立性和自主性。如何让社会组织融入社区又不受制于社区，是值得进一步探讨的问题。

（二）社区社会组织的评估机制

社会组织评估是我国政府近年来采取的一项衡量社会组织综合水平的重要工具，是政府对社会组织进行监督管理的有效方式。它采用由政府部门制定的一套评价指标体系，科学评估及反映社会组织的运作效能。此外，社会组织评估结果的好坏直接关系到社会组织能否扩大自身的社会影响力，以及能否获得更多有利资源。② 一般的社区社会组织都以承接政府购买服务为主要资金来源，在项目化运作过程中同样需要接受第三方评估机构的评估。在以评代管的评估体系内，初级的社区社会组织的运作得到了规范，社会组织能力得到了提升。然而，在第三方评估中往往侧重材料的评估，而非社区社会组织务实的工作。因此，不论社区社会组织如何做到让居民、社区满意，依然有材料不过关的风险。评估材料的烦琐给社区社会组织运作带来了巨大的负担，甚至超过提供服务本身的工作量。一些社会组织在疲于应付材料的过程中学会了以高质量材料替代高质量服务的做法，由此获得评估高分，从而使评估结果偏离了评估的初衷。

第三方评估机制有其重要的意义，但仍需得到进一步优化。只有建立完善科学的评估系统，简易的操作流程才能真正做到对社会组织有效的监管，才能有助于社会组织的健康运行，从而促进中国社会的有序发展。③

---

① 王春光、梁晨：《对当前中国大陆社区建设的几点理论反思》，《北京邮电大学学报》（社会科学版）2011 年第 8 期。
② 田舒：《我国社会组织评估机制：一种有效的监管途径》，《理论界》2015 年第 2 期。
③ 潘旦、向德彩：《社会组织第三方评估机制建设研究》，《华东理工大学学报》（社会科学版）2013 年第 1 期。

（三）社区社会组织的信息公开

慈善组织的良性运作是慈善事业得以长足发展的必要条件，而慈善组织信息公开是其必要的举措和要求。① 社会组织同样也必须进行信息披露。李芳阐述了社会组织信息公开两个法理基础：一是社会组织以公益为目的，承担着重要公共服务职能和公共责任的组织；二是社会组织信息公开制度的核心是公众知情权的保障。② 只有以社会组织的公共性和公众的知情权为基础，才能有效地建设我国社会组织信息公开制度。

正处于转型时期的社会组织已然遇到了诚信危机。因此，加强社会组织的自律与他律已被提上社会组织建设的日程安排。③ 就社区社会组织而言，信息的公开一方面有利于自身专业化的建设，另一方面有助于组织公信力的提升。在社区区域范围内，能够赢得居民、社区居委会等信任的前提在于服务的专业化以及信息的透明度。只有做到以上两点，才能真正地促进社区社会组织的发展。当然，信息的公开与目前社区社会组织承接购买服务有着紧密的联系，因为购买服务项目本身就要求承接方财务的公开性和透明度。

就我国社会组织、社区社会组织目前发展的状况而言，完全的信息公开还需要一段时间。同样，不健全的信息公开制度也需要进一步的完善。例如：我国社会组织信息公开法律制度尚未针对公益性组织、互益性组织和不同规模的组织做科学、合理的分类管理；双重管理体制下的双重信息公开有悖于效率的基本原则；社会团体和民办非企业单位信息公开的专门制度缺失且缺乏强有力的保障措施。④ 因此，需要通过宏观把握、微观设计，以功能优化为目标，从基本内容、基本途径和基本要求三方面来完善我国社会组织信息公开的法律制度。

---

① 张清：《试论我国慈善组织信息公开制度的现状及存在的问题》，《法制与社会》2012 年第25 期。

② 李芳：《慈善组织信息公开的法理基础》，《东方论坛》2009 年第 6 期。

③ 党生翠：《慈善组织信息公开的新特征：政策研究的视角》，《中国行政管理》2015 年第 2 期。

④ 杨道波：《我国非营利组织信息公开法律制度研究》，《河北法学》2008 年第 9 期。

结语　基层政府购买农村公共
服务的对策思考

中共十八届三中全会《中共中央关于全面深化改革若干重大问题的决定》专项条文提出，推广政府购买服务，凡属事务性管理服务，原则上都要引入竞争机制，通过合同、委托等方式向社会购买，适合由社会组织提供的公共服务和解决的事项，交由社会组织承担。于是各级政府开始大力推行政府购买公共服务活动，基层政府当然也不例外，开始从"大包大揽"向社会组织"购买服务"转型。社会组织承接政府购买公共服务的现象越来越普遍，但目前自身服务能力强的社会组织却不多，尤其是农村的社会组织发展更是羸弱。这表明，基层政府购买农村公共服务活动要想顺利进行，除了社会组织的健康发展，其他方式也不容忽视，比如公益创投方式、PPP模式、发放社会影响力债券等。因此，完善基层政府购买服务的创新机制，切实提高农村公共服务供给质量必须提上议事日程，这是基层政府迫切需要解决的问题。

基层政府购买农村公共服务有效性的提高离不开社会组织的健康发展。一方面，社会组织是承接政府购买服务的重要主体，社会组织的健康发展是推广政府购买服务的重要条件；另一方面，社会组织的发展需要政府购买公共服务的支持，包括政策支持、资金支持和技术支持等。近几年来，在基层政府大力推行购买农村公共服务的情况下，我国社会组织得到较快发展，但目前存在诸多问题。因此，急需创新基层政府购买农村公共服务的机制，促进社会组织健康发展，形成推广基层政府购买公共服务与社会组织健康发展良性互动的格局。

这里首先要解决的是基层政府购买农村公共服务政策的顶层设计问题。与欧美国家不同，在社会治理及公共服务供给中，我国是一个政府主导型的社会，这使得社会组织在承接基层政府购买服务的过程中有较强的依赖性。因此，社会组织的健康成长、顺利发展需要政府更加主动地做出让渡和顶层的制度设计。① 第一，政府的观念要更新。有学者指出，"一些领导对社会组织的认识存在误区，不少人内心深处还是担心社会组织做大、做强后会成为党和政府的对立面，对社会组织发展设置障碍"。② 第二，政府要做到责权分明。党的十八大报告中首次提出"形成政社分开、权责分明、依法自治的现代社会组织体制"，划清政府和社会的权责边界，社会组织才能有宽松的发展环境，才能以其专业性、开放性和自治性为社会提供各方需要的公共服务和公共产品。第三，政府需要突出重点。在职责明确的基础上，社会组织重点发展领域应集中在准公共产品及一般公共服务领域。政府则加强对纯公共产品和特殊公共服务的提供。第四，政府在社会组织的发展上要做到分类推进。在对社会组织发展、培育进行顶层设计和总体规划时，要充分考虑不同地区、不同城市社会发展的需求。比如，有条件的经济发达地区要发展"互益"类社会组织和"公益性"社会组织，以满足社会大众对公共服务的需求。在领域选择上，可以发展行业协会类、志愿服务类、文体娱乐类、公益慈善类和环境保护类等社会组织，承接政府购买的各种特色公共服务项目，以满足社会大众对日益增长的公共服务需求。

下面我们重点讨论提高基层政府购买服务质量的具体方式。

（一）公益创投

所谓公益创投（Venture Philanthropy，VP），是一种将经济领域中"风险投资"理念应用到公益领域，以"投资"思维全面支持社会组织的能力发展，提升其社会影响力的新型公益资助方式，并以此作为政府购买服务的重要补充形式。③ "公益创投"这个名词发源于美国。到了21世纪初，"公益创投"的原则和理念已经超越原有地理界线，英国首先开始对创新的社会投资方式及慈善基金会参与模式高度关注，后迅速扩散至整个欧洲大陆。相比于美国，欧洲大有后来者居上之势，并达到巅峰。依照风险投资

---

① 参见汤蕴懿《政府进一步向社会放权核心在于培育社会组织》，《学会》2014年第5期。
② 龚维斌：《当前社会管理中的六个误区》，《学习时报》2012年10月15日第四版。
③ 朱照南、马季：《公益创投的美国经验》，《中国社会组织》2016年第2期。

和私募股权投资对社会组织运作的介入程度，结合来自欧美各国的风险投资和私募股权公司的相关案例，公益创投的运行主要有以下几种不同模式。①

第一种，直接参与和支持社会组织管理。这种模式有点类似于商业创投的公益基金，包括直接承担公益创投机构角色（VPO），引入一些或许多公益创投项目进入社会组织。其特征为，资金供给者高度介入社会组织各个方面的经营管理，高参与度、有针对性的融资、多年长期的支持、非资金支持、组织能力建设和绩效考核等，目的是提升社会组织的管理能力与绩效。这可以是一种长期的、参与式的方式，或者是与当地某个社会组织进行一次性的合作，不过这主要取决于公司的策略和与它合作的社会组织的需要。

有些私募股权公司希望与社区中的某一个社会组织建立长期的关系，或是因为当地没有公益创投机构存在，直接参与一个社会组织是与当地社区建立纽带的有效途径。一些私募股权公司由于是上市公司，无法贡献很多资金，但能提供智力资本和社会资本支持，挖掘公司的社交或职业网络来寻找无偿支持和资金支持，利用其无偿的专业服务和其他距离上的邻近优势提供帮助，比如办公室的使用，这样能弥补资金划拨的约束；公司的直接参与也能吸引其他资助人，增强社会效应并分担成本。私募股权公司还可以通过寻找地区办公室里对公益事业有激情的员工，鼓励他们把慈善作为个人选择，投身于公益创投机构的日常管理工作中。

第二种，投资公益创投机构。这种模式适合于私募股权公司的内部管理高层缺乏对公益行业的了解，并倾向于用可信赖的中介来做公益创投。这样的好处是，在不产生管理费用的情况下贡献资源，同时降低风险和交易成本。私募股权公司依据自己的标准来选择公益创投机构并建立长期的合作关系，提供资金、资源和无偿的专业支持。当私募股权公司在选择投资哪些社会组织方面需要更多自由时，可以与公益创投机构共同投资，但将主要的流程外包给公益创投伙伴，这样就具备了直接投资的灵活性，还能进一步参与到投资流程中而不被日常事务所烦扰。另外，如果私募股权

---

① 参见 Metz A, Hehenberger L. "A guide to venture philanthropy for venture capital and private equity investors," *European Venture Philanthropy Association*, 2011, 6: 23, 25, 34.

公司不公开发行股票，或当私募股权公司可以预留年收入的一部分时，可以考虑创建一个基金会，以将慈善活动标准化、规范化和制度化，这样可以为公司的慈善行为提供合法性，比如决定基金会将如何融资，这时应该将税务和法律问题纳入考虑范围，规避风险。

第三种，建立或合伙建立一个独立的公益创投机构。这种模式能给服务不足的公益行业提供巨大的利益。公益创投机构带来独特的价值，帮助社会组织形成更大的规模并且在运营方面形成巨大改变。这种模式是在私募股权公司能够承诺大量的时间和资源的情况下，例如全职员工基本具备投资公益行业的知识，以及制订出长期的计划，他们希望做出更大的成绩，给本公司带来独特的知名度，以团队的形式带入公司。具体而言，增加一个专门的公益创投部门来补充既有的业务，明确两个实体在使命、报酬计划、回报率期望和投资流程方面实行分离。如果公司希望建立一个有助于更大范围（包括员工、社会）参与的公司文化，利用私募界的智力资源，通过亲力亲为的慈善参与来培育公益创投市场的方式，比如可以用一个新的计划或项目汇聚资源，来吸引多元的资源和达到更大的规模。另外，如果公司已经或正在从公益界或其他公司那里寻求合作伙伴，可将资金专注于重要的但没有引起足够关注的社会问题，这时，通过与社会组织以及专业服务公司合作，可以实现社会效应的最大化。

按照田萍等人的观点，中国公益创投参与对社会组织管理的模式主要有政府主持的多方合作创投模式、企业参与公益创投模式、基金会参与公益创投模式等几种。公益创投为社会组织的培育提供财力支持、能力建设支持和物质资源支持，而社会组织的有效管理也使得公益创投能够持续发展、产生社会效应、扩大覆盖层面。[1] 但是公益创投在中国本土化的过程中也存在许多问题，诸如在概念认知上的混淆，很多人分辨不清公益创投、公益招投标与政府购买之间的区别；社会组织成长发育的轨迹倒置问题，中国政府购买的实践要先于公益创投，这在一定程度上破坏了社会组织自我成长的轨迹，影响了能力提升；组织发展导向与政府需要导向之间的矛盾。在中国，往往是政府主导公益创投的发展，威权的政府固然对弱小的

---

① 参见施从美《公益创投：来自欧洲的社会组织管理创新及启示》，《国外社会科学》2016年第6期。

社会组织有扶持作用，但政府的过多干预又与公益创投发挥市场、社会作用的初衷相距甚远。

利用公益创投对社会组织进行培育，促进其发展，以更好地承接基层政府购买的公共服务，可以从以下几方面尝试：

首先，公益创投应该更加注重对社会组织内部治理与能力建设。

相对于欧美各国成熟和发达的社会部门，中国社会组织仍多以中小型规模为主，人力、物力先天匮乏，能力也普遍不足。[①] 欧美国家很多公益投资者们在明确社会组织培养目标之时，注重社会组织的自主发展能力，当发现他们能够独立运营以后，便终止对其支持；而受支持的社会组织一旦能够独立工作，也在积极寻求下一个投资者。欧美的公益创投主体是私募股权企业和各类社会组织，其中社会组织的主体有私营基金会、行业协会等。欧美国家的私募基金会的管理者通常是由专业的管理专家组成的，由专家组成的管理团队在资金使用、人员培训、组织管理等方面都有较强的管理能力。欧美国家大学商学院大都开设有公益创投管理的开放课程，对相关人员进行免费培训，公益创投的研究机构提供理论支撑，行业协会则通过行业网络来联络公益企业家，为他们参与公益提供必要的支持，从而推动公益创业的发展。因此，中国的公益创投也需要政府关注对社会组织的支持和培育力度。对于一些初创组织不适宜进行刻板、严苛的绩效评估，而应鼓励其创新，耐心培育其组织能力。[②] 当然还可以创新更多的适合中小型社会组织的公益创投方式，比如微博公益、微信轻松筹等。

其次，公益创投机构应该自我完善，为社会组织提供永续运行机制。

社会组织的永续运行机制可以从几个角度去完善。一是通过公益创投建立投资者与受资助者双方的社会责任。公益创投在欧美国家与私募股权投资界有着紧密的联系，进而有机会影响欧美金融服务行业的主要参与者并激发他们的企业社会责任意识。公益创投除了可以向社会组织提供长期且稳定的资金、组织资源与管理技术之外，更重要的是构建了一个公益创投企业家与社会组织之间的通力合作关系。从愿景与使命的建构到绩效的

---

① 张其禄、叶一璋：《公益创投：非营利组织的管理创新》，《空大行政学报》2008 年第 19 期。
② 朱照南、马季：《公益创投的美国经验》，《中国社会组织》2016 年第 2 期。

衡量，捐赠者都高度参与，同时和社会组织之间因长时间的互动而产生综合社会效应，能够促使双方都承担社会责任；二是要有一个稳定的资金筹措渠道。要达到这个目的，可以增强资金来源的社会化与人力资源的专业化，要完善对公益创投市场的细分，要重视与慈善基金、商业创投的联合投资，重视多元化投资工具的选择；三是要选择一个合理的退出方式和社会效应评估体系。① 借鉴欧美公益创投经验，可以采取出售股份、社会组织管理层回购等方式实现退出。不过，当论及公益创投的退出方式时，又会牵扯到评估问题。此时，中国公益创投机构需要根据自身发展过程的定位问题，结合社会投资回报、平衡计分卡、关键绩效指标体系在内的各类社会影响力评估方案，设定基金不同发展阶段对目标对象的不同价值评估体系。这样，社会组织可以获得持续经营的能力。

最后，发挥政府的主导作用，制定科学合理的公益创投制度。

与欧美国家不同的是，中国公益创投事业发展中最大的特色是政府在其中发挥着极强的主导作用。无论是提升社会组织内部的治理能力，还是引导企业承担起社会责任，都需要政府建立一套科学合理的公益创投制度。事实上，就欧美经验而论，政府对参与公益创投的企业和社会组织在运作及治理方面的要求，例如董事（理事）会之责任、信息揭露、捐款与赞助行为之间的效益关联等，多已充分法制化，甚至比对企业部门的治理要求还高。② 同时，欧美各国政府具有相对完善的法律制度，比如，通过对社会组织的税收优惠给予财力支持，一类是对社会组织开展与组织宗旨相符合的活动给予免税，另一类是对向公益组织捐赠的组织或个人减免税收，对公益创投基金募集的资金予以减免税收。③ 此外，欧美各国政府亦会通过各种渠道来帮助参与公益创投企业获取相关社会组织运作的信息与绩效表现。总之，政府的相关制度是健全社会组织治理机制与吸引企业参与慈善活动的前提条件。不过，比照中国现实，有关社会组织的政策法律尚未健全，虽有相关的《社会团体登记管理条例》《民办非企业单位登记管

---

① 参见刘志阳、邱舒敏《公益创业投资的发展与运行：欧洲实践及中国启示》，《经济社会体制比较》2014 年第 2 期。

② Salamon L M. , "The rise of the nonprofit sector," *Foreign Affairs*, 1994：109-122.

③ 参见施从美《公益创投：来自欧洲的社会组织管理创新及启示》，《国外社会科学》2016 年第 6 期。

理暂行条例》《中华人民共和国慈善法》等法律法规，但是尚缺乏指导社
会组织健全发展的系统化法律制度，这正是限制中国公益创投发展的重要
原因之一。

因此，中国政府应逐步促使公益创投制度化，降低注册门槛，支持公
益创投的设立；完善公益领域从业人员的酬劳规定，提升公益创投的专业
化水平；出台税收、利率、股权等产业政策，鼓励已有慈善基金、创投基
金转型为公益创投基金；支持建立公益创投"母基金"，引导社会资金投入
公益创投机构；探索建立社会企业交易所，为公益创投退出提供有效通
道。① 这样，可以鼓励和引导更多的企业、基金会参与到公益创投中来，同
时通过优惠政策和制度支持让参与到公益创投的投资者和社会组织的创业
者能够获得实在的好处。

（二）PPP 模式

所谓 PPP 模式，是指政府公共部门与民营部门合作过程中，让非公共
部门所掌握的资源参与提供公共产品和服务，从而实现政府公共部门的职
能同时也为民营部门带来利益。其管理模式包含与此相符的诸多具体形
式。② 最常见的是 BOT（建设—运营—移交）/BOO（建设—拥有—运营）、
租赁、合资、合同外包或管理式合约等。③

很多学者认为，从理论上说，PPP 模式对政府购买服务存在以下四个
贡献。④ 一是政策保障。为更好地推进政府购买服务的发展进程，各级
政府都发布了相关的政策文件和指导意见，中央政府发布关于政府向社
会力量购买服务的指导意见，地方政府一般会紧密配合发布落实中央文
件精神的文件，鼓励社会力量以政府购买服务、PPP 形式参与社会服务
工作，这对社会组织拓宽业务范围，提供公共服务和政策保障。二是资

---

① 刘志阳、邱舒敏：《公益创业投资的发展与运行：欧洲实践及中国启示》，《经济社会体制
比较》2014 年第 2 期。
② 贾康、孙洁：《公私合作伙伴关系（PPP）的概念、起源与功能》，《中国政府采购》2014 年
第 6 期。
③ 达霖·格里姆赛、莫文·K.刘易斯：《PPP 革命：公共服务中的政府和社会资本合作》，
济邦咨询公司译，中国人民大学出版社，2016，第 9 页。
④ 参见王焰、张向前《政府购买服务、社会资本合作（PPP）促进社会组织发展——以社会
救助为例》，《领导科学论坛》2016 年第 5 期。

金支持。目前国内大多数社会组织发展一般都存在资金短缺的问题。在政府购买公共服务过程中，虽然政府可以为社会组织提供一定的资金支持，但是并不能提供充沛的资金，有时基层政府本身运作还存在着资金困难。因此，PPP 模式可以引入私人部门资金，在一定程度上解决资金不足问题，确保社会组织的正常运行，从长远的发展目标来说，PPP 模式有助于社会组织进行资本积累，为其健康发展提供长久的资金支持。三是空间拓展。政府购买服务以及 PPP 模式对社会组织的发展起到规范作用，这主要是政府通过监督者和评估者的角色，监督保证社会组织的良性发展，监督其服务效果，督促其提升自身的服务能力。这样，有能力的社会组织承接政府购买的服务项目后，可以为自身的组织发展争取更广阔的空间，从而可以提高自身的影响力和公信力。四是改善地位。政府购买和 PPP 模式有助于改善社会组织在市场竞争中的地位。竞争投标、合同外包、公办民营、民办公营等多种形式，可以为社会组织提供一个公平的竞争平台，同时又可以形成一个倒逼机制，倒逼社会组织加快自身能力建设，提供多样化的社会服务，从而在承接政府购买服务的竞争中获得优势地位。

尽管 PPP 模式有着诸多的优点，但是仍然有学者对其表示担忧。第一，缺乏成熟统一的法律规范。从社会组织的角度看，目前 PPP 项目运作缺乏一定的法律法规支持，比如社会组织的法律地位、主体责任、权利与义务，以及配套政策等方面的法律法规相对缺失，难以为社会组织的发展提供强有力的政策保障。第二，市场化、规范化相对不足，存在机制性缺陷。当前的 PPP 合作模式中存在着市场机制不完善、风险管理机制不完善等情况，这样就可能导致政策、融资、管理等诸多风险，难以形成参与主体的风险分担和保障机制，加大了双方合作的难度。[①] 第三，缺乏独立客观的第三方评估机构，会导致绩效评价问题。我国 PPP 模式的发展还处于起步阶段，由于缺乏专业的评估机构，导致绩效评价结果缺乏约束力。第四，社会组织自身能力不足。表现为，专业人才资源匮乏，管理制度不健全，实力不强难以承接政府购买的服务项目，公信力不高等。这就严重

---

① 　王焰、张向前：《购买服务、社会资本合作（PPP）中政府与社会组织合作模式研究》，《科技管理研究》2017 年第 18 期。

阻碍了社会组织参与政府合作。

因此，利用 PPP 模式来助力基层政府购买公共服务，促进其发展，需要从以下几个方面着手。

第一，加快顶层设计，继续完善相关政策体系和法律规范。制定 PPP 模式促进社会组织发展的专门法规文件；明晰合作双方的责任和义务，尽可能地法治化和规范化；完善相关财政配套制度，基层政府应加强对社会组织的支付保障，加强贯彻落实。

第二，建立健全参与主体合作的机制保障。政府在这方面可以发挥一定的作用，尤其是基层政府。例如，完善市场机制，强化合理公平竞争，培养合作双方的契约精神；设计合理的风险分担机制；建立风险管理机制；坚持合理收益分享机制。

第三，建立健全评估体系。要建立包含专家评审委员会、专业评审机构和社会公众的第三方评估机制；建立包含申请、评审、立项、招标、订约、实施、调整、结项、评估、反馈等内容的合作服务项目动态监管体系；实施第三方评估和受益人满意度调查，建立评估专家库等。

第四，注重社会组织自身的能力建设。健全社会组织的内部治理结构和自我管理能力；培养外部竞争力，社会组织应培养自身的专业性服务能力和多样化服务能力；提高公信力，提高自身的社会认可度，获得社会公众的信任和支持。

第五，构建"互联网+"的合作平台。在 PPP 项目实施的过程中，应将"互联网+"的思维纳入政府工作、社会组织运行，以及合作的整体过程中，一是政府和社会组织工作网络的衔接；二是借用网络信息平台，增加双方合作的透明度，鼓励社会公众参与，同时接受公众监督，规范双方合作行为，发挥社会组织的作用，弥补政府的不足。

（三）社会影响力债券

社会影响力债券（SIB）其实是一种政府购买服务的创新型金融方式，由政府向私人投资者发行债券，筹得资金用于提供公共服务。[①] 社会影响力债券是实现"为结果付费"的一种模式，旨在通过向私人投资者融资以实

---

① 刘思凡：《社会影响力债券离中国有多远?》，《中国社会组织》2015 年第 8 期。

现社会效果。^① 随着政府购买公共服务规模越来越大，很多国家越来越关注公共资金使用的有效性。观察购买的公共服务是否达标，社会目标是否最终达成，政府才会为之买单。此举反过来也有利于促进服务的购买方和承接方真正从解决社会问题的角度设计、执行并完成公共服务项目。不过，这样会给承接方造成极大的资金压力，结果是多数中小型社会组织就会被天然地排除在外。由此，社会影响力债券这种方式在培育社会组织方面也不是最理想的，但是不失为一种创新。

社会影响力债券于 2010 年诞生于英国，后传至美国。中国首个社会影响力债券于 2016 年 12 月由山东省沂南县城乡建设有限公司发行，共募集 5 亿元人民币用于投资沂南县扶贫特色公共服务和基础设施配套等项目。社会影响力债券之所以获得政府认可，说明它具有一定的优势：一是先通过社会影响力债券的方式募集资金用于公共服务，达到预定目标后政府再来买单，能有效解决政府资金不足的问题；二是由于社会影响力债券的方式可以不需要提前预测，只要对已有的结果进行评价，这样风险就由社会资本来承担，可以极大降低政府的投资风险；三是社会影响力债券能让政府及 NPO 充分利用社会资源；四是能鼓励社会治理领域的多元合作，让政府、社会、市场三大部门的需求有效统一起来；五是能利用市场竞争机制来解决社会问题；有利于政府解决一些风险系数大、前期资金投入多、专业性非常强的领域的社会难题。

但是，传统上政府将公共服务签约外包给私营部门或社会组织时，由于 SIB 运行中涉及主体众多，需要跨部门、综合性地解决一些问题，可能会面临以下一些风险^②：一是干预模式面临的风险，前期如果缺乏对 NPO 能力、项目所需现金流、项目所提供的解决方案的有效性考察，会使 SIB 服务项目面临风险；二是 SIB 项目执行过程中会面临风险；三是如果投资者没有与政府订立明确的合同，会使政府信用面临风险；四是私人投资者面临的财务风险；五是如果 SIB 项目失败，承担服务的 NPO 的声誉将可能受损，会影响其未来筹资，如果政府不能履约偿还投资者本利，其信誉

---

① 马玉洁：《公共财政支持 NPO 的新视角：社会影响力债券介绍与分析》，《中国非营利评论》2014 第 1 辑。
② 同①。

也会受到影响。

尽管 SIB 存在着诸多风险，但其显示的强大创新动力值得我们对其在中国的可行性进行积极的探索，借助其培育社会组织，推动其健康发展①：

首先，政府应大力引导与支持 SIB。因为政府在推行社会影响力债券的过程中发挥主导作用，既要承担政策制定和项目管理，也要作为投资人、NPO、受益人的连接桥梁。可以在政府主导、社会协同，公众参与的基本格局上，将私营部门吸引到公共服务领域中来，有效整合各方资源。

其次，努力吸引社会投资人的资金投入。作为 SIB 的投资人可以有多种，比如公益基金会、个人慈善家或者关注社会效益的私营企业。作为 SIB 投资人，尽管他们仍然关注财务回报，但由于 SIB 往往以慈善为主要目的，因此投资人往往也愿意承担更大的投资风险。为了吸引更多的社会资金，政府可以通过提供启动资金、减免税收等方式支持社会资金的投资，同时降低准入门槛和制定更灵活的监管制度，吸引更多社会资金进入 SIB 项目。

再次，应该着重提升社会组织的服务能力。SIB 能产生多少社会效益最终取决于受到资助的社会组织的服务能力。中国社会组织必须提高自己 SIB 方面的专业性，具备解决相关问题的专业经验；需要有足够的运营能力适应 SIB 这一新模式，在保障项目有效执行的同时，兼顾政府、投资人相关公益目标的达成；引进私营部门高效率的市场机制，提高社会组织的运作效率等。

最后，提升评估机构的专业能力。在 SIB 项目中，虽然出于公益目的，但是投资人还是要追求一定的回报的，客观、准确的量化评估是 SIB 项目必不可少的，也是其效果评估的关键。因此，建议政府推进开发清晰、灵活、适用于不同社会议题、适合本地发展特点的指标体系，研究社会投资回报评估（SROI）等国际评估体系在中国的适用性，经过本土化试验，引入到具体投资过程中。②

总体而言，通过公益创投、PPP 模式、社会影响力债券等形式促进基层政府购买农村公共服务的发展，目前在国内还是处于一个刚刚起步的低

---

① 参见刘思凡《社会影响力债券离中国有多远？》，《中国社会组织》2015 年第 8 期。

② 曹萍：《社会影响力债券需要五大配套措施》，《证券时报》2016 年 4 月 8 日。

水平阶段，三种形式促进基层政府购买农村公共服务的发展路径也是殊途同归，可以归结为政府主导、寻求投资、社会组织自身能力提升，以及科学专业的评估机构等几个方面。总之，万变不离其宗，上述内容为我们在推进基层政府购买农村公共服务方面指明了努力的方向和目标。

后　记

众所周知，农民在我国现代化建设过程中做出了重大贡献。直到 2006 年农业税全面免除，农业才真正迎来了工业的反哺，农村社会整体经济由此获得较快发展，农民收入实现了较快增长。然而，农业税税费免除导致部分基层组织财政紧张，进而使得广大农村出现新的治理困局，最直接的表现是大部分农村地区公共服务与公共产品的供给严重不足和供需不匹配，这严重阻碍了广大农民对美好生活的向往。可以说，农村公共服务和公共产品的有效供给问题是我国农村经济发展的重要目标，也是当下乡村振兴的关键问题，这正是本研究的初衷。

政府购买公共服务，对于解决当前农村公共产品短缺和供需匹配、提升公共服务的质量和效率，应该是一种创新方式和有效手段。基于此，在理论部分，本书尝试从农村的基层政府入手，阐释与社会组织的互动关系，分析农村基层政府在购买公共服务过程中决策的影响因素，存在的风险及规避方式，绩效评估体系的构建等；在实践部分，本书更多关注农村基层政府向社会组织购买公共服务的具体案例。

本书是作者主持的国家社会科学基金项目"政府购买农村公共服务与非营利组织培育机制研究"的最终成果，并有幸列入苏州大学人文社科优秀学术专著出版资助计划。在此谨表示衷心的感谢！

本项研究工作得到了苏州、连云港、南通等地方政府部门的大力支持，尤其是民政部门，他们的积极配合才使得本研究工作得到了足以支撑研究完成的访谈资料和问卷资料，在此一并感谢！

我要感谢课题组成员，没有他们的努力，本书也难以完成。本书的写作分工情况如下：施从美负责提出书稿的整体框架思路，承担第 1~2 章和结语篇的写作及最后的统稿工作；江亚洲承担第 3~6 章的写作；施从美、李清华、黄刚承担第 7 章的写作；赵晓雯承担第 8 章的写作；张国富承担第

9 章的写作；帅凯、曹丽园承担第 10 章的写作；黄刚承担第 11 章的写作。

在研究过程中，参考引用了众多学术同仁的研究成果。对此，我们表示真挚的感谢！参考引用其他学者的研究成果，已在本书的注释中做了必要的标注但不免有疏漏之处，还望谅解，并请联系我们，我们会及时改正错误。

另外，我还要感谢社会科学文献出版社对本书出版的大力支持，感谢责任编辑李明锋老师，他的细致和辛苦的工作使得本书避免了不少纰漏和差错，并且得以顺利出版。

由于政府购买公共服务在农村的开展还处于起步阶段、开展得并不顺利，即使在苏南经济发达地区亦是如此。用苏南地区一位民政工作人员的话说："我们亏欠农民的太多了，政府购买公共服务并没有大面积地惠及广大农民兄弟。"原因十分复杂，其中地方政府财政经费短缺是主要原因。这说明还有很多工作需要我们去深入探讨和研究。由于本人学识有限，书中难免出现欠妥之处，敬请各位学术同仁和读者批评指正！

施从美
2020 年 11 月于苏州姑苏区相门绿郡

图书在版编目（CIP）数据

基层政府购买农村公共服务的理论与实践：过程、
风险与评估 / 施从美，江亚洲著. -- 北京：社会科学
文献出版社，2021.12
　　ISBN 978-7-5201-9609-3

　　Ⅰ．①基…　Ⅱ．①施… ②江… 　Ⅲ．①农村-公共服
务-政府采购制度-研究-中国　 Ⅳ．①D669.3 ②F812.2

　　中国版本图书馆 CIP 数据核字（2021）第 278166 号

基层政府购买农村公共服务的理论与实践
——过程、风险与评估

著　　者 / 施从美　江亚洲

出 版 人 / 王利民
责任编辑 / 李明锋　胡庆英
责任印制 / 王京美

出　　版 / 社会科学文献出版社·群学出版分社（010）59366453
　　　　　　地址：北京市北三环中路甲 29 号院华龙大厦　邮编：100029
　　　　　　网址：www.ssap.com.cn
发　　行 / 市场营销中心（010）59367081　59367083
印　　装 / 三河市龙林印务有限公司

规　　格 / 开　本：787mm × 1092mm　1/16
　　　　　　印　张：15.75　字　数：256 千字
版　　次 / 2021 年 12 月第 1 版　2021 年 12 月第 1 次印刷
书　　号 / ISBN 978-7-5201-9609-3
定　　价 / 98.00 元

本书如有印装质量问题，请与读者服务中心（010-59367028）联系